U0927650

钟　毅　郑凌茜　宋　维◎著

Shuangchong Shenfen xia Yizhe de Fanyi Huodong Yanjiu

双重身份下译者的翻译活动研究

四川大学出版社

责任编辑:张　晶
责任校对:余　芳
封面设计:阿　林
责任印制:王　炜

图书在版编目(CIP)数据

双重身份下译者的翻译活动研究 / 钟毅，郑凌茜，宋维著. —成都：四川大学出版社，2017.12
ISBN 978-7-5690-1484-6

Ⅰ.①双…　Ⅱ.①钟…　②郑…　③宋…　Ⅲ.①翻译事业-研究　Ⅳ.①H059

中国版本图书馆 CIP 数据核字（2017）第 319597 号

书名　**双重身份下译者的翻译活动研究**
Shuangchong Shenfen xia Yizhe de Fanyi Huodong Yanjiu

著　　者　钟　毅　郑凌茜　宋　维
出　　版　四川大学出版社
地　　址　成都市一环路南一段 24 号（610065）
发　　行　四川大学出版社
书　　号　ISBN 978-7-5690-1484-6
印　　刷　成都蜀通印务有限责任公司
成品尺寸　146 mm×208 mm
印　　张　9
字　　数　248 千字
版　　次　2017 年 12 月第 1 版
印　　次　2017 年 12 月第 1 次印刷
定　　价　36.00 元

◆读者邮购本书,请与本社发行科联系。
电话:(028)85408408/(028)85401670/(028)85408023　邮政编码:610065
◆本社图书如有印装质量问题,请寄回出版社调换。
◆网址:http://www.scupress.net

前言

苦熬数月，《双重身份下译者的翻译活动研究》终于结稿，不胜欣喜。

本书以具有两种身份的译者的翻译活动为研究对象，从个体译者、群体译者和机构中的译者三个角度，考察不同的身份对译者翻译活动产生的影响，以及翻译活动又如何影响译者其他身份的建构。全书的主体主要有三部分。（1）个体译者翻译活动：兼任儿童文学作家的任溶溶；（2）群体译者翻译活动：兼任戏剧家的尤金·奥尼尔戏剧译者；（3）机构中的译者翻译活动：中国政府译员。本书从三个不同的层次观察双重身份译者的翻译活动，理论与实践并举，群体与个案兼顾。

本书作者使用的主要研究方法如下：（1）文本细读法：对原文和译文进行详细的对照、研读；（2）文献分析法：对研究中所涉及的参考文献进行归类总结，梳理有用信息并对之进行思考；（3）描述性研究与解释性研究方法相结合，在对译者及其翻译活动进行描述的基础上，分析他们的双重身份给翻译活动带来的影响并辅以实例加以证明。本书可供对译者感兴趣的学者、研究生阅读和参考。

本书三位作者分工如下：钟毅负责全书的统筹，以及前言、第一章和第三章的撰写工作；郑凌茜负责第四章和第五章的撰写；宋维负责第二章的撰写。本书主题是三位作者个人研究的契合点，既体现了各自的研究方向，又让彼此的研究产生交集，因此视角新颖、独特，融合了翻译家研究、翻译史研究和口译研究。由于作者水平有限，虽然在写作过程中倾尽全力，书中的观点或陈述仍难免有不当之处，恳请同行加以批评指正！

本书能够顺利完成，离不开四川大学外国语学院段峰教授和任文教授的指导和帮助，在此特别向他们致谢！还要特别感谢给三位作者提供支持和帮助的家人、同学和朋友！

目录

第一章　概　述

一、译者主体性的“隐形”至“现身” …… 3
二、译者身份及多重身份的界定 …… 5
三、本书的特点及主要内容 …… 7

第二章　个体译者：儿童文学作家任溶溶的翻译活动

第一节　儿童文学创作与儿童文学翻译的互文 …… 10
一、任溶溶生平 …… 10
二、任溶溶踏足儿童文学领域之前的往事纪略 …… 13
三、任溶溶儿童文学创作与翻译概览 …… 15
四、儿童文学创作与儿童文学翻译的互文 …… 20
第二节　儿童文学作家任溶溶的儿童文学翻译——经典化的生成与建构 … 48
一、历史语境 …… 53
二、社会语境 …… 56
三、文化语境 …… 62
第三节　去经典化浪潮中的任译英语儿童文学经典 …… 68
一、经典化与去经典化 …… 68

二、“迪士尼化”浪潮中的翻译儿童文学…………………… 75
三、出版场域中的任溶溶持有的资本…………………… 77
第四节 任溶溶双重译者身份对中国儿童文学及儿童文学译介的启示……82
一、儿童文学是“教化”还是“美育”…………………… 84
二、儿童文学学科建设之忧何解？…………………… 87
三、儿童文学译介之展望…………………… 89

第三章 群体译者：兼任戏剧家的尤金·奥尼尔戏剧译者

第一节 奥尼尔戏剧的百年汉译历程……………………92
一、尤金·奥尼尔的生平及其戏剧创作…………………… 93
二、奥尼尔戏剧的百年汉译史…………………… 104
第二节 戏剧及戏剧翻译的特点…………………… 109
一、戏剧与剧本…………………… 109
二、戏剧翻译的特点…………………… 114
三、戏剧翻译的特点、方法和原则…………………… 117
第三节 戏剧翻译中译者的身份及主体性的发挥…………………… 125
一、译者主体性…………………… 126
二、译者主体性对戏剧翻译的影响…………………… 129

三、译者身份对译者主体性的影响…………………………… 132
第四节 奥尼尔戏剧译者群的双重身份对翻译活动的影响………………… 134
一、奥尼尔戏剧译者群的双重身份…………………………… 134
二、双重身份对翻译活动的影响……………………………… 142

第四章 机构译者：兼任公职人员的中国政府译员口译活动

第一节 机构中的翻译/口译活动 ……………………………… 170
一、机构中的翻译活动概述…………………………………… 171
二、机构中的社区口译活动概述……………………………… 179
三、其他机构口译研究………………………………………… 193
第二节 中国政府机构译员的双重身份…………………………… 196
一、政府译员的公职人员身份………………………………… 197
二、政府译员的译员身份……………………………………… 203
第三节 中国政府新闻发布制度及政府译员群体………………… 210
一、中国政府新闻发布及政府记者招待会口译活动………… 210
二、外交部翻译司译员群体…………………………………… 215
第四节 中国政府译员的双重身份对口译活动的影响…………… 222
一、公职人员身份对中国政府译员口译活动的影响………… 222

二、译员身份对中国政府译员口译活动的影响…………… 235

第五章 双重身份：译者主体意识的再诠释

一、双重身份与任溶溶翻译活动中的主体意识…………… 251
二、双重身份与尤金·奥尼尔译者群体翻译活动中的主体意识………………………………………………… 253
三、双重身份与中国政府译员群体口译活动中的主体意识……254
四、研究不足与后续研究展望…………………………… 255

文末注………………………………………………………… 259
参考文献……………………………………………………… 267

第一章

概　述

欧洲的文明是令人称道的，事实上，它使得全世界的文明都唯其马首是瞻，没有任何一种文明可以取代它的地位。欧洲史上每一次重大的转折或变革都会带来人类思想或世界观的巨大变化，文艺复兴就是其中一次著名的思想文化运动。文艺复兴时期的人文主义思潮肯定人性，让人发现了作为人的价值，并据此开始自我反思。人文主义反对“神道”，提倡“人道”；反对宗教束缚和禁欲主义，倡导个性解放；认为人有权利享受人世的欢乐，提倡人的个性解放和自由平等。人类对自身的聚焦深刻地影响了文学、艺术、哲学、科学等各个方面，而人类对自身的关注启发了各个领域的研究。黑格尔用“密涅瓦的猫头鹰要到黄昏才起飞”来说明“反思”是哲学的基本特征。对于人类的其他研究领域，比如翻译，学者们早就对已有的行为和研究成果进行了“反思”，而我们能做的也许只是对“反思”的进一步“反思”。

翻译无疑是一项古老的活动，世界上有记载的翻译活动可以追溯到公元前3000年。“可以说，自从部落之间的交往、战争、融合开始之时，翻译也就掀开了其历史。”（刘军平，2005：246）“Andre Lefevere把西方的翻译历史追寻到约公元前3000年左右的时间。”（刘军平，2005：252）某种意义上，人类的文明史即是一部翻译史，翻译活动对人类文明的交流、传播、发展起着重要的作用。英国历史学家、加拿大翻译史学家凯利（L. G. Kelly）也说过，“可以从翻译史的角度来讲述世界历史。没有翻译，也就没有了世界历史”（qtd. in Eugene Chen Eoyang，1993：27）。中国文化的起源也是境内外不同文化精髓融合的结晶。梁启超在《论中国学术思想变迁之大势》中曾说：“我中华有三十世纪前传来之古书，世界莫能及。《坟》、

《典》、《索》、《丘》，其书不传，姑勿论。即如《尚书》，已起于三千七八百年以前夏代史官所记载。今世界所称古书，如摩西之《旧约全书》，约距今三千五百年，婆罗门之《四韦陀论》，亦然；希腊和马耳之诗歌，约在两千八九百年前；门梭之《埃及史》，约在两千三百年前，皆无能及《尚书》者。若夫两千五百年以上之书，则我国今传者尚十余种，欧洲乃无一也。”可见，在中国历史上，在中国文化形成的过程中，翻译扮演了极其重要的角色。

对翻译活动的“反思”应该是伴随着翻译活动的进行而产生的，古今中外的翻译及翻译家总是在不断总结翻译中的经验教训，但这些都只是碎片式的个人体验，没有形成体系。真正意义上的翻译研究可以说起步较晚，大约开始于20世纪五六十年代，尤金·奈达（Eugene Nida）等学者开始尝试用结构主义语言学的相关理论研究翻译。1972年，詹姆斯·霍尔姆斯（James Holmes）发表了《翻译学的名与实》（*The Name and Nature of Translation Studies*），构建了翻译学作为一门学科的详细框架；20世纪80年代，苏珊·巴斯奈特（Susan Bassnett）出版了《翻译研究》（*Translation Studies*），其他学者也纷纷开始以“Translation Studies”为关键词发表论文和专著，翻译学逐渐成为一门显学。自此，翻译学从萌芽发展至形成期，并于20世纪末迎来了繁盛的局面。在这个过程中，翻译学的研究范式也经历了几度变更——从经验式的语文学范式到成系统的结构主义语言学范式，再到解构主义时期的多元视角范式，而翻译研究真正将目光聚焦到译者身上是在20世纪70年代文化转向之后。

一、译者主体性的“隐形”至“现身”

兴起之初翻译研究往往将翻译本身看作一项活动，关注的是原文与译文之间的关系，译者的作用和地位没有受到重视。译者在传统翻译观中的从属地位可从一系列对译者的比喻中看出来。如：译者被称为“舌人”“奴仆、奴隶”“媒婆”“戴着镣铐的舞者”，被视为“文化搬运工”甚至是“翻译机器”，完全没有地位和身份可言。作者被认为是文本的来源，也是唯一对原文的意义有阐释权的人。人们相信：“文本中客观潜藏着作者所赋予的超然于读者的理解之外、先在于读者的理解之前而存在的固定不变的意义，它像一种深埋于地下的矿物，可通过一定途径的发掘完全获得。”（贾正传，2008：139）在这种作者中心论思想的影响下，人们普遍认为，译者的工作就是尽可能地发现和发掘作者的原意，并在另一种语言中加以构建和重现。因此，译者应尽可能排除任何主观因素，跨越与原作在心理和时空方面的距离，像一双“透明的眼睛”，让读者借助这双眼睛获得作者赋予原文的意义。可见，译者在这种认知状况的影响下，只是处于原作及原作者的从属地位，最多能当“忠实的仆人”，译者本身的创造性和主体性被忽视了。

20世纪70年代开始的文化转向，让翻译研究走出了纯语言学研究的模式，译界开始重视翻译活动中的各种文化因素。译学研究也发生了一系列的转变——从原文中心到译文中心，从规定性到描写性，从翻译过程到翻译产品，从语言研究到文化研究（陈大亮，2005）。一些“后现代”翻译理论，如解构主义、女权主义和后殖民主义出现并迅速发展，推翻了“原语中心论”中的许多看法，消解了原文及原作者的权威，“等值”的翻译标准受到挑战。例如，解构主义思想的倡导者美国翻译理论家韦努蒂（Laurence Venuti）在《译者的隐身》（*The Translator's Invisibility*）中提出，在译文中应该要看得见译者，凸显译者的主体地位，以反抗和抵制翻译活动中的文化殖民、种族中心主义和文化霸权主义。文化翻译学派的研究甚至以译入语为取向，形成了“译者中心论”研究范式，“文化翻译学派将翻译视为通过译者独特的创造性实现的一种艺术再造、审美交际、文化交流的过程，因而是译者对文本的操纵过程”（吕俊、候向群，2005：85）。不可避免地，翻译主体——译者的作用开始吸引人们越来越多的关注，译者的文化身份和主体地位逐渐得到承认、重视和彰显，译者的主体性也成为翻译研究的话题之一。译学研究也终于将目光投到了人的身上，由此，研究焦点经历了从语言到文化再到人的变迁。

我国的翻译研究也于20世纪90年代开始关注译者主体性的问题，杨武能（1993）曾强调对翻译主体进行研究的重要性："翻译活动的主体即翻译家；只有把翻译家作为人的精神和心智的方方面面也纳入观察的视野，才可能解答种种触及文学翻译本质的微妙问题。"但无论是作者中心论、文本中心论，还是译者中心论，都存在弊端，因为只专注于单一的主体而忽视其他主体，就会使得这个单一主体的地位被过分夸大和彰显，因而产生扭曲和变形。"作者中心论"将作者神圣化，忽视了译者和读者的主体性；"文本中心论"过分强调文本意义的客观性，阻隔了其与作者、译者、读者三者之间的联系；"译者中心论"虽然确立了译者的主体地位，但也会使文本的诠释超过正常的范围。因此，受西方现代"主体间性"思潮的影响，翻译研究又开始朝着主体间性的方向发展。

二、译者身份及多重身份的界定

最初人类社会中身份只是个体成员交往中识别个体差异的标志和象征，它给予社会以秩序和结构。也就是说，身份具有双重性：首先，身份是区别于其他人的特征；其次，身份也是个人寻求群体认同的过程。因此，一个人的身份既是个体的又是群体的。但我们通常所说的身份更多的是指一个人的社会身份，即，与他人产生联系时这个人所扮演的角色。所以，个人的身份在不同的社会情境中会发生变化，个人的身份不具有绝对性，个人的身份总是多重的。比如，一个人的职业是"教师"，在家庭中是"父亲"，在交易中是"顾客"，在社交场合是"朋友"等。译者的身份也不例外。因此，一个译者常常兼有几种身份，这些身份会相互发生作用。

“身份研究起始于20世纪60年代，在过去四十多年里已经有长足的发展，那么把身份研究的概念和理论成果用于翻译研究，则似乎只是十多年以来的事情。较有影响的研究成果主要包括Gustavo Pérez Firmat、Sherry Simon、Eva Hung和Edwin Gentzler等人的相关作品，它们分别从不同的角度，研究和讨论翻译与民族身份、翻译与文化身份、翻译与文学身份、翻译与性别身份、翻译与历史形象变迁等方面的问题，为翻译中的身份研究做出了有益贡献。”（谭载喜，2011：120）在国内，有学者认为：译者研读原作时的身份是读者，用另一种语言再现原作时的身份是作者，在再现原作的过程中如有发挥则又成了创造者，对原作加以解读时又成了研究者。总结起来，译者在翻译过程中可能会有四种身份——“读者”“作者”“创造者”“研究者”。杨武能（1987：3）曾指出，文学翻译家是阐释者，同时是接受者，更是创造者。在胡庚申（2004：89-90）看来，从适应选择论的角度来看，在译者为中心的翻译活动中，译者既为“适应者”又为“选择者”。

这些学者所谈到的身份都是在翻译活动中译者在不同的阶段所扮演的角色和承担的任务。而本书所指的身份是指译者在翻译活动之外担任的社会角色，如文学作家、研究者、演员或编剧；对口译员来说，甚至还可以是直接参与政治活动的公职人员。谭载喜（2011：120）认为，“与一般身份一样，译者身份其实也有‘主身份’和‘次身份’之分”，“一方面，译者是一个独一无二的社会存在或社会行为人，有别于其他社会存在或社会行为人”，这是译者的主身份；“另一方面，译者作为一种社会存在或社会行为人……其行为角色会受到来自四面八方的社会因素的影响和制约”，而这种角色是译者的次身份。本书所考察的正是译者的次身份是否会对译者的翻译活动产生影响，会产生什么样的影响，这些影响又如何体现在他们的译文中这三个问题。

三、本书的特点及主要内容

本书以翻译活动中身兼两种身份的译者为研究对象，译者的身份为主身份，其他身份为次身份，从个体译者、群体译者和机构中的译者三个层面考察次身份对译者翻译活动产生的影响，以及翻译活动又如何影响译者其他身份的建构。回答的主要问题有：（1）个体译者的次要身份如何影响其作为译者的主身份？（2）个体译者任溶溶儿童文学作家的身份对他的儿童文学翻译有何影响？（3）群体译者的集体次身份对他们的翻译活动是否有同样的影响？（4）尤金·奥尼尔不同时期的译者群，在不同的集体次身份影响下，在特定时期打上了什么样的共同烙印？（5）同属某个机构的口译员是否受到共同次身份的影响？（6）政治活动参与者的次身份如何影响口译员的翻译活动？

本书作者主要运用以下研究方法：（1）文本细读法。文本细读是语义学对文本进行解读的重要方法和显著特征，是一种实证性的具体的方法，强调以文本为中心，重视语境对语义分析的影响，关注文本的内部组织结构，因此是了解文本的特征和发掘文本深意的非常有效的研究方法。本书中，文本细读法主要用于对所涉及译本的原文和译文进行详细的阅读、对比和分析，以发现原文的深意和译本的特征。（2）文献分析法。文献分析法主要指搜集、鉴别、整理文献，并通过对文献的研究，形成对事实科学认识的方法。本书运用文献分析法，对所涉及的参考文献进行归类总结，梳理有用信息并对之进行思辨。（3）描述性研究与解释性研究方法相结合。描述性研究，是对具有普遍性、代表性的现象进行描述，主要回答“是什么”的问题，要求真实、客观、准确；解释性研究，是对事物之间的复杂关系进行探讨以发现其起因、规律，主要回答“为什么”的问题。为使得研究成果更加翔实、有理，本书采用描述性研究和解释性研究相结合的研究方法，在对研究的译者及其翻译活动进行描述的基础上，分析他们的双重身份给翻译活动带来的影响，并辅以实例加以证明。

本书的研究主题是三位作者个人研究的交汇点，视角新颖、独特；研究内容方面，既兼顾了各自的研究方向，又有共同的发现。因此，本书融合了翻译家研究、翻译史研究和口译研究的成果。本书主体有三部分：（1）个体译者——兼任儿童文学作家的任溶溶；（2）群体译者——兼任戏剧家的尤金·奥尼尔戏剧译者；（3）机构中的译者——中国政府译员。个体译者层面主要以我国著名儿童文学作家和儿童文学翻译家任溶溶为研究对象。第二章回顾任溶溶的儿童文学创作生涯和翻译生涯；探讨儿童文学创作与儿童文学翻译的互文关系，提出文本的诞生过程不是孤立的，而是“对话性”的，是对之前已有文本的借鉴、融合与呼应；创作与翻译的互文是任溶溶在创作中翻译、在翻译中创作之职业生涯的特点，也是任溶溶在创作和翻译作品的语言审美特点上具有一致性的影响性因素。群体译者的双重身份主要以尤金·奥尼尔20世纪三个不同译者群为研究对象。第三章首先回顾了奥尼尔戏剧在中国近百年的译介历程，介绍了戏剧及戏剧翻译的特点，总结了戏剧翻译中译者的身份及主体性的发挥，并最终探讨了奥尼尔戏剧译者群的双重身份对翻译活动的影响。机构的译者主要涉及口译活动，第四章主要介绍了机构口译活动的特点，概述了中国政府译员群体与政府记者招待会口译活动，并探讨机构从政人员的身份对口译员口译活动的影响。三个主体章节在个体、群体、机构这三个层面依次递进，逻辑性较强，理论与实践并举，群体经验与个案兼顾。

第二章

个体译者：儿童文学作家任溶溶的翻译活动

第一节 儿童文学创作与儿童文学翻译的互文

没有翻译，就没有现代意义上的中国儿童文学。现代意义上的中国儿童文学，发端于晚清以降的西学译介高潮。中国的儿童文学创作是在对西方儿童文学亦步亦趋的模仿中逐渐发展和成熟起来的。在中国儿童文学走过的百年历程中，五四运动前后“儿童的发现”具有划时代的意义，而“儿童的发现”本身也借助了翻译的力量。中国不同时代的儿童读者心里都留存有关于《安徒生童话》《格林童话》的集体记忆，这在现当代中国儿童文学作品中都能捕捉到影子。如果没有翻译，中国读者难以知晓这些影响世界的儿童文学巨著，中国现代儿童文学的园地里如今也不会结出累累硕果。广义上来讲，人类文化宝库中的文学作品之间都存在互文性。鲁迅、冰心等中国现代文学史巨匠都曾有过儿童文学翻译与创作的经历。但是，和许多文学领域颇有建树的大家一样，他们翻译和创作的重心都不是儿童文学。当我们从不同维度试图找到合理的线索以探讨双重身份下译者的翻译活动时，“任溶溶”这个名字很快就浮现在我们的脑海中。作家和翻译家双重译者身份中的互文性问题，因为有具体的作品作为凭借进行分析和解读，则显得更为突出。笔者期望通过研究双重身份下任溶溶的创作和翻译生涯，对他的儿童文学创作与翻译的互文性进行宏观审视；笔者也期望通过研究任溶溶的创作与翻译作品，对其创作与翻译作品的互文性进行微观考察。

一、任溶溶生平

任溶溶原名“任以奇”，1927年出生于广东鹤山，“任溶溶”本是他女儿的名字。1947年，任溶溶的大女儿出生，恰好是在这一年，他正式踏上儿童文学创作与翻译道路。好友兼同事倪海曙[1]得知任以奇女儿出生的消息之后，便给孩子取了“任溶溶”之名。次年，任以奇译《列麦斯叔叔的故事》时，便用“任溶溶”这个名字做了笔名。之后任以奇在创作与翻译中，有满意的作品推出时，就用“任溶溶”这个笔名。因为“任溶溶”听起来比较女性化，读者们长期以来都误以为“任溶溶”是一位大姐姐或阿姨，读者写信时称他“亲爱的任溶溶大姐姐”“亲爱的任溶溶阿姨”，这让他始料不及，又忍俊不禁。他索性就将错就错，把这个一时用作笔名的，原本是倪海曙给女儿起的名字用了一生，成就了中国儿童文学史上一位举足轻重的名家，也成就了中国少儿图书市场一个响当当的标签和品牌。

任溶溶幼年家庭条件优渥，父亲在上海开店。幼年的任溶溶在广州由“大母亲”照顾，住在广州最繁华的西关地区，任溶溶的父亲和生母在上海打点生意。据任溶溶回忆，他的父亲是个“很精明的人”，抗战爆发前在虹口区经营洋纸业务，就在“打仗的前几天”任溶溶的父亲就把业务转移到租界区，“所有资产都保存了”，这样任溶溶得以在上海衣食无忧，从广州回到上海之后“就能过日子，否则就完了，破产了”。任溶溶曾坦言父亲有三个老婆，“乡下有一位老婆，广州有一位老婆，上海有一位老婆”，带自己的“大母亲”基本上是文盲，对自己管束较少，幼年的任溶溶除了读私塾以外，独自读了很多书。稍大一点，任溶溶进入岭南大学附校读书，小学四年级就开始学习外语，这种经历是任溶溶同时代的大部分孩子望尘莫及的，也为他日后进一步学习外语、潜心儿童文学翻译打下了基础。小学毕业之后，抗战爆发，任溶溶回到上海，在父亲的安排下先进入“几乎全都是广东人”的岭南中学[2]读了一学期，之后进入英国人开办的雷士德中学[3]学习。该校按雷士德先生的遗嘱，所有课程用英文授课，教学活动在英语环境中进行，这为本来就有英语底子的任溶溶进一步熟练掌握英语创造了优越的条件。曾同任溶溶在该校同班学习的著名翻译家草婴（盛峻峰）是任溶溶俄语学习的启蒙老师。这个阶段的学习经历为任溶溶在大学毕业之后从事文学翻译工作打下了坚实的外语底子。1940年，任溶溶在雷士德中学读初三时，只身前往苏北投奔新四军。而“史以奇”（后改回“任以奇”，保留了姓氏）这个名字，是任溶溶当时从家里溜走前往苏北时怕被家人找到而临时起的名字。因为他从上海出发的日期是10月17日，“史以奇”正好是用谐音的方式寄托着这个踌躇满志的少年离别时的志向，也营造了某种神秘的仪式感。在加入新四军后仅仅几个月，任溶溶因肝炎发作回上海治病，参军报国的理想就这样戛然而止了。然而任溶溶地下党的身份却并未因回上海住院而终止，康复之后他积极参加地下党组织的文字改革工作。1941年参与地下党主办的进步刊物《语文丛刊》的编辑工作[4]，这是其在大学毕业之后从事专业文学编辑的有益的工作实践。1942年，他以地下党员的身份进入大夏大学[5]中国语言文学系读书。任溶溶坦言，进入大夏大学是“为了要一个大学生的身份作为掩护”[6]。在大夏大学读书期间，他有幸得到郭绍虞[7]、刘大杰[8]等名师的指导和帮助。而之所以进入大夏大学选择读中文系，任溶溶在《任溶溶：“我现在满脑子都是广州，怀旧”》一文中给出的解释是，他觉得“中文很难”，因为自己是广东人，经常读别字，而且早年识字时很多汉字“都不是老师教的，都是自己看小说学来的”，所以进入大夏大学中文系是想要科学系统地进行汉语语言的学习。科班中文系的专业素养为任溶溶之后参加文字改革运动和文学编辑生涯的起步打下了坚实的理论和专业基础。大夏大学毕业以后，因时局动荡，任溶溶还当过临时事务员和雇员。“1947年，我给我朋友编的儿童杂志译点稿子，当时经济情况不好。姜先生从我们的共同好友倪海曙同志那里听说了这件事，托倪海曙同志带话给我，说时代出版社要出儿童文学作品，知道我学过点俄文，叫我就译苏联儿童文学作品吧，译一本他们给我出一本。”（任溶溶，2012：19）上文是任溶溶在回忆录《我的贵人姜椿芳》中的一段文字。他把姜椿芳尊为他走上翻译道路的贵人，正是在姜椿芳的指引下他逐渐走上儿童文学的翻译道路。在外滩别发洋行[9]（黄海涛，2011：35）找资料的过程中，任溶溶看到很多迪士尼出版的儿童文学读物，非常喜欢，于是就开始“一篇接着一篇翻译”（舒晋瑜，2013：1-2）。

二、任溶溶踏足儿童文学领域之前的往事纪略

据任溶溶本人讲述，他自己发表的第一部翻译作品《粘土做成的炸肉片》（土耳其Sandri Ertem原著）发表在1946年1月1日出版的《新文学》杂志创刊号上[10]。这和何伊丽《儿童文学翻译家任溶溶——对当前“任溶溶研究”不足的补充》一文“任溶溶译作目录”中的统计是一致的。在中国国家图书馆·中国国家数字图书馆官方网站[11]键入“任溶溶”，以“专著”为“查看指定类型”分类中的具体检索范围，可检索到任溶溶的儿童文学翻译和创作作品的出版时间从1950年开始到2014年结束，共计64年，但该数据库未将任溶溶1949年前的创作与翻译作品收录在内。事实上，任溶溶从事儿童文学翻译与创作的时间跨度将近70年，这真是一个让人叹为观止的数字。任溶溶同样倾尽毕生精力的还有文学编辑工作。如前文所述，任溶溶早在就读大夏大学中国语言文学系之前就曾参与编辑地下党主编的进步刊物《语文丛刊》。在1946年成功发表了第一篇儿童文学翻译作品之后，任溶溶在当时时代出版社社长姜椿芳的提携下开始翻译苏联儿童文学作品，以苏联知名儿童文学作家的作品为主，这其中包括马雅可夫斯基和马尔夏克的儿童诗、阿·托尔斯泰的《俄罗斯民间故事》、伊林娜的《古丽雅的道路》、科诺诺夫的《列宁的故事》等。因对马尔夏克儿童诗的集中译介，“文化大革命”期间任溶溶被扣上反动派的帽子，在“打倒中国的马尔夏克”的口号下遭到批判和羞辱。“‘打倒中国

的马尔夏克任溶溶！’的标语刷在他天天要经过的路边，铺天盖地的大字报贴满少儿出版社。”（楼乘震、魏宇，2013：81）因年少时就有苏联文学作品情结，任溶溶在时代出版社出版了一批译文质量上乘的苏联儿童文学作品，之后他在俄语儿童文学翻译方面声名大噪。上海解放以后不久，新华书店华东总分店（即后来的华东人民出版社）筹划出版儿童文学作品，于1950年年底推出《苏联儿童文艺丛刊》创刊号。任溶溶得益于这几年的声誉，应邀负责该刊的编辑工作。在看似有“贵人”[12]提携的一次又一次的机缘巧合背后，是任溶溶持续不断的努力和坚忍不拔的意志力。在《苏联儿童文艺丛刊》的这一段宝贵的编辑经历之后，任溶溶得以在中国第一家专业少儿出版社——上海少年儿童出版社[13]，以儿童文学作家、翻译家的身份继续从事儿童文学的编辑工作。“文化大革命”期间，任溶溶被关在牛棚中，后被安排进入干校的翻译连参与《北非史》的翻译工作，1973年被抽调至上海人民出版社编译室参与《苏共党史》《沙俄侵华史》等书的翻译与编辑工作。“文化大革命”后，在上海人民出版社编译室的基础上成立的上海译文出版社，成了任溶溶工作至退休以及退休之后返聘的工作单位。

自五四运动以来，“儿童”在中国被“发现”，“儿童文学”逐渐进入本土作家创作和文艺理论家研究的视野。在中国儿童文学史上，一般有五代儿童文学作家群之分。第一代儿童文学作家群是活跃在五四时期及20世纪20至30年代的中国儿童文学先驱，代表人物有叶圣陶、茅盾、赵景深、冰心等人；第二代儿童文学作家群的创作生涯从20世纪30至40年代的战争和革命动荡时期一直延续到中华人民共和国成立之后，代表人物有张天翼、陈伯吹、贺宜、严文井和金近等；第三代儿童文学作家群的代表人物有包括任溶溶在内的一大批活跃在20世纪50至60年代直至“文化大革命”之后的儿童文学作家，叶君健、任大霖、任大星、鲁兵、葛翠琳、柯岩、孙幼军等是其杰出代表；第四代儿童文学作家群中大部分至今仍然是中国儿童文学创作的主力军，曹文轩、班马、郑渊洁、秦文君、梅子涵、沈石溪是这一批作家中的代表人物；第五代作家是20世纪90年代初涉足儿童文学创作领域的新生代作家群，杨红樱、汤素兰、殷健灵等在线上线下均有大量儿童文学作品畅销，他们是这一时期的代表（王泉根，2016：72-85）。

三、任溶溶儿童文学创作与翻译概览

任溶溶的创作与翻译大抵可以划分为三个时期：第一个时期是1949年前到“文化大革命”之前的十多年间，第二个时期是20世纪70年代末“文化大革命”结束到80年代末任溶溶从译文出版社退休的第二个十年，第三个时期是90年代初至2014年《奇先生妙小姐》出版的二十多年时间。任溶溶在第一个时期的主要创作和翻译作品以译介苏联儿童文学作品为主，翻译与创作几乎是并肩前进的。虽然第一个时期结束的时间节点放在“文化大革命”之前，事实上20世纪60年代初中苏关系破裂，任溶溶俄语儿童文学的翻译工作在1962年左右就被迫中止了。据何伊丽《儿童文学翻译家任溶溶——对当前“任溶溶研究”不足的补充》一文中“任溶溶生平年表”和“任溶溶译作目录”的统计和中国国家图书馆·中国国家数字图书馆检索结果，任溶溶在1946至1962年期间共翻译出版79部儿童文学作品，除了少数几部译自土耳其、美国、意大利等国家的儿童文学作品，这一时期的大部分作品为苏联儿童文学作品，其中尤其以对马尔夏克的集中译介最为突出：1949年的《给新少年讲讲旧日子》《密斯脱·特威斯特》、1951年的《对留级生说的话》、1953年的《小房子》、1954年的《美国大老板》、1955年的《动物园里的娃娃们》、1956年的《六个1分（一个小学生的故事）》《双胞胎的故事》《比加怕一些什么？》《桌子从哪儿来？》《一封环游世界的信》《一个糊里糊涂的人》《小狗坐火车》《跟火斗争的英雄》、1957年的《聪明耗子的故事》《多笨的小猫》《破坏大王》《花母鸡和十只小鸭子》、1959年的《给小朋友的诗》、1961年的《十二个月》这20部作品占了任溶溶这一时期儿童文学译介总量的近四分之一，这就是“文化大革命”期间任溶溶被扣上“中国的马尔夏克”的帽子进行批斗的“原因”。另有学者统计，任溶溶翻译作品数量在1949年后的17年间占同期全国翻译作品总量的8%[14]（马力，2009：61）。这一时期任溶溶在推出大量苏联儿童文学翻译作品的同时，创作出22部（篇）儿童文学创作作品，其中以儿童诗为主。诗歌《我是个黑人孩子，我住在美国》（1955）、童话《“没头脑”和“不高兴”》（1956）、童话《一个个天才的杂技演员》（1957）、小说《小波勃和变戏法的摩莱博士》、小说《亨弗雷家一个“快活”的日子》（1964）等在这一时期创作的脍炙人口的儿童文学作品为任溶溶“幽默儿童文学作家”的这一身份定下了基调。1954年任溶溶在大量译介工作同期创作的作品，其格调总是带有淡淡的异域元素，容易让人产生他的创作作品是翻译作品的错觉。《我是个黑人孩子，我住在美国》《小波勃和变戏法的摩莱博士》《亨弗雷家一个“快活”的日子》等都是这样的作品。任溶溶在这一时期推出的翻译作品和创作作品对其职业生涯产生的影响是巨大的。对20世纪60年代到80年代出生的人来说，即便对儿童文学和儿童文学家一无所知，对《古丽雅的道路》[15]这部苏联作品也一定耳熟能详。将这部作品译介到中国的翻译家就是任溶溶。这部作品以美丽、活泼、可爱的天才小演员成长为有坚强意志、勇于担当的苏联女英雄的人生轨迹为线索，描写了少年儿童和青年对祖国的热爱之情，其中不乏对人物心理的细腻勾勒和大量的抒情和景物描写。在政治色彩淡化的当今语境中审视这部作品，它的质量仍旧是上乘的。任溶溶在这部作品中的译文温暖又不失俏皮，对于熟悉任溶溶翻译作品风格的人来说，这部作品在翻译风格上的辨识度很高，在语言上有着任溶溶翻译中一贯的稚拙和童趣。1953年首版之后，这部作品一度沉寂。时隔近四十年，《古丽雅的道路》先后在1991年（江苏少年儿童出版社）、1995年（海天出版社）和1996年（海天出版社）重新出现在人们的视线中。在中国“一带一路”倡议推动下，2015年黄山书社重新出版《古丽雅的道路》。《古丽雅的道路》在新世纪再版推出的时间和2013年中国提出“一带一路”[16]构想的时间节点是吻合的。俄罗斯文学的复苏与《古丽雅的道路》新读者的出现势必会使得出版机构和读者进一步关注译者任溶溶，关注其作为儿童文学翻译家和儿童文学作家翻译和创作的更多作品，包括其在早年俄译期的翻译作品和创作作品。“文化大革命”结束后，任溶溶开始了第二个时期的翻译与创作活动。任溶溶在2013年的一次访谈[17]中自述，“文化大革命”之后，他将翻译的重点放在了译介“安徒生文学奖”获奖作家的作品上。资料显示，任溶溶于1979年翻译的罗马尼亚儿童文学作家茹里斯特的《地底下的故事》（布尔希绘图）是20世纪70年代任溶溶在参编《北非史》《沙俄侵华史》之外的唯一一部译作；创作作品方面，1977至1979年，任溶溶保持每年发表4首诗歌/散文的创作节奏：1977年发表儿童诗《大工厂里最小的烟囱》《欢腾的读书声》《我们班里的“嘴巴”》《女儿和儿子的对话》，1988年发表儿童诗《一本读不懂的书》《口袋》《小孩小猫和大人的话》《给巨人写书，我报名》，1979年发表儿童诗《救救鹦鹉》《会说话的房子》《拍照》，以及散文《我的奇遇记》。童话《大大大和小小小历险记》、小说《土土的日记》等经典儿童文学作品都是这个时期推出的。80年代起引进图书出版市场的渠道不再封闭，任溶溶进入了自俄译期以来的第二个翻译和创作高峰期。1980年，任溶溶译出意大利儿童文学作家科洛迪的《木偶奇遇记》，由此开始了系统译介一批“安徒生文学奖”获奖作家作品的征程，林格伦（瑞典）、罗大里（意大利）、特拉弗斯（英国）、扬松（芬兰）、达尔（英国）等作家的系列作品在这十年间不断被译出。其中任溶溶对瑞典儿童文学作家林格伦的译介显得格外抢眼，先后译出《小飞人又飞了》（1980）、《小飞人新奇遇记》（1980）、《住在屋顶上的小飞人》（1980）[18]、《我们村里的六个孩子》（1981）、《疯丫头马迪琴的故事》（1983）、《马迪琴懂事了》（1983）、《小洛塔和她的哥哥和她的姐姐》（1983）、《大侦探小卡莱》（1984）、《大侦探小卡莱新冒险》（1984）、《大侦探小卡莱和小不点儿》（1984）、《长袜子皮皮》（1984）、《长袜子皮皮游南海》（1984）、《长袜子皮皮上船去远航》（1984）13部作品。在这一时期，任溶溶选择从译科洛迪的《木偶奇遇记》开始并非出于偶然，对林格伦的偏爱和集中译介在某种程度上也是任溶溶本人儿童文学创作观的集中体现。在西方儿童文学界，科洛迪、林格伦和罗大里同属“热闹派”。科洛迪“创造了一个幻想与现实相交融的，没有明显界限的童话意境”。林格伦“善于捕捉现实儿童生活细节，特别是表现那类淘气儿童形象……运用自如地将他们的淘气，甚至恶作剧大大夸张，赋以离奇的想象，幽默的儿童情趣，以表现少年儿童被压抑着的最狂野的幻想”。罗大里“善于深深地探进现实社会的客观存在，在广袤的社会背景下，通过奇异的童话世界来揭示社会真理……他的作品，总给人一种充满信心的鼓舞力量，鼓舞人们去为友谊、平等、自由、善良、真理、正义而做勇敢的斗争”（周小波，1987：32–33）。任溶溶在精神气质上和科洛迪、林格伦、罗大里等西方优秀儿童文学作家的契合成就了这样一批优秀的“热闹派”翻译作品，也进一步巩固了任溶溶中国幽默儿童文学代表人物的地位。之后任溶溶选译鲍姆（美国）的《奥芝国的翡翠城》[19]和《奥兹玛公主》[20]、巴里（英国）的《彼得潘》、洛夫廷（美国）的《杜立特医生》系列、达尔（英国）的《查理与巧克力工厂》系列以及哈格里维斯（英国）《奇先生妙小姐》等，无不透露出任溶溶对“热闹派”的钟爱之情。创作方面，这一时期任溶溶共发表创作作品53部（篇），以诗歌为主，小说《丁丁探案》（1981）、童话《大大大和小小小历险记》（1984）、小说《土土的故事》（1988）等经典之作都是在这一时期完成的。任溶溶凭借《你说我爸爸是干什么的？》获得第二届全国儿童文学奖一等奖，这首诗就诞生在任溶溶的第二次翻译与创作高峰期。1989年，任溶溶从译文出版社退休，又继续返聘到原来的岗位，任溶溶自此迎来了翻译与创作的第三个高峰期。20世纪90年代至2014年是任溶溶的翻译与创作的第三个高峰期，大量的英语儿童文学作品在这个时期推出，普通读者熟悉的《柳树间的风》（又名《柳林风声》）[21]、《夏洛的网》等作品就是在这一时期翻译出版的。任溶溶在这一时期翻译的《安徒生童话》和叶君健译本、林桦译本并称为《安徒生童话》汉译本之三大经典译本[22]，而任溶溶本人和叶君健、林桦被并称为《安徒生童话》三大翻译家[23]。除此以外，任溶溶对内斯比特、达尔、洛夫廷等作家儿童文学作品的译介也集中在这一时期。任溶溶的儿童文学翻译具有以童话、诗歌、小说等传统文学体裁的读物为主，益智和低幼阶段亲子共读的图画书多元化翻译为辅的多体裁、多门类的特点。其中，2014年3月人民邮电出版社出版的《奇先生妙小姐》不仅是任溶溶截至目前公开出版的最好的儿童文学翻译作品，也堪称对其长达70年儿童文学生涯的一个“热闹”的总结。这部英国儿童文学作家罗杰·哈格里维斯的名作在任溶溶译本推出之后，在当当网等线上童书销售平台保持骄人的销售成绩。市场传递出的信号可以从两个方面来解读：一是任溶溶这个“符号”在儿童文学出版市场已经成为一个上乘译作的“标签”，和普通译者的翻译作品需要非常严酷的市场竞争才能得到认可不同，名家名译效应让一部本来就很有名气的儿童文学经典又罩上一层光环。任溶溶译本的推出使得早于任溶溶译本推出的王馨悦译本[24]完全退出市场。当当网对任溶溶译本《奇先生妙小姐》是这样推介的：“英国皇室儿童必读，20世纪全球畅销绘本。‘童话之父’哈格里维斯享誉之作，教育没有伤害；

'翻译大师'任溶溶倾情翻译，完美呈现地道英伦幽默。荣获当当网'2015年度十大畅销图书'终身五星奖。"[25]在这一时期，任溶溶收获了儿童文学领域的众多奖项，其中2012年中国翻译协会授予的"翻译文化终身成就奖"[26]是对其在儿童文学翻译领域巨大贡献的最权威的肯定，2002年任溶溶曾获中国翻译协会授予的"资深翻译家"[27]称号。在儿童文学创作方面，20世纪90年代至2008年，任溶溶的儿童文学创作以诗歌为主，诗文集《给我的巨人朋友》（1992）、《我是一个可大可小的人》（1998）、诗文集《给巨人的书》（2006）都非常具有代表性。任溶溶在2008年之后创作的108首诗歌被收录在2012年浙江少年儿童出版社出版的《我成了个隐身人》一书中，这本书也是任溶溶在晚年对自己儿童文学创作生涯的一个圆满的收尾。

四、儿童文学创作与儿童文学翻译的互文

"儿童"文学是"儿童本位"的文学，周氏兄弟对中国儿童文学观的启蒙具有划时代的意义。鲁迅和周作人在五四时期为"儿童"和"儿童的文学"的发声振聋发聩，无论是鲁迅在《狂人日记》中为尚未被旧礼教、旧道德吃掉的孩子们发出的"救救孩子"的呼号，还是周作人于1920年10月26日在北京孔德学校的讲演"儿童的文学"中对"儿童本位观"的阐述，都启发了中国儿童文学创作的思路，树立了进步的中国儿童文学审美观。作为中国幽默儿童文学的重要代表作家之一，任溶溶的"热闹派"[28]创作与翻译观在受到追捧和争议的同时，也成就了其创作与翻译作品的独特品格。无论是任溶溶创作作品中天马行空的想象还是任溶溶经典译介作品中妙趣横生的人物形象，都印了着他对童趣、儿童化思维与语言的偏爱。被认为是国外"热闹派"童话代表人物的意大利作家卡洛迪和罗大里、瑞典作家林格伦、挪威作家达尔的作品，正是在任溶溶的译介下被几代儿童所熟知的。创作、翻译与文学编辑工作中的审美倾向的一致性打造了任溶溶儿童

文学创作与翻译的职业生涯。任溶溶在文学编辑工作的助力下不断进行作家与翻译家的双重身份的角色切换，其创作与翻译的大量作品呈现出明显的互文性特征。

如果我们仔细梳理中外文学史上创作与翻译并举的优秀作家和翻译家，仅1949年以前作家兼翻译家就能列出一个长长的名单。鲁迅、郭沫若、郁达夫、张爱玲、徐志摩、梁启超、闻一多、林语堂、胡适、冰心、老舍、郭沫若、卞之琳、梁实秋、傅雷、王佐良、北岛等在中国文化史、文学史和翻译史上的著名人士，均曾同时从事翻译与创作工作。在文学翻译中，他们不是单纯的翻译家，而是在努力汲取创作灵感的作家；在文学创作中，他们不是单纯的作家，而是在个体创作实践中不断模仿、实践和完善文学翻译技能的翻译家。翻译与创作相伴相生的关系在五四时期新月派诗人群体中表现最为明显。包括徐志摩、闻一多、梁实秋、胡适在内的新月派诗人，大部分都有在国外求学、生活的经历，有相当扎实的外语能力和深厚的西方文学素养。他们在文学翻译尤其是西方诗歌翻译中博采众长，广泛借鉴西方诗歌的创作思路与技巧，研究西方诗歌的文法与诗理，并最终在诗歌创作中形成独特而雅致的中国新诗风格。这批翻译家在翻译实践中反复推敲和研究格律、节奏、韵律、抑扬格等西方诗歌创作中常见的表现手法，推动了中国近代“白话文运动”的进程，也为新时期我国的诗歌创作与翻译的整体走向定下了基调。然而，翻译与创作的这种互动关系，并不是五四时期首创的，早在明末清初，一批有爱国情怀的文人志士在对封建王朝末日颓败的无限失望中，便试图在西方文学中寻找突破口，求新求变。我国近代著名文学史学家阿英在其著作《晚清小说史》中分析了明末清初侦探小说译介浪潮中翻译与创作的关系，他认为正是在外国作品输入的汹涌浪潮中，本土作家模仿其创作风格与手法，才逐渐有了中国侦探小说的创作作品，这些作品中又无不渗透着从翻译作品中获得的灵感与启发（阿英，2009：

184–185）。出于对当时中国社会秩序混乱、践踏人权的不满，这个时期的翻译家们希望寓教育于小说以展示西方法制文明，从而实现推动中国社会文明进程的目的。自1896年侦探小说的概念被引入中国以来，侦探小说作为一种全新的小说创作形式在译介的浪潮中得以迅速发展，这和当时大批侦探小说作品的译介的背景是分不开的："其翻译数量之多约占全部翻译小说的五分之一，范围之广欧美侦探小说名家几乎都有译介，速度之快翻译几乎和西方侦探创作同步，在整个翻译文学的诸门类中均名列前茅。"（张明，2007：i）宏观上来看，翻译与创作的这种互动关系在不同文化间的交流、借鉴与融合中扮演着不可小觑的作用，推动人类文化与文明不断走向多元共生、和谐共处。微观上来看，作家在翻译中迸发出来的创作灵感和翻译家在创作中积累起来的翻译语言技巧在文本上存在明显的互文关系。这种互文性的关系既交织在创作者自己的翻译文本和创作文本中，又和前文本（pre-text）存在广义上的互文关系。互文性理论认为，任何文本都和之前就已经存在的文本存在对话关系，一切文本都是互文本。"新作品与其前文本构成一种对话关系。那些达到时代高峰的作品给后来者造成巨大的超越压力，即'影响的焦虑'，而既有作品又会启发天才作家创作出更深刻更精彩的经典之作。"（阎浩岗，2011：4）

"诗人译诗"在文学史上是一道蔚为壮观的独特景象。在20世纪中国诗歌翻译史上，苏曼殊译拜伦的《哀希腊》，陈敬容译波德莱尔的《恶之花》，徐志摩、屠岸等人译济慈，王佐良译彭斯，卞之琳译英诗[29]，北岛译托马斯·特朗斯特罗默[30]等无一例外全都是知名诗人"以诗译诗"的典范。和林纾、辜鸿铭并称为晚清三大文学家的"诗僧"苏曼殊译诗时，中国文学界的"白话文运动"尚未到来，新体诗尚未盛行，苏曼殊以古体诗翻译拜伦："紧紧地把握住原作的风韵……用词典雅……把原诗的行序打乱……重新组织为五言律诗……

由于译者汉语功底甚深，能娴熟地运用这种诗体去抒发诗人的满怀激情，有时反倒收到了不为原作形式所束缚的功效。”（袁锦翔，1986：27）卞之琳“经过对现代汉语口语和诗歌语言规律性特点的深入研究……设计了他的新诗格律：以一定数的顿建行，以一定数的行建节；节内各行顿数相同或作有规律的变化，行与行之间按一定的韵式押韵或无韵”，因此他在翻译西方格律诗时，对“以音步建行的英语诗和以音节建行的法语诗找到了以顿建行的汉语对应物，而能够得心应手地以相应的格律再现外国诗的格律”（江枫，1991：127）。北岛在“异国飘零的‘离散’（Diaspora）时期[31]，挣扎在英语的漩涡里……正因有了翻译文学的过渡的桥梁，诗人才得以打通国家的边界，寻求贴近所有人类语言所共有的一个所谓的‘文化和言语上的中间地带’”（亚斯明，2012：15）。由于诗歌在格律、节奏和音韵等方面有区别于其他文学形式的特点，诗人在创作中翻译、翻译中创作的活动在文学批评领域广受关注。

综观任溶溶的翻译与创作生涯，“诗人译诗”是贯穿其整个儿童文学翻译与创作活动的一条重要的线索。任溶溶大量的创作作品有马尔夏克等优秀俄语儿童文学作家的风格；与此同时，他的翻译作品又无不充满其儿童诗中的稚拙与童趣元素。如同所有的优秀诗歌翻译作品，任溶溶对异质文化元素的处理是不着痕迹的，流畅和自然的程度堪与原作媲美。对读者而言，互文性是一种似曾相识的感觉，是他们体会到的某一文本和其他文本之间在语言、风格、结构和情节上的一种相似性；对创作者而言，互文性是构思成型、框架搭建、修辞选择的重要来源。

根据巴赫金的对话理论，文本之间均存在对话关系。巴赫金的学生，巴赫金对话理论在西方英语国家最重要传播者的克里斯蒂瓦在总结巴赫金理论的基础上提出“互文性”（intertexuality）的观点。互文性理论和翻译理论的交汇得益于1990年哈蒂姆和梅森出版的《话语与译者》（*Discourse and the Translator*）一书。该书单独设有一章探讨翻译与互文的关系，并对互文性进行了详细的分类。在中国文学理论界，罗选民在《中国翻译》1990年第2期发表的《话语层翻译标准初探》[32]，张沛发表于《北京师范大学学报》1991年第6期的《德里达解构主义的开拓》是可以检索到的国内对互文性理论的介绍和探讨的文章。在翻译理论中互文在文学理论中的价值也逐渐受到重视。“语词（或文本）是众多语词（或文本）的交汇，人们至少可以从中读出另一个语词（文本）来。”（王瑾，2005：285）“词语本身就是文本与文本的相遇之处，是文本之间进行对话的产物。”（孙秀丽，2009：106）翻译文本作为文本类型的一种，和原文本以及其他翻译文本之间必然存在互文关系。与此同时，从历时的角度来看，某一特定翻译文本与前文本（pre-text）和后文本（post-text）也存在非常复杂的互文关系。从严格意义上来讲，没有任何一部文学创作作品和文学翻译作品是完全“原创”的。文本的诞生过程不是孤立的，而是“对话性”的，是对之前已有文本的借鉴、融合与呼应。任溶溶早年翻译生涯中对马尔夏克等俄语世界优秀儿童文学作家作品，尤其是儿童诗歌进行了集中译介。在这一过程中，任溶溶对外国儿童诗歌中的节奏、韵律等音乐性的特点的学习和把握已经逐步内化为他本人在儿童诗歌创作中的经验和方法。在翻译中创作、在创作中翻译的互文活动使得任溶溶的儿童文学翻译作品和儿童文学创作作品在语言审美上惊人地相似。以“中国幽默儿童文学作家”著称，并在国内最早提出儿童文学流派之“热闹派”与“抒情派”之分的任溶溶，对和自己儿童文学主张相近的外国作家有着明显的偏爱。对同属“热闹派”的外国儿童文学作家的偏爱在任溶溶20世纪80年代以后的译介活动中表现得尤为明显。20世纪80年代以后任溶溶把译介的目光投向世界上优秀的儿童文学作品，林格伦、罗大里、特拉弗斯、扬松、达尔等一大批“安徒生文学奖”获奖作家的作品一一被翻译出版，而他们的大部分作品都呈现出和任溶溶的创作作品一样的“热闹”品质。任溶溶在翻译与创作生涯中持续不断地与西方儿童文学作品跨越时空的“对话”，塑造了其翻译与创作作品中异域元素与中国元素并存、儿童语言拿捏中的游戏精神与不着痕迹的稚拙感共生的鲜明特点。

创作与翻译在诗歌领域存在非常明显的互文关系。冰心的代表作——诗集《繁星·春水》是一部将“只言片语”和“零碎的思想”整理在一起的歌颂自然、母爱、生活的感悟式诗集。对世界文学稍有涉猎的读者都能体会到这部作品和印度文学巨匠泰戈尔的《飞鸟集》在主题、风格和结构上的相似，这种相似就是两个文本间存在的互文关系。但是互文关系又不仅仅局限在诗歌领域，在文学的其他体裁中，创作和翻译之间的互文关系比比皆是。曹雪芹所著《红楼梦》是中国文学史上的巅峰之作，其流传过程中的版本之辨，对白居易等唐朝诗人重要诗作对曹雪芹创作的影响之梳理，以及对《红楼梦》之后近代作家如张爱玲、林语堂等人的创作与翻译作品以《红楼梦》为其蓝本的解读和分析都是对互文性关系的探究。我们可以认定某一个文本是经典文本，是影响之后文本生成的重要来源，但是这一经典文本之前依旧存在一个“前文本”，即影响该经典文本生成的文本或包含文本因素的其他素材，如音乐、绘画、戏剧、口述传说；和“前文本”相对应的是处在时空另一端的“后文本”，即受到某个或某些有共通性的经典文本的启发而出现的带有明显仿拟痕迹的文本，或包括音乐、绘画、戏剧等艺术形式在内的其他文本……任何一个文本都不是孤立的，而是与其他文本在历史、文化和社会等维度上产生共鸣。我们读《红楼梦》时，不难发现白居易《长恨歌》以及由此演变而来的白朴的《梧桐雨》，洪昇的《长生殿》对《红楼梦》在章回题名、诗词用典、情节结构、人物塑造和艺术风格等方面的影响；我们也不难发现《红楼梦》中《西厢记》等作品的影子。林语堂用英文写就的《京华烟云》（*Moment in Peking: A Novel of Contemporary Chinese*

Life）一书，整体叙事结构、情节走向和人物安排更是与《红楼梦》高度一致，我们甚至可以从两部作品的人物表中找到严丝合缝的匹配关系。林语堂在20世纪30年代曾经有翻译《红楼梦》的想法，但终因觉得不合时宜而未译，转而创作了《京华烟云》。其女林如斯在《京华烟云》中译本的序言中记道："一九三八年的春天，父亲突然想起翻译《红楼梦》，后来再三思虑而感此非其时也，且《红楼梦》与现代中国距离太远，所以决定写一部小说。"（林语堂，2005：5）

以互文性建构的角度去审视，中外文学史上的所有经典名著都存在大量的互文文本。在广义互文关系中，学界把互文关系划分为外互文、内互文和反互文。其中前两种互文关系指文本间的积极借鉴与互涉，读者在阅读中由此产生较为强烈的似曾相识之感。巴兹尔·哈蒂姆（Hatim）的著作《跨文化交际——交际理论与对比篇章语言学》将符号学概念纳入互文性研究的视野，其中对"反互文"的概念是这样阐释的："互文参考有时并不是为了让人激起对某一意象的互文性回忆，而是一种弃除，一种戏拟，甚而是一种别有用心的反衬意旨或反向指涉，诸如此类的互文参考都可以称为反互文。这种反互文可以从政坛人士的发言中加以识别，他们在演说时往往会引用对手的一些说法或专用语以达到自身的目的与效果，这种互文策略就是反互文手段。"（Basil Hatim，2011：218）哈蒂姆对反互文的概念阐释虽然以政界人士对对手话语的引用为例，但是反互文的概念却不限于此。仅仅拥有几百年发展史的儿童文学从拥有几千年历史的人类文学史中的经典作品中汲取养分，塑造了20世纪以前世界各地儿童文学形式的独特风貌。这种广义的互文指涉关系在儿童文学领域影响甚巨的《安徒生童话》和《格林童话》中一览无余。一方面，《安徒生童话》和西方基督教文化的圣典——《圣经》之间存在明显的外互文关系，《海的女儿》《卖火柴的小女孩》《野天鹅》等经典篇目中的忏悔意识和救赎的基调贯穿始终。安徒生"凭着对西方传统的深刻了解，用巧妙的艺术手法将大量圣经原型与隐喻游刃有余地运用于作品中，使得作品比传统的童话更为厚重。另一方面，安徒生有着丰富的创造力，没有进行僵硬的说教，也没有照搬《圣经》的情节与逻辑关系，因此没有成为教理的图解，而是具有独立价值的艺术品。”（顾悦，2011：185-186）和《安徒生童话》齐名的《格林童话》，在大量的故事中穿插有基督教的教义和伦理观念。“在《格林童话》的故事中，宗教的意象、符号不断出现。其中，上帝、圣母玛利亚、耶稣、天使等在很多故事中都直接扮演了重要角色，而上帝的仁慈也不断被歌颂。”（韩晴，2014：229）另一方面，《安徒生童话》和《格林童话》中大量的故事情节和人物又被后世儿童文学所借鉴和引用，形成蔚为壮观的《灰姑娘》和《小红帽》的各种版本。下面以《小红帽》为例进行说明。《小红帽》的原型可以追溯到中世纪的民间口头故事。1697年，路易十四时期的文化官员查理·佩罗以儿子皮埃尔·达芒古的名义出版了一部后来享誉世界的童话集——《鹅妈妈的故事和寓有道德教训的往昔故事》，《小红斗篷》便是其中的名篇。18世纪末，佩罗的《小红斗篷》已出现多种欧洲语言译本。第一个德语译本出现于1790年，紧随其后的英语译本1792年出版。然而“产生于17世纪的《小红斗篷》还不是严格意义上的童话。因此，它的目标读者不仅仅是儿童，还包括成人——沙龙里的贵妇、宫廷里的朝臣”。工业革命带来了社会伦理观的剧变，“儿童”在西方世界被“发现”，现代意义上的童话作品开始出现，并被逐渐赋予儿童了解自己、认识社会的教育意义和文化功能。雅各布·格林和威廉·格林兄弟搜集德国历代民间故事结集而成的《儿童与家庭童话集》一书收录的童话《小红帽》，是在佩罗的《小红斗篷》基础上的一次成功改写。格林兄弟的《小红帽》“适应了资产阶级伦理教化的需要，是真正以儿童为受众的家庭童话……如果说‘红斗篷’代表了法国封建贵族的装束，那么‘小巧的红色天鹅绒帽’无疑昭示出德国资产阶级的衣饰时尚”（李玉萍，2010：45-48）。作为儿童文学世界的经典原型，“小红帽”形象的传播是世界性的，美国学者杰克·赛普斯[33]的《小红帽的考验与苦难》（*The Trials and Tribulations of Little Red Riding Hood*）一书整理和翻译的不同国家的《小红帽》版本就有来自英国、爱尔兰、法国、意大利、德国、美国和中国等国家的38个版本。《灰姑娘》的版本演变和《小红帽》的情况极其类似，其原型是欧洲口头流传的民间故事。和佩罗一样拥有朝臣身份的意大利作家吉姆巴地斯达·巴西耳（Giambattista Basile）著有《五日谈》（*Pentamerone*）。在这本书中《灰姑娘》的故事第一次以书面形式出现。之后佩罗将该故事和《小红帽》一起收入《鹅妈妈的故事和寓有道德教训的往昔故事》这一故事集中。格林兄弟又将《灰姑娘》整理改编后，于1812年收入《格林童话》。《灰姑娘》的故事自此便开始了以童话面目示人的版本之旅。全世界不同国家的儿童文学作品中都有以“灰姑娘”和“小红帽”等为原型的童话故事，这并不是偶然现象，它恰恰反映了文学作为人类文化知识遗产的书面传承者的互文性。毫不意外的是，欧洲最早出现的这些童话故事的原型都出自西方文化的基石——《圣经》。从《格林童话》中《小红帽》和《灰姑娘》的版本流传史中不难看出，经典童话故事的文本从松散的、民间流传的口头故事被记述下来并得以在不同文化中传播，借助的是翻译的力量。而广义的翻译包括某一语言内部对文本的转写和改写。文本间参照、改写和互相指涉虽然有可能会使文本逐渐远离甚至完全背离“原型”的本来面目，但就人类文明演进的总体进程而言，互文性带来的是伦理价值观上的不断进步和反思。

相较于欧洲大陆因工业革命兴起在18世纪便开始萌生的“儿童”和“儿童文学”的概念，中国的本土儿童文学的萌芽晚了一百多年。中国晚清以降开始从事儿童文学翻译与创作的林纾、包笑天等人以及五四以来中国现代意义上的儿童文学的拓荒者周氏兄弟等人都曾从

《安徒生童话》和《格林童话》中获取灵感。因此我们可以说，中国现代意义上的儿童文学从源头上讲，是得益于翻译的。中国本土诞生最早的一批儿童文学作品保留了《安徒生童话》和《格林童话》的叙事框架和思路。任溶溶口中可以“从小读到老”的《安徒生童话》对他本人的影响是深远而巨大的，《安徒生童话》对现代意义上中国儿童文学的诞生之意义更是无须再辩。李红叶在《安徒生童话的中国阐释》一书中考证，1909年7月，鲁迅与周作人在刊行《域外小说集》第二集时，曾预告第三集要刊载安兑尔然（即安徒生）的《寥无声绘》，这是安徒生的名字第一次在中国出现。“安徒生童话在现代儿童文学初创时期为什么会被视为现代儿童观的代表，除了安徒生童话本身所具有的‘儿童化’特征外，还有一个客观因素是，安徒生童话在‘五四’前引介到中国，从数量上形成一定的翻译规模，在译文质量上也有很多名家参与翻译，安徒生童话比其他外国儿童文学作品更为国人所熟悉。”（王蕾，2009：27）

安徒生童话被译介到中国是在20世纪初，几乎和在中国近代史上有划时代意义的五四运动同期。进步知识分子的大声呼号像一道道闪电划过风雨飘摇的封建王朝的夜空；在对封建传统的无情鞭挞中，文化新时代的曙光悄然来临。五四时期的安徒生童话译介，伴随着“儿童”被发现、“儿童的文学”被定义，以及“儿童本位观”的儿童文学创作理念的出现被认为是一系列开启时代先声的文化大事。政治色彩和意识形态因素在这一时期的安徒生童话翻译中被淡化了，“童心论”和“儿童本位”为我国儿童文学初创时期的发展定下了进步的基调。周氏兄弟、叶圣陶、冰心等中国现代儿童文学的先锋正是在安徒生童话译介的浪潮中成长起来，并最终成为中国文学史上的巨匠的。德语和德国研究专家、《格林童话》权威译者之一杨武能在一次访谈中提到：“《安徒生童话》的产生比《格林童话》要晚几十年，也在很大程度上受到了《格林童话》的影响，甚至有些题名大同小异，可能就源自《格林童话》。例如安徒生的《野天鹅》，与格林兄弟的《六只天鹅》母题和情节如出一辙。可以说，中国作家在受到《安徒生童话》影响的时候，实际上已经间接地受到了《格林童话》潜移默化的熏陶和影响。”（付品晶，杨武能，2008：99）然而在五四以后，因为政治格局的变动和意识形态因素的影响，安徒生被加上了“伟大的现实主义作家”的标签，其作品中天马行空的想象力、细致入微的儿童视角和诗意笔触等文学审美层面的独特之处不再被提及。“童心论”的坚定拥护者——著名儿童文学理论家陈伯吹在这一时期受到严厉批判，在现实夹缝中求生存的陈伯吹改口鼓吹童话的阶级性和教育意义。“50年代到80年代，对安徒生童话中的童心、幻想与诗意的态度既不像五四时期的竭力推崇，也不是三四十年代的暧昧、矛盾的批判，这个时代，对安徒生童话中的童心、幻想与诗意采取了折中的态度。童话中的童心、幻想与诗意虽然受到了赞扬和正面的关注，但对其赞扬和关注却遮蔽在其现实主义作家的形象之下。在这个时代的阐释下，安徒生是具有深厚的阶级情感的安徒生，他来自贫苦的家庭，对贫苦的劳动人民充满了同情，对罪恶的不平等社会制度充满了痛恨，对统治阶级充满了讽刺和批判，对下一代充满了责任和关切，安徒生被这个时代授予了现实主义作家的称号。”（钱中丽，2011：145）

任溶溶在幼年时期即阅读过《安徒生童话》，其成年以后的翻译与创作自然受到安徒生的影响。《格林童话》和《安徒生童话》在审美格调上的相似性和文本上的互文关系使得《安徒生童话》作品本身以及《安徒生童话》的译本并没有现实主义格调，而是充满了奇异的幻想和爱、宽恕与重生等基督教主题。《安徒生童话》在世界儿童文学史上的意义是巨大的，但在中国的安徒生译介中，“现实主义”被特别强调。安徒生的童话“表现出他对社会现象的深刻观察和分析，对社会阴暗面的揭露和批判，同时也有不少的篇章表现出他对人们的高尚品质的歌颂”，以“揭露统治阶级的虚伪、昏庸和残酷”。安徒生本人的成长经历也被认为是具有教育意义的，他幼年“不仅要克服生活的重重困难，他还得打碎一个阶级社会所强加于一个穷苦和‘卑贱’的孩子身上的精神枷锁”。叶君健在其译序中提到，“尽管他的童话作品都有很深的现实基础，但它们却也充满了浓厚的浪漫主义气息和美丽的幻想，读起来像诗，如《小意达的花儿》和《海的女儿》”[34]。《安徒生童话》的审美特点在特殊的历史时期和时代语境中被淡化了，其童话诗歌语言的特点、悲剧性的主题风格、对死亡的诗意叙事等审美层面的独特性在政治、文化政策不断宽松的语境下开始受到学界的关注。从单一维度对《安徒生童话》做现实主义剖析的局面被打破，读者对《安徒生童话》是揭露“丑陋现实”的刻板印象被改变，其作品中散发的奇异幻想、浪漫气息和隽永诗意在多元批评话语体系共存的语境中浮出水面，并成为人们重新审视、欣赏和评判《安徒生童话》的一个重要维度。2005年浙江少年儿童出版社《安徒生童话全集》（典藏版）发行后，任溶溶在接受《新京报》记者采访时坦言：“童话它本来的意义就是指儿童故事，但是更多指幻想故事。幻想是童话的本质，虽然这样一些童话故事可能不是给儿童读的，但我觉得它仍然是童话，是成人的童话。”同年在浙少版《安徒生童话》（典藏版）发行以后《信息时报》记者与任溶溶的“对话”访谈中，任溶溶这样评价《安徒生童话》：“我觉得《安徒生童话》老少皆宜，是可以从小读到老的，我就是这样，小时候看故事，老了领会深意。千万不要低估孩子，《安徒生童话》孩子看觉得好玩，但不求甚解，长大后重读，才知道里面的意思。比如《影子》，大人从中看出卡夫卡的味道，看出现代派痕迹，但小孩子也能看，他们觉得人和影子倒过来太好玩了。”任溶溶以中国幽默儿童文学代表作家的身份闻名，贯穿其创作作品中的游戏精神、幽默元素和浑然天成的童真童趣并非空穴来风，一方面任溶溶在早年的阅读和创作中不断地吸收和借鉴安徒生、马尔夏克、罗大里等世界儿童文学巨匠的创作才思，将其化为自己创作作品中的格调与品质；另一方面，任溶溶在翻译这些优秀儿童文学作家的作品时，将其在儿童语言和儿童视角上的审美旨趣又融入自己的译文。创作与翻译的互文关系在任溶溶的儿童文学生涯中显得尤为重要，并形成其创作与翻译作品的独特风貌与风格。

以下节选《安徒生童话》经典篇目《丑小鸭》（“Ugly Duckling”）中的片段，探讨任溶溶译本与其他三个译本的互文性。互文性一方面自然是互文文本字、词、句层面上的互相牵涉关系，任何译者在翻译作品之前，尤其是经典作品之前，肯定要先阅读原文本和已有的译文本。从叶君健[35]、林桦[36]、石琴娥[37]和任溶溶四位翻译家译出安徒生童话的时间轴上来判断，任溶溶译本是这四个译本中最晚完成的一部。《安徒生童话》叶君健译本、林桦译本、石琴娥译本和任溶溶译本[38]并称为《安徒生童话》四大经典汉译本。

在这四个经典译本中，叶译本的成书时间最早，出版发行的时间跨度最大，拥有各个年代的活跃读者群。叶君健最早通过世界语了解到《安徒生童话》。因为自己有学习世界语的基础，早在1931年，叶君健就读到了柴门霍夫[39]用世界语翻译的《安徒生童话》，被其精美的译文深深感染。1945至1949年间，叶君健在英国剑桥大学学习期间，出于对《安徒生童话》的热爱，每一个寒暑假都访问丹麦。在这期间，叶君健学习了丹麦语，并萌生完整翻译《安徒生童话》的想法，着手开始翻译。自20世纪50年代初诞生以来，叶译本以朴素的文笔、冷静的叙述和简练的勾勒受到无数读者的关注和喜爱，叶译本跨越半个多世纪的出版传播历程使其在各个年代的读者中都曾产生过巨大的共鸣。叶君健不愧是1949年后直至新时期以来《安徒生童话》在中国得以长时间传播并拥有广泛群众基础的伟大翻译家和功臣。叶君健将自己毕生的精力和心血都投入《安徒生童话》及安徒生研究当中。1955年，第一部研究安徒生生平的传记文学《童话作家安徒生》由少年儿童文学出版社出版；1978年，在历经多年研究之后，另一部传记文学《鞋匠的儿子》由人民文学出版社出版；1984年，《不丑的丑小鸭》由湖南少年儿童出版社出版；1992年，辽宁少年儿童出版社出版了修订版的《新注全本安徒生童话》，叶君健对其翻译的每一篇童话都做了评论，从这些评论中可以管窥叶君健本人的儿童文学观和儿童文学翻译思想。1988年叶君健曾获得丹麦女皇玛格丽特二世授予的“丹麦国旗骑士勋章”，坐落于安徒生故乡奥登塞的安徒生博物馆中陈列着叶君健翻译的中文版《安徒生童话全集》和他写的安徒生传记。叶君健之子叶先念撰文回忆道：“1999年清华大学出版社出版了英汉对照《安徒生童话全集》，2003年香港中国世界语出版社出版了世汉对照《安徒生童话故事集》。汉语部分都是用的我父亲的译文。英语译者是格来吉夫妇，1914年由牛津出版社出版；世界语译者是世界语的创始人柴门霍夫，1901年出版。三者的译文基本吻合。”[40]叶君健译本之经典程度是有目共睹的，在这样的背景下，后起的翻译家翻译《安徒生童话》，面对的压力和争议不言而喻。

继叶君健之后，《安徒生童话》的林桦译本于1995年由中国少年儿童出版社出版发行。林桦和安徒生有着特殊的缘分。20世纪50年代初，他被外交部派往中国驻丹麦大使馆工作，开始学习丹麦文。1955年4月2日是安徒生诞辰150周年的纪念日，林桦以翻译人员的身份参加了在安徒生的家乡奥登塞举办的纪念活动。林桦在这次纪念活动中深受感染，“从奥登塞回哥本哈根使馆的车里我在想，将来有一天应该把《安徒生童话》从丹麦文直接翻译成中文”[41]。这个埋藏在心底50多年的愿望在手写完成100多万字的译稿，其夫人袁青侠帮助完成抄写、修订，又花费3个月时间写完译序之后终于实现了。林桦对《安徒生童话》的感情和花费在《安徒生童话》及安徒生研究上的心血，是不输于叶君健的。在晚年完成这样一个浩大的工程，非心有挚爱而不可成也。虽然林桦译本的风格独树一帜，以清丽细腻的文笔见长，但是普通读者对林译本和林桦本人的了解都极为有限。和叶译本相比，林译本在语言上更显活泼和轻松。从翻译出版时间来看，石译本和林译本似乎都处在叶译本和任译本的夹缝中，但是石琴娥译本因出版时间较晚，赶上了互联网图书销售渠道的普及和新生代“80后”父母对亲子阅读逐渐重视而催生的对世界儿童文学名著的购买需求，再加上石琴娥又有中国社科院外文所专家的头衔作为宣传和营销的筹码，石译本虽然没有叶译本和任译本那么广为人知，却比林译本拥有更多的读者。而林译本在目前出版市场的地位和林译本本身具有的价值是不相称的。这一点从当当网的各个译本不同版次的出版和销售情况就可知一二。在当当网上键入关键词“安徒生童话林桦”后检索，在售图书只有5种，以同样的方式检索叶君健、石琴娥和任溶溶译本，在售图书的种类分别为163种、75种和35种。市场这个信号灵敏反映出译本本身在受众读者群中的接受和传播状况。

虽然在北欧文学翻译及研究方面，石琴娥以学者的身份在《安徒生童话》的四大经典译本译者中非常显眼，但是除了《安徒生童话》以外的北欧文学，其整体的传播和接受还是比较冷清的。和《安徒生童话》在中国已有百年译介和传播史迥然不同，北欧文学中的其他文学作品对中国的普通读者来说是陌生的。“石琴娥老师早年在驻冰岛和瑞典的大使馆工作，得天时地利，也因她对北欧文学的挚爱和学养，能为北欧文学在新中国的推广伐木开道。是她把《埃达》等作品率先介绍到中国，并翻译了包括《红房间》在内的多部作品，对北欧五国的作品都有翻译和研究。然而，北欧文学译介在新中国成立以来一直处于边缘地位，她的耕耘中有执着和不易，也有孤独和清寂。”（王晔、石琴城，2015：2）但即使没有叶君健《安徒生童话》首译本的巨大象征资本，没有石琴娥作为中国社科院外文所北欧文学研究专家的光环，没有任溶溶在儿童图书出版市场享有的巨大声誉和影响力，林桦作为《安徒生童话》翻译家的身份在儿童文学领域其实也并不“清寂”。资料显示，林桦曾获1997年丹麦女王玛格丽特二世颁发的“丹麦国旗骑士勋章”、奥登塞市安徒生奖委员会1997年颁发的“安徒生特别奖”，并被“冰岛冰中文化交流协会”授予荣誉会员，在2005纪念安徒生诞生200年活动中应邀担任中国“安徒生形象大使”。但是林桦译本在1995年推出之时，互联网技术在中国尚未普及[42]，只在银行和科研机构试水，最初享受到互联网便利的仅仅是科研机构的研究人员。作为一部耗费数年完成的匠心之作，林译本在读者中的“冷清”是时代影响的结果。当时少儿图书市场尚未进入新世纪以来的快速增长期，网络购物概念对大众来说更是闻所未闻。从互联网进入中国到2005年网络购书平台的兴起，仅仅十年之间中国人的生活方式因互联网的介入而发生了天翻地覆的变化。石琴娥译本和任溶溶译本的出版时间节点正好是互联网技术给图书出版、发行和销售带来的机遇期。而石译本《安徒生童话》得益于20世纪90年代末至21世纪世纪以来儿童文学引进版市场的火爆和互联网信息技术的飞速发展。2002年面世的石琴娥译本《安徒生童话》在当当网等图书在线销售平台上销量一直不俗。在图书营销包装的话语体系中，每个译本都有自己独特的卖点：叶君健译本被称作“最权威译本”，是“中国第一位从丹麦文翻译并系统全面地介绍安徒生童话的著名翻译家”[43]；石琴娥译本的营销侧重于宣传她的北欧文学专家的身份以及2006年获安徒生国际大奖、2007年获中国翻译协会资深翻译家荣誉称号、2010年获丹麦“骑士勋章”等荣誉称号；任溶溶以无人能及的翻译作品数量和翻译生涯之长著称，任溶溶著译兼攻的儿童文学作家和儿童文学翻译家身份使得“任溶溶”三个字在中国儿童出版市场成了一个金字招牌。虽然任译本《安徒生童话》成书时间最晚，但是任溶溶在儿童文学领域的声誉使得任译本一经推出便引起巨大反响。

"I will fly over to these royal birds, and they will kill me, because I, who am so ugly, dare to approach them. But I do not care! It is better to be killed by them than to be snapped at by the ducks, pecked by the hens, kicked by the girl who looks after the poultry yard, and to suffer hardships in winter." And he jumped into the water and swam towards the beautiful swans. As soon as they saw him they rushed at him with rustling wings.

"Only kill me!" said the poor creature as he bent his head down against the surface of the water, waiting for death—but what did he see in the clear water? He saw under him his own image in the water, but as he was no longer a clumsy dark greyish bird, ugly and hideous to behold, but a beautiful swan.

It matters but little to be born in the dockyard, when one comes from a swan's egg.

（Hans Christian Anderson/H. L. Braekstad，2012：488）

"我要飞向他们，飞向这些高贵的鸟儿！可是他们会把我弄死的，因为我是这样丑，居然敢接近他们。不过这没有什么关系！被他们杀死，要比被鸭子咬、被鸡群啄、被看管养鸡场的那个女佣踢和在冬天受苦好得多！"于是他飞到水里，向这些美丽的天鹅游去。这些动物看到他，马上就竖起羽毛向他游来。"请你们弄死我吧！"这只可怜的动物说。他把头低低地垂到水上，只等待着死。但是他在这清澈的水上看到了什么呢？他看到了自己的倒影。但那不再是一只粗笨的、深灰色的、又丑又令人讨厌的鸭子，却是一只天鹅！

只要你曾经在一只天鹅蛋里待过，就算你是生在养鸭场里也没有什么关系。

（叶君健，2006：96）

“我要飞过去，飞到那些高贵的鸟跟前去，要是我敢游近他们，他们会把我啄死，因为我长得这么丑。不过，横竖都是一个样！宁可让他们啄死也比挨鸭子啄、母鸡叼、鸡场的女工踢好，也比冬天受冻好些！”于是他飞到水里，游向那些美丽的天鹅，这几只天鹅看见他，很快地朝他游过来，羽毛发出轻轻的嗖嗖声。“尽管啄，啄死我吧！”可怜的小家伙说道，把头低向水面，等待着死亡的来临——可是，它在清澈的水中看到了什么了？他看见了自己的身影：不再是蠢笨的、深灰色的，又丑又叫人恶心的小鸭，而是一只天鹅！

出生在鸭场没有关系，只要你是一只天鹅蛋！

（林桦，2014：9）

“我要飞过去，飞到这些有王者风范的大鸟身边。他们会把我啄死的，因为凭我这副丑模样居然敢靠近他们。不过反正都是一样，被他们啄死要比挨鸭子咬挨鸡啄，还有挨养鸭场的女仆脚踢，还有在冬天挨饿，要强得多。”

于是他飞到水面上，向这几只美丽的天鹅游过去。那几只天鹅看见了他，马上拍打着翅膀朝他迎了过来。

“尽管啄死我好啦！”可怜的小家伙把脑袋俯向水面，等待着死亡的到来。可是他在清澈的溪水中看见了什么！他看见了自己的倒影，那不再是一只笨拙的、灰不溜秋的、难看得叫人讨厌的丑小鸭，而是一只天鹅。

在养鸭场里出世那倒无所谓的，只要生出来的时候是只天鹅蛋就行啦！

（石琴娥，2015：77）

“我要飞到那些鸟那里去，飞到那些高贵的鸟那里去，”他说，“他们会把我啄死的，因为我太丑了，竟敢接近他们；但这都无所谓；被他们啄死总比被鸭子咬、被鸡啄、被喂鸡鸭的女仆赶来赶去，或者在冬天饿死好。”

于是他飞到水上，向这些美丽的天鹅游去。这些天鹅一看到他，马上耸起羽毛向他围上来。

“把我啄死吧。”可怜的小鸭子说，接着他把头低垂在水面上等死。但是在下面清澈的溪水上他看见什么啦？他看到了自己的倒影。他不再是一只叫人看了讨厌的深灰色丑小鸭，而是一只优雅美丽的天鹅。

只要是从天鹅蛋中孵出来，生在养鸭场又有什么关系。

（任溶溶，2005：199）

“当我们从一部作品中读到其他文本的相关叙述，或者看出一部作品是如何依赖其他作品而存在（通过吸收和转化其他文本而建构自身意义），实际就已进入互文性批评的视野。‘互文性’为我们解读作品提供了最广阔的参照空间，使我们得以最大限度扩展文本意义。”（王凌，2014：86）影响巨大的叶君健译本，是《安徒生童话》的后起译者着手新译本翻译时无法忽视的参照译本。文学文本在文学语言、文学形象和文学意蕴等方面存在不确定性和空白，历史上的经典文学文本都有重译的现象。从读者期待视野的角度来看，不同时代和文化语境中的读者对文学作品的审美期待有着微妙的差异，审美期待是随着历史的演进处在变化之中的。中国汉语语言文字从五四时期的“白话文运动”以来，历经从文言文到白话文的过渡、汉语拉丁化文字运动和汉语拼音体系的最终定型、汉字书写规范从繁体字到简体字的调整、英语和网络语言对汉语语言表达习惯的不断冲击等重要阶段。“不同时代、不同文化背景的译者因期待视野的不同会对同一文本产生不同的理解；不同时代的读者因审美期待的不同也会对翻译作品不断提出新的、更高的要求。”（郭兴华，2009：i）作为《安徒生童话》在中国的最早译介者之一，作为“新文化运动”的斗士，周作人在某种意义上塑造了《安徒生童话》在中国传播的翻译语言格调，赋予了这部作品启智的意义。“‘五四’以前，我国通用的文言文，不论在语义的丰富确当上，还是在文法的完整精密上都与现代生活、现代思想、现代科技文化，有相当严重的脱节，远远不能反映现代思维……这种陈旧古板的书面语言，在表述现代思维和文化上，当然显得艰涩不畅。”（石洁，1988：45）翻译活动对中国现代汉语语言的革新有着建设性的意义。1918年，傅斯年在《怎样做白话文》一文中明确提出了白话文应该欧化的主张。之后在旷日持久的关于外来语及新兴构词法，新兴结构、表达及句法等“欧化”问题的论辩中（朱一凡，2011：7-11），我国现代文学语言逐渐成熟起来，并开始涌现出一批用白话文写作的文学巨匠。如果说“白话文”作为一种新的文学语言形式之存在是“新文化运动”的斗士们的一种自发的历史选择，那么之后现代汉语语言的不断演进和成熟则是一种自觉的历史必然。“新文化运动”掀起的波澜并未就此停歇，伴随着白话文运动中中国汉字书写体系从文向白的过渡，刘半农、鲁迅等新文化、新文字的积极奔走者发起了另一场声势浩大的、对汉语语言文字的注音体系产生深远影响的“汉语拉丁化运动”。在民族自信心严重受挫的时代语境中，急于在哲学、文化和语言层面为中国经济和发展找寻突破口的进步文人试图将汉字书写体系全面字母化，以便实现中国语言早日与“国际接轨”。虽然从“汉语拉丁化运动”的目标来看，它注定是要失败的，因为它是违反语言历史发展规律的，但是它的进步意义在于直接催生了汉语语言文字现代拼音系统，对汉语语言的科学化启蒙教育，即学龄前及小学低年级儿童的识记与阅读能力的培养以及汉语口语系统被其他文化和民族的学习者所掌握都有着积极的意义。1949年以前，任溶溶就参与了“汉语拉丁化运动”的相关活动。在上海籍语言学家倪海曙的直接扶助下，刚刚开始儿童文学创作与翻译的任溶溶，就参与了汉语拉丁化的相关教材的编写。东方书店先后出版了任溶溶编写的《北方话新文字基础读本：拼音写法读物练习》（1950）、《北方话新文字的拼法》（1952）、《中国拉丁化拼音文字基础读本》（1955）三本文字改革方面的读本和教材。虽然这场运动最后以失败告终，但倪海曙、任溶溶等人直接推动了汉字的普通话音标体系走向规范化却是肯定无疑的。1958年全国人民代表大会批准公布将该方案作为汉字的注音方案；1979年，在国际标准化组织ISO/TC46会议上，中国代表周有光提出了把汉语拼音方案作为国际标准的建议；1982年国际标准化组织ISO/TC46会议（南京）上，这个建议获得通过，即ISO 7098第一版。移动通信中，汉语拼音体系在手机上输入汉字更加便捷，在20世纪90年代之后推动了手机等移动通信设备在中国的普及。就任溶溶毕生所从事的儿童文学创作与翻译而言，他对拼音文字系统在音韵、节奏上的深入研究为他在创作与翻译作品中驾轻就熟地表现儿童语言的音乐感和韵律性有着不可小觑的意义。从以上《安徒生童话》不同译本的对比中不难发现，任溶溶译本和儿童语言的贴合度很高。“重复”是儿童语言非常鲜明的一个特点，由于儿童期生理和心理发展的特殊性，儿童对重复的字词、话语和故事情节情有独钟。各个文化和民族在幼儿语言的启蒙中，都大量使用叠音词，牙牙学语的幼儿不仅在重复的字词中体会到语言本身的音乐性和韵律感，而且叠字的使用可强化其对语言本身的认知和理解；在话语层面，重复主要表现在儿童对一问一答式句式结构的特殊偏好上。在中国蒙古族经典歌曲基础上改编的歌曲《吉祥三宝》就是一个很典型的例子。

“爸爸，太阳出来月亮回家了吗？”
“没有。”
“星星出来太阳上哪里去了？”
“在天上。”
“我怎么找也找不到它？”
“回家了。”
“太阳月亮星星就是吉祥的一家。”
“妈妈，叶子绿了什么时候开花？”
“等叶子落了。”
“花儿红了果实能去摘吗？”
“等花儿谢了。”
“果实种在土里会发芽吗？”
“等到春天。”
“花儿叶子果实就是吉祥的一家。”
“宝贝，爸爸像太阳照着妈妈。”
“那妈妈呢？”
“妈妈像绿叶托着红花。”
“那我呢？”
“你像种子一样正在发芽。”
“明白了。”
“我们三个就是吉祥如意的一家。”

在成年人的阅读体验中，话语的重复会造成审美上的疲劳，这是琼瑶系列言情文学作品遭人诟病的主要问题所在。但是儿童文学作品，尤其是低龄阶段的儿童文学作品的重复却是构成故事情节、串联故事线索的重要组成部分。在小学高年级学生中拥有大量读者的杨红樱《淘气包马小跳》系列及《笑猫日记》系列校园小说正是在重复和一问一答上下足了功夫。因此，儿童文学作品中对一问一答式话语的处理方式是非常能体现创作者对儿童认知水平的观照的；在故事情节层面，我们从《小红帽》《灰姑娘》等童话故事的母题中就可以管窥一二。担当着文字启蒙和教育双重功能的童话故事，以口述民间故事为基础，不仅《格林童话》《安徒生童话》如此，世界上其他文化和民族的童话故事也是如此。《小红帽》《灰姑娘》不是《格林童话》和《安徒生童话》所独有的母题，人类学家杰米·特哈尼在《小红帽演变史》（“The Phylogeny of Little Red Riding Hood”）一文中详细研究了《小红帽》在世界范围内的源流及演变问题。小红帽这一童话母题在中国、韩国、日本等亚洲国家的不同体裁的童话故事里广泛存在，为经典文本的互文性和儿童文学作品在情节上的重复性都提供了有力的证据。在翻译中，处理字词层面的叠词、话语层面的一问一答式的重复对译者来说并不是一项轻松的工作，从任溶溶译本中“但是在下面清澈的溪水上他看见什么啦？”“他看到了自己的倒影……”一处的处理方式上我们明显感觉到作为儿童文学翻译名家的任溶溶在儿童文字拿捏方面的过人之处。“啦”这个汉语问句的语气词，在日常对话中最常见的语境便是大人给小朋友讲故事时，虽然只是一个放在问句末尾的看似非常不起眼的语气词，但是仅这一处来看，其他三个译本未能将儿童读者这一因素进行充分把握和考虑。叶译本中，该处使用了语气词“呢”，林译本中使用了语气词“了”，石译本将该句话处理成了感叹句，未使用语气词。任溶溶译本的辨识度就体现在这些看似微不足道的句子处理方式上，就是这些处理方式让童趣童真表现得淋漓尽致。在这个段落的另外一处，“waiting for death”部分在林译本和石译本中均被译作“等待着死亡的来临”，叶译本中译作“等待着死”，只有任译本把这部分处理为“等死”，更符合儿童语言简练又口语化的特点。“waiting for death”部分是所在主句部分的现在分词作伴随状语部分，原文中这部分是以逗号和主句隔开的。叶译本、林译本和石译本将这部分按照英文的句式结构断成了两部分，在汉语中显得拖沓，在整体句子的节奏感上比较欠缺。任溶溶将伴随状语这部分与前面的主句合为一体，译作“接着他把头低垂在水面上等死”。丑小鸭低落沉郁的心理活动在译文中跃然纸上，得到了紧凑而完整的还原。在其他几个译本中，抛开汉语句意结构的简练性和完整性的特点被削弱的问题不论，叶译本中的“等待着死”、林译本和石译本中的“等待着死亡的来临”都显得过于书面化，儿童文学译语的朗读性特点消失殆尽。儿童文学翻译和儿童文学一样，其专业性的特点经常遭到轻慢。儿童文学是“小儿科”的偏见由来已久，很多人想当然地认为儿童文学是任何有文学作品创作经验的人随便写写的东西；对儿童文学的轻慢直接导致人们对儿童文学翻译的偏见，人们也同样会想当然地认为儿童文学翻译是随便懂一点外语的人就可以上手翻译的东西。

《安徒生童话》中有一些经典的句子在汉语中已经成为耳熟能详的谚语，其中有一句便是“只要你是一只天鹅蛋，就算是生在养鸭场里也没有什么关系”。以“只要你是天鹅蛋”为关键词，在百度搜索引擎进行搜索，共显示搜索结果8 510条[44]。比对这条来自《丑小鸭》故事中我们经常引用的谚语的结构，我们不难发现，林桦译本和任溶溶译本的句子结构更接近我们使用这条谚语时的语言习惯，口语化的特征更为明显，而叶君健译本和石琴娥译本中对这句话的处理显得过于书面化，甚至有些拗口。

任溶溶创作与翻译作品的互文关系，是以他半个多世纪以来在创作中翻译、在翻译中创作的职业生涯为基础的。在儿童文学领域，创作者和译者的儿童观集中体现在其创作和翻译的作品之中。身兼儿童文学作家和翻译家身份的任溶溶，在创作作品中显露的游戏精神和幽默儿童文学元素是其儿童文学创作观的反映；翻译作品在译前有针对作品内容的评估环节，任溶溶选择翻译的罗大里、达尔、扬松及哈格里维斯等人在儿童文学的审美倾向和任溶溶是一致的。他们在各自文化中都是儿童“游戏精神”的鼓吹者和实践者。任溶溶的创作作品《“没头脑”和“不高兴”》中天马行空的奇幻想象在20世纪50年代末的时代语境中，领时代风气之先，其独特的儿童视角和奇思妙想给以教育意义为主要功能的儿童文学带来了全新的审美维度和创作方向。时隔半个多世纪，任溶溶译出了哈格里维斯20世纪70年代创作的图画书名作“Mr. Men & Miss Little”系列，《奇先生妙小姐》成为任溶溶晚年翻译生涯的封笔之作，也是他一生坚持以“游戏精神”为儿童文学创作之灵魂的代表之作。1958年出版的《“没头脑”和“不高兴”》为任溶溶之后的儿童文学创作定下了基调，也是其“游戏精神”在其早期作品中的集中反映。我国著名儿童文学理论家刘旭源定义了儿童文学的三大母题“爱的母题”、“顽童的母题”和“自然的母题”（刘旭源，1997：9）。“顽童的母题”与任溶溶作品中传达的“游戏精神”相对应。从儿童心理学的角度来看，“游戏精神”和儿童期的心理和认知需求是契合的。透过事物的表象进行思维，是人从儿童期过渡到少年时期才逐渐具备的认知能力。对儿童来说，他们无法将感知内化为表象并建立起与之相对应的符号。人在从婴幼儿期向少儿期的过渡阶段中，心理上要经历游戏和现实世界逐渐剥离的焦虑感。在这一阶段，儿童特别热衷于阅读与现实场景相背离的读物。夸张的语言描写和对白可让儿童在恣意汪洋的想象世界中自由驰骋，是他们疏解游戏世界和现实世界剥离期焦虑感的一剂良药。《“没头脑”和“不高兴”》的出版取得成功之后，上海美术电影制片厂于1962年推出了同名动画片。时至今日，任溶溶的这一代表作仍旧在新近出版的相关作品集中被标示在非常醒目的位置，在当当网等网络图书销售平台有着不俗的销售成绩。在翻译研究中，互文性“指示两个或两个以上文本间发生的互文关系，包括（1）两个具体或特殊文本之间的关系；（2）某一文本通过记忆、重复、修正，向其他文本产生的扩散性影响”（吴非、张文英，2016：131）。笔者认为，跨越时空、文本产生并未受彼此影响的文本之间存在的互文关系，是创作者在审美旨趣、叙事倾向等文学创作观上的共情。任溶溶的代表作《“没头脑”和“不高兴”》与哈格里维斯的《奇先生妙小姐》的相遇，是偶然的，却也是必然的。在任溶溶创作《“没头脑”和“不高兴”》的年代，中国儿童图画书的创作、出版与印刷技术还非常落后，虽在文字内容上有具有先锋意义的作品，但缺乏与之匹配的图画表现方式。《奇先生妙小姐》出版时，西方的儿童图书行业已经走过了相当长的一段历史，在装帧出版方面也积累了丰厚的经验。哈格里维斯的代表作品《奇先生妙小姐》以儿童期容易出现的诸如“粗心”“自私”“骄傲”等一系列成长中出现的不可避免的问题为切入点，以男孩和女孩的形象将这些问题命名为每一本单册的主题名称，如“颠倒先生”“善变小姐”。《奇先生妙小姐》的插图部分也采用极度夸张的手法，让儿童在阅读中不仅享受到天马行空的文字带来的阅读快感，而且被图画中奇异怪诞的人物形象所深深吸引。英语作为国际语言的优势使得《奇先生妙小姐》在不同文化中都拥有大批读者，中国也不例外。引进版《奇先生妙小姐》在中国取得商业上的成功以后，奇先生妙小姐成了很多高端商业文化活动的推广媒介。笔者在百度搜索引擎键入关键词“奇先生妙小姐主题”进行搜索，结果显示，仅2016年，中国内地和香港就举办过三场以“奇先生妙小姐”为主题的大型商业推广活动，分别是广州天环Parc Central奇先生妙小姐主题展，重庆“奇妙圣诞，时代献礼”主题展和奇先生妙小姐圣诞巡游、香港名店坊奇先生妙小姐主题展。我们在赞叹哈格里维斯恣意奔放的想象力的同时，也禁不住感叹先于《奇先生妙小姐》近二十年出版的《“没头脑”和“不高兴”》着实是一部具有前瞻性和划时代意义的儿童文学作品。穿插在整篇故事中的“包袱”笑料不断，画面感强烈。受制于中国经济、政治和社会文化环境，任溶溶这部作品在当时并未配上插画，不具备使其和《奇先生妙小姐》那般图文相当的现实条件，读者在阅读中无法体会插图和文字相映成趣的视觉快感。但是这两部作品在“游戏精神”传达上的契合，却跨越了时空，遥相呼应，在一西一中的不同文字书写中将儿童期的天真烂漫、调皮任性、无拘无束、莽撞大意的特征表现得一览无余。任溶溶作为著名翻译家的符号资本在儿童文学出版市场是一块金字招牌，这不仅得益于他多年来在外国儿童文学翻译工作中积累下的丰富经验和巨大声誉，也得益于新世纪以来中国儿童文学出版市场在互联网图书销售平台和移动互联网技术推动下突飞猛进的发展。2010年未来出版社引进*Mr. Men & Miss. Little* 版权后，委托王馨悦翻译。从译本本身的质量来看，王馨悦译本并无明显瑕疵，在译文与插图匹配方面可以看到译者的智慧与匠心。在当当网等图书销售平台，该译本曾有过不错的销售成绩，读者评论中也不乏对王馨悦译本在译文方面的溢美之词。然而2014年人民邮电出版社推出《奇先生妙小姐》任溶溶译本之后，王馨悦译本就悄然退出市场。根据布迪厄的社会实践理论，社会活动中有着一整套独立运行和组织方式的领域被定义为场域，儿童文学场域的运行规则既受文学场域的牵制，又与诸如出版和翻译等其他子场域产生关联，最终在现实中呈现出儿童文学在某种特定社会文化中的样貌。文学场域本身就属于自治性较弱的场域，其运行受政治意识形态和文化政策的影响甚巨；与此同时，该场域也受制于经济和商业因素。中国少儿图书出版市场自新世纪以来不断开放，包容性越来越强。在这样的商业利好的背景下，出版物市场中的符号资本的价值被放大，名家名作或名家名译的强大符号资本成了拉动图书销量的不二法宝。场域理论和中国社会错综复杂的人际关系网络非常相似，一个人占有人际关系质量的好坏及数量的多寡决定了其在社会中调配和运作社会资源的能力。具备同等或相当教育背景和职业能力的社会个体，在社会资源的占有方面呈现出巨大的差异，主要原因在于其在所处场域内的位置是靠近中心还是处于边缘位置。王馨悦基本上算是儿童文学翻译场域内的“路人甲”译者，和著作、译作汗牛充栋的任溶溶相比，其占有的符号资本几乎可以忽略不计。对出版机构而言，为了实现商业利润上的更大成功，对引进出版之初未曾预计其受欢迎程度的一些文学作品，在出版取得成功之后一般都会走向“名家＋名译”的出版营销模式，以保证该作品在相当长的一段时间内在市场上的占有率。《奇先生妙小姐》的任溶溶译本最终完全抢占了市场，既有其偶然性，也有必然性。偶然性体现在这部作品在“游戏精神”上与任溶溶创作理念的契合，任溶溶对这一作品的青睐在情理之中；必然性体现在符号资本在社会活动中占有社会资源方面的决定性因素。图书出版市场中任溶溶的符号资本不仅被兑换为现实的商业利润上的收益，而且因在场域内获取了更多的资源，这一符号资本不断得以强化。

创作与翻译的互文是任溶溶在创作中翻译、在翻译中创作之特点，也是任溶溶在创作和翻译作品的语言审美特点上具有一致性的影响性因素。在对译者双重身份的探讨中，创作文本与翻译文本之间的互文性开启了研究译者双重身份对创作与翻译产生影响的一扇窗户；互文性为解读译者双重身份下的创作与翻译活动的关系提供了具体的、可参照的文本线索。文本间的互文关系串联起在审美倾向方面具有一致性的作家作品，任溶溶的翻译作品经常被误认为是创作作品，而创作作品又经常被误认为是翻译作品。如《亨夫雷家一个“快活”的日子》经常被误认为是一部翻译作品，“倘若不看作者的名字，你也许会把它错当成一篇翻译之作”（马力，2009：122）。任溶溶创作的儿童诗歌数量非常可观，他的诗歌作品也经常被误认为是翻译作品。早年翻译俄罗斯儿童文学著名作家马尔夏克等人的作品为任溶溶儿童诗歌创作涂上了厚重的底色，也是启发任溶溶进行儿童诗歌创作的不竭源泉。我们从《我牙，牙，牙疼》式的俏皮、《请你用我请你猜的东西猜一样东西》式的饶舌、《你说我爸爸是干什么的？》式的幽默可以隐约看到任译马尔夏克儿童诗歌的影子。创作作品与翻译作品在风格上的互文性虽使任溶溶在中国儿童文学领域独树一帜，但在“文化大革命”期间也给他造成了困扰。“‘打倒中国的马尔夏克任溶溶！’的标语刷在他天天要经过的路边，铺天盖地的大字报贴满少儿出版社，他却视若无睹，胃口好得很。”（楼乘震、魏宇，2013：81）

从事儿童文学的人如果自己没有一颗童心，那么他创作或翻译的作品一定是乏味和枯燥的。在身心受到双重摧残和折磨的特殊时期，任溶溶保有的一颗“童心”是他得以对这些折磨“视若无睹”的强大精神力量的来源。

第二节　儿童文学作家任溶溶的儿童文学翻译——经典化的生成与建构

在中西方文学史上，都不乏身兼作家和翻译家双重身份的文学界和翻译界名流，他们中有人把自己的作品进行翻译并出版，这种现象在翻译史上称为自译。外国文学史上的贝克特、泰戈尔、纳博科夫等作家，中国作家张爱玲、卞之琳、林语堂等人都曾留下自译作品。自译作为文学文化史上一种独特的翻译现象，从未形成波澜壮阔的一股潮流，也从来不是作家和翻译家双重身份中职业生涯的主流。和作家独立创作的同时又独立翻译的现象相比，自译现象显得很不起眼。在中国儿童文学史上，尚未有可以查证的进行自译的作家。任溶溶作为著作、译作等身的儿童文学工作者，并没有选择自译本人创作的儿童文学作品，而是孜孜不倦地译介外国儿童文学，这与儿童文学的源流有很大的关系。中国儿童文学源自晚清以降的文学译介高潮，“儿童”的概念在浩浩荡荡的翻译以启民智的文化潮流中被新文化的倡导者们所了解，并逐渐通过对西方儿童文学读物的译介进入少数接受过教育的作家和翻译家的视野。现代意义上的中国儿童文学经历了从无到有的过程，在这一过程当中译介的域外儿童文学作品起着非常重要的作用。因此，和张爱玲、林语堂等人对把中国文学译介到西方的审美视野不同，借力于西方儿童文学才得以萌芽和发展的中国本土儿童文学是在对域外儿童文学译介的亦步亦趋中逐渐进步和发展的。任溶溶早期的儿童文学创作作品正是在吸收和借鉴俄罗斯儿童文学的基础上才表现出其独特样貌。与此同时，由于中国的儿童文学起步较晚，儿童文学在版权贸易方面长期处于贸易逆差的形势在短期内也难以得到扭转。英语在当今世界仍旧是强势语言（dominating language），英译汉语作品在文化异质性上对翻译和读者接受带来的挑战不容忽视；中国本土儿童文学作品本身的创作水准也有很大的提升空间。其实不光是中国儿童文学，整个中国文学的版权贸易也存在严重的贸易逆差。诺贝尔文学奖诞生百余年历史上，仅有一位中国作家获此殊荣，除了评奖机制本身向西方主流话语体系靠拢这一主导性因素，文学外译的乏力也是导致这一局面的重要因素。国外汉学研究的重心也主要向儒家典籍等中国文化中的传统文学偏倚，西方世界对中国现当代文学作家的了解还非常有限。除了一批旅居海外的华人作家在英语世界以英文写作并引起一些反响之外，中国现当代文学作家的作品在海外传播非常冷清。儿童文学方面，杨红樱等当红作家的作品曾在外译推广和出版方面投入重金以打入海外市场，但从亚马逊等图书销售平台的销售情况看，杨红樱的作品在英语世界也是反响平平。汉译英语儿童文学作品在中国的热度和中国儿童文学“走出去”所面临的尴尬现状形成巨大的反差和不平衡。中国本土儿童文学百年来取得了巨大成就，自改革开放以来更是实现了在文学形式和创作理念上的重大突破，但在以英语为强势语言的国际图书版权市场的游戏规则中，中国优秀儿童文学作家的作品进入西方英语世界的审美视野还有待时日。在这样的背景下，我们不难理解，精通多门外语的任溶溶为什么一边潜心于对域外儿童文学作品的译介，一边孜孜不倦地进行儿童文学创作方面的探索尝试。对于自己创作的一大批优秀的儿童文学作品，任溶溶并没有自译出版。因此，对任溶溶的相关研究主要集中在创作与翻译这两条在其职业生涯中并行的线索上。下文将探讨双重译者身份下任溶溶的翻译活动。

任溶溶的翻译活动大致可以分为三个时期。第一个时期是20世纪40年代末一直延续到“文化大革命”前的俄译期，第二个时期是从20世纪70年代末直至80年代末从译文出版社退休的阶段，第三个时期是90年代初直到2014年左右任溶溶译本《奇先生妙小姐》出版的这段时间。任溶溶的俄译期是中苏关系的“蜜月期”，中国政治意识形态和文化政策向苏联倾斜。任溶溶凭借在雷士德中学就读期间从同班同学盛峻峰（草婴）那里学到的俄语，开始一步步走上儿童文学翻译道路。俄译儿童文学的丰厚经验在任溶溶职业生涯中的意义是开拓性的，因为文学艺术从来都是跨越国界而存在的；儿童世界的纯真烂漫与稚拙美好也是跨越国家、民族和文化的。“生产创造消费，消费也创造生产。心理结构创造艺术的永恒，永恒的艺术也创造、体现人类流传下来的社会性的共同心理结构。”（李泽厚，2008：217）任溶溶自涉足儿童文学翻译起，就对这一职业投入了巨大的热情。对儿童世界的强烈共情是一种天赋，能够随时进入他人私密的知觉世界，感觉十分熟悉，并且时刻对他人感受到的变化、恐惧、愤怒、温柔、困惑或其他任何体验保持敏感，是“观察者察觉到他人正在或将要体验某种情感的一种情感反应”（陈晶、史占彪、张建新，2007：665）。任溶溶翻译作品中流露的童真与童趣与作品内容相映成趣，跨越了国别和语言的“真善美”，在任溶溶儿童文学翻译作品的每一个妙笔生花之处熠熠生辉，给读者带来清新流畅的阅读体验。马尔夏克等俄罗斯儿童文学的殿堂级人物在中国读者中家喻户晓，任溶溶的译介功不可没。“夫童心者，真心也。若以童心为不可，是以真心为不可也。夫童心者，绝假纯真，最初一念之本心也。若失却童心，便失却真心；失却真心，便失却真人。人而非真，全不复有初矣。”（李贽，2000：97）任溶溶的译文简洁、凝练，符合儿童语言认知习惯，不带生涩的翻译腔，对异质文化元素的传达不着痕迹却饶有兴味，其译作的中国化表达不仅没有消解原作家喻户晓的人物形象，反而成就了这些经典儿童文学作品的中国化阐释。《古丽雅的道路》（又名《第四高度》）这本书不算是严格意义上的儿童文学作品，是任溶溶在50年代俄译高峰期除了译介以马尔夏克为代表的一批著名儿童文学作家的儿童诗歌以外最有影响力的一部作品。这部讲述苏联卫国战争时期女英雄古丽雅的纪实小说的中译本自1953年由时代出版社出版以来，曾在各个年代不同年龄层次的读者群中产生巨大反响。随着中国“一带一路”[45]经济文化构想的提出，沉寂多年的俄罗斯文艺重新回到人们的审美视野。2015年《古丽雅的道路》由黄山书社出版，当当网这样推荐：“有筋骨、有道德、有温度，任何时代都值得一读再读。”[46]《古丽雅的道路》在新世纪共出版两个版次，较早的版本是2004年由上海译文出版社出版的。如果我们对《古丽雅的道路》在新世纪出版的两个版次的时间节点稍作分析便不难看出图书出版业市场是政治、经济文化政策的晴雨表和风向标。2003年1月，《普京文集》中文版在北京举行首发式；2003年5月，胡锦涛访俄；2003年7月，邓小平的女儿邓蓉在莫斯科总统饭店举行《我的父亲邓小平——文革岁月》一书的首发式；2003年8月，圣彼得堡“中国周”开幕；2003年9月，纪念圣彼得堡建市300周年暨中俄友好交流图片展在北京开幕；2004年1月，中俄两国外长会晤，确定2004年为“中俄友谊年”。[47]中俄关系的不断向好在“一带一路”倡议的推动下进入全新发展阶段，经济合作框架下的更为频繁的文化交流是《古丽雅的道路》时隔十余年得以再版的重要推动力量。然而进入20世纪90年代以来，英语教育在中国日渐普及，欧美等主流英语国家、西南欧国家、北欧低地国家及日韩等国儿童文学翻译作品在中国市场的巨大份额使得在儿童文学领域也曾一统天下的俄罗斯文学日趋式微。60年代中期出生的读者所了解的任溶溶，是《柳林风声》《彼得潘》等经典英语儿童文学作品的译者。俄译期那个曾给无数人的童年时光带来童话诗情与幻想的任溶溶，在当代读者眼里是陌生的。俄罗斯文学沉淀着中国几代人的集体记忆。《古丽雅的道路》《钢铁是怎样炼成的》等“红色革命经典”，严格意义上不属于儿童文学作品。因此从受众范围来看，《古丽雅的道路》相比任溶溶在俄译期的其他儿童文学翻译作品，对读者年龄层次的限制更少，老少咸宜。从儿童文学的发展趋势来看，欧美国家的儿童文学译介仍旧引领着世界儿童文学的未来走向，任溶溶俄译期的大量儿童文学作品，在本土儿童文学新人辈出和译介儿童文学更加多元化的背景下，影响力在逐渐减弱。受过高等教育的年轻父母，对儿童读物的内容、教育性和装帧质量都提出了更高的要求。译出语为英语的儿童读物是新生代选择少儿读物时最青睐的，其中有一部分甚至购买原版引进的全英文出版物。在当当网在售图书页面键入关键词“马尔夏克任溶溶”进行搜索，只搜索到2011年出版的在售译作《什么叫做好，什么叫做不好？》一部。[48]据刘伊丽《儿童文学翻译家任溶溶——对当前“任溶溶研究”不足的补充》中附录译作年表统计，任溶溶在俄译期翻译的马尔夏克的作品数量高达19部（篇），翻译作品数量与目前这部分作品出版现状之不景气形成巨大的反差。我们不禁思考这样一个问题：任溶溶在俄译巅峰期之后如果没有迅速转型，他是否还会有今天这样的成就？答案应该是否定的。双重译者身份下的任溶溶，在儿童文学场域内累积了丰厚的象征资本，其创作作品和翻译作品都经历了经典化历程。任溶溶翻译家和儿童文学作家的双重身份，对他所译儿童文学作品的经典化起着至关重要的作用。

英语在当今中国外语教学中是名副其实的第一外语，英语学习者在外语教学从应试向语言综合运用能力培养的转型中呈现出低龄化的趋势。针对低幼阶段的引进版儿童读物——尤其是图画书采用中英文对照的编排方式已经成了一种潮流。从任溶溶汉译儿童文学经典化生成与构建的机制来看，在历史、社会和文化三个维度上，任溶溶都抢占到了使其作品逐步走向经典化的先机。

一、历史语境

剑桥学派“三剑客”[49]之一的昆廷·斯金纳（Quentin Skinner）于20世纪70年代末从政治思想史研究的角度提出历史语境主义（Historical Contextualism）的观点。斯金纳主张对思想家的研究不应该拘泥于经典文本，而应该从历史的维度探究他们在经典文本中的言说意图。历史语境主义是和文本中心主义相对立的一种研究范式。在对经典文本的解读中，历史语境主义强调历史维度的重要性，始终将文本置于由历史因素构筑起来的话语框架体系之中（Lamb，2009：51-73）。要对思想家的“微言大义”和“只言片语”进行推敲，不仅仅需要研究其经典文本，而且还要关注这些经典文本产生的历史语境。高玉兰从马林诺夫斯基（Malinowski）的“语境论”出发，把历史语境定义为“特定的历史情景中抽象出来的对语言演变，及对语言活动和参与产生影响的一些因素，这些因素决定语言的形式、合适性和意义”（高玉兰，1999：52）。任溶溶走上儿童文学创作与翻译的道路，是在1949年前后。历史因素对任溶溶汉译英语儿童文学经典化生成颇有影响，首先是政治意识形态因素。没有俄译期的大量儿童文学翻译作品，任溶溶在80年代以后翻译的大量英语儿童文学作品就无法生成和建构其经典化。任溶溶著译年表[50]显示，任溶溶正式出版的译出语为英语的儿童文学译著，一部是哈里斯的《列麦斯叔叔的故事》，另一部是辛克莱·刘易斯的《小熊邦果》，这两部作品都来自美国。[51]在中苏关系蜜月期，政治文化政策上的一系列亲苏倾向给当时的苏联文学译介带来了空前绝后的机遇，一大批经典苏联文学作品在这一时期被集中译介，中国继五四之后的俄语儿童文学翻译活动就这样搭上了苏联文学译介的顺风车，在很大程度上影响了包括任溶溶在内的我国第三代儿童文学作家的文学创作与活动。任溶溶的儿童文学创作与翻译生涯，始于20世纪40年代，在受意识形态制约和影响的每一个特殊历史时期，他都能准确地把握时代动向和趋势，使得诸如中国汉字拉丁化运动这样最终以失败而告终的文化活动并没有阻碍他对儿童文学事业矢志不渝的追求。在十年“文化大革命”时期，任溶溶和当时许多知识界人士一样，被关“牛棚”，被下放到“干校”进行劳动改造。在这样的境遇中，他依旧保持乐观的心态，在创作和翻译活动都被迫中断的近十年间，他抓住任何可能的机会，挤出时间自学了日语和意大利语。“跌倒抓把沙”是广东人喜欢挂在嘴边的一句话，也恰恰是祖籍广东的任溶溶在这特殊时期的真实写照。在苦难和困境中的坚守与乐观成就了任溶溶在俄译期之后的多语种翻译之路，也为其在英语儿童文学翻译方面取得巨大成就奠定了基础。和主流意识形态始终保持一致的步伐，任溶溶的社会资本不断累积。吕俊认为，意识形态是“观念体系和价值体系……以语言形式呈现于各种文本中”（吕俊，2008：44）。社会资本（social capital）的概念是在布迪厄社会实践理论之资本理论的基础上衍生出的概念，学界在对社会资本的界定问题上，按不同的侧重有不同的界定办法。帕特南（Putnam）认为社会资本是“社会组织提高效率的保证，包括信任、规范和社会网络”，奥斯特罗姆（Ostrom）认为社会资本是“人们交往时的共享知识、规范和预期”，杜尔罗夫（Durlauf）和凡夫彻平（Fafchamps）认为“社会资本的核心特征可以归纳为信息共享（information sharing）、群体认同（group identity）和团队合作（community cooperation）（团队合作）”（转引自严成樑，2012：48）。根据研究维度和层次的不同，有研究者把社会资本划分为个体层面（微观层面）的社会资本和集体层面（宏观层面）的社会资本。“个体层面，或称微观层面的社会资本是指从行动者个人从社会关系网络、结构、地位当中获取的资源。从这个维度来讲，社会资本具有私人物品的属性。”与之形成对照的是，“集体层面，或称宏观层面的社会资本，是指行动者组成的规模不同的各种社会团体的社会资本，在同一团体内部，成员间共同的信任、规范和价值观等因素也能够产生资源功能，从而能够实现集体行动的施行，维护成员的利益”（陈倩倩，2014：6）。任溶溶是一位高产的翻译家、作家，各个时期都有经典译作推出，在这期间积累起来的丰厚的社会资本在整个翻译界并不多见。仅从知识界的群体认同和个体层面两个维度来看，任溶溶都累积了使其作品经典化的相应资本。

《古丽雅的道路》（又名《第四高度》）在1953年出版之前，任溶溶已出版多部俄语儿童文学翻译作品。据马力著《任溶溶评传》统计，1950至1955年间，任溶溶共出版包括《古丽雅的道路》在内的译著21部，其中俄语译著19部。《古丽雅的道路》给任溶溶带去的声名在某种程度上甚至超过其在俄译期的儿童文学翻译作品，因为儿童文学翻译的受众有一定的局限性。了解任溶溶翻译过俄罗斯文学作品的读者或者不一定知道任溶溶翻译过马尔夏克，但一定知道这部《古丽雅的道路》。作家阿琪[52]在回忆自己少女时代精神世界的荒芜景象和《古丽雅的道路》这部苏联小说给她带来的欣喜和祈盼时，写下了这样一段文字：“没有美丽的概念，稚嫩的心灵也和那个时代同步，因为无爱而空虚如旷野里空长年轮的小树”，“至亲的父母对儿女的关注，也如旷野的风，通常是凌厉而粗糙的”。作者当时跟随父母居住，房东是一户破落人家的独居老太太，儿女被发落到边疆。某天生不着炉火，老太太随手撕下这本“散发着美丽和温柔气息的书”引火烧饭。阿琪被房东老太太搁在小板凳上的这本书吸引，“离好远一眼看准了书上的插图是一个美丽的女孩子的微笑”，而她“没有办法抵御如此美丽的微笑”。趁老太太转身，阿琪顺走了这本后来被她用牛皮纸包装盒修补好，成了她少女时期的“一个宝贝”和“寂寞虚无的灵性空间里的一个亮点”（阿琪，1998：22-23）。任溶溶稳扎稳打的儿童文学翻译和与之并行的儿童文学创作得到了肯定。1980年，任溶溶凭借《你们说我爸爸是干什么的？》一诗摘得全国第二次[53]少年儿童文艺创作评奖一等奖，2003年获宋庆龄儿童文学奖杰出贡献奖，2007年获陈伯吹儿童文学奖杰出贡献奖，2008年获宋庆龄樟树奖[54]，2012年获翻译文化终身成就奖[55]，2013年获第九届全国优秀儿童文学奖。

二、社会语境

翻开任何一个民族的文学史，翻译在文化借鉴与交融中所充当的角色都不可小觑。相比世界儿童文学两百多年的短暂历史，中国儿童文学的历史则更为短暂。中国晚清以降，“儿童”的“发现”得益于翻译，而近代中国儿童文学和儿童文学翻译的滥觞之地就是上海。中国近代以来才有“儿童”之观念，儿童文学和儿童文学翻译诞生于爱国救亡的呼号声中。上海是中国近代新闻业和出版业的重要策源地，也是中国儿童文学出版业的诞生地和前哨。1875年，中国历史上第一份儿童刊物《小孩月报》在上海诞生；1952年，少年儿童出版社于上海成立，这是第一家专业少儿出版机构；任溶溶从事多年外国文学编辑工作的译文出版社，也是一家诞生于上海、有着悠久历史的专业译文出版社。任溶溶在上海求学、工作和生活的经历为其在儿童文学上的建树提供了一系列便利条件。

相对于自然科学等场域，文学场域的自治性较差，而儿童文学作为受制于自治性较差的文学场域的子场域，其自治程度更低。儿童的社会化程度很低，受成年人保护，经常在现实世界与幻想之间游移。儿童作为儿童文学的目标读者之一，受政治意识形态因素的干扰相对较低，儿童文学以幻想世界中的各种奇幻、夸张与拟人化的动物角色为特点。自然的奇妙、母爱的博大、游戏与虚拟世界的欢乐是儿童文学表现的主要内容。中国自改革开放以来在经济、政治和文化上取得的成就举世瞩目，儿童文学出版业也迎来前所未有的发展机遇，民众对教育的关注也逐渐走向高位。“亲子阅读”（parent-child shared reading）这一概念在20世纪90年代中期以前在中国社会语境中还是一个非常陌生的概念，但是对于生活在城市、接受过高等教育的“80后”“90后”父母来说，亲子阅读已经成了对子女进行启蒙教育的不二法宝。与此同时，东亚国家和地区普遍有注重应试教育的传统，在韩国、日本，以及中国香港和台湾，家庭、学校和社会各方都对应试考核的内容非常重视，当然，中国小升初、初升高以及高考的压力使得家长对带有“课程标准”这一类宣传语的图书产品有着天然的青睐。语文作为中国教育体系中贯穿整个基础教育阶段的主干科目，其重要性是不言而喻的。语文教学中的课外阅读环节被视为语文学习的灵魂，选择哪些书目阅读一方面决定了学生在语文学习上的层次和高度，另一方面也在很大程度上影响了学生在应试方面的表现。信息时代的移动互联网技术使得信息共享和搜索成为人们生活中不可或缺的部分，原本不知晓任溶溶为何许人也的小学教师和家长，在阅读推荐书目中看到任溶溶的名字之后，通过搜索得知被推荐书目只是任溶溶汗牛充栋的著译作品之冰山一角之时，便捷的网络购书平台又为他们提供了进一步了解任溶溶其他著译作品的渠道。巨大的销售数字、海量的读者留言以及网络图书销售平台本身的宣传与营销攻势是网络媒介下“名家+名译”作品受追捧的共同促成因素。儿童读者阅读的特殊性又决定了电子图书冲击下日渐式微的纸质图书在儿童文学这一领域必然是受影响最小的。家长出于保护儿童视力和陪伴儿童阅读的需要，学校出于布置儿童完成阅读任务和为应试作积极准备的需要，社会则出于关心下一代成长，使儿童文学作品种类不断丰富，以适合不同年龄段儿童阅读的需要，共同推动儿童文学出版市场成为21世纪出版业整体表现疲软和萎靡的大背景下一枝独秀的一个子领域。而在儿童文学出版市场这个领域中，名家名译作品仍旧是当仁不让的主角，任溶溶及其作品也不例外。任溶溶的翻译作品入选《义务教育语文课程标准》阅读推荐书目，其历史可以追溯到20世纪60年代。在刊载于《人民教育》1961年第7期的《征求关于〈中小学课外阅读书目〉（草稿）的意见》一文中，任溶溶译《俄罗斯民间故事》《铁木尔和他的队伍》《一年级小学生》三篇文章入选小学中年级阅读书目；任溶溶译《列宁的故事》《盖达尔选集》《古丽雅的道路》三篇文章入选小学高年级阅读书目。以《柳林风声》为代表的任溶溶翻译和创作的一批作品，入选各种名目的阅读推荐书目，任溶溶的文化资本不断累积和强化。出版商对名家名译文化资本的追逐，使得“官方指定”“权威推荐”等营销字眼出现在图书封面、腰封、附页和随书赠送的书签上。任溶溶的著译作品入选《义务教育语文课程标准》阅读推荐书目，是儿童文学场域内任溶溶的文化资本得到肯定和进一步强化的有力证据。2011年教育部颁布的《全日制九年制义务教育语文课程标准》是在原有2001版本（实验稿）基础上的修订版本，该标准附录二列出了各个阶段的推荐阅读书目。任溶溶的著译作品入选该标准的推荐书目名单究竟有何意义？长期以来，中国语文教育体系中以主题先行、用词生涩、叙事牵强、内容千篇一律、审美角度苍白单一的“教材体”文章饱受各方诟病，然而语文教材质量的提升和儿童文学的发展相比，处于严重滞后的尴尬境地。小学语文教材中大量收录的教材体文章“在整体上，显示出低估儿童的语言学习能力和文学阅读能力的倾向，其标志就是收入了大量思想贫瘠、艺术粗劣的‘短小轻薄’的教材体文章。这些教材，不是向上提升，而是向下压抑儿童的语言能力和艺术能力”（朱自强，2011：3）。“这些‘教材体’的儿童文学往往褊狭地强调儿童文学的教育价值，以成人的意识形态去编写文本，损害了儿童文学作品的文学性，也使得作品与儿童的内心体验相隔绝。”（颉瑛琦，2014：8）受过高等教育的新一代父母，在育儿理念和个人内心诉求的表达方面都明显有别于他们的父母。他们在子女教育问题上有自己独立的见解，对学校教学设计、教材内容编排乃至整个教育体制层面的问题，更倾向于从批判的眼光加以审视，完全不同于更早年代出生的父母对学校教育和教师的迷信和唯书本论。语文教材并没有严格的学术门槛，受过一定教育的人对语文教材的孰好孰坏都会有一个较为客观的判断。在中国基础教育阶段，语文教材在注重语言感悟、批判性思维培养和文字修养提升方面还应进一步加强。有些名作在被选入教材时做了删节和改动。被删节和改动之后的名作在某种程度上改变了原作在一些细微之处的表达意图，削减了文学作品在审美层面上的特色。在这样的大背景下，课外阅读成了决定学生在语文学习方面是否可以获得提升的重要因素，文学作品作为课外阅读材料的主要组成部分，自然成为提高学生汉语语言文字鉴赏力和审美能力、拓宽学生知识面、加深对社会认知的不二法宝。“在现行教育体制还存在许多发展障碍的背景下，阅读已经被认为是弥补其不足的最好的办法，是促进中国教育观念转变对其产生实质性影响的最有效的途径。”（李利芳，2016：2）与此同时，中国大部分地区基础教育阶段的师资水平，尤其是小学阶段的师资水平在整个教育体系中偏低，这决定了学校体系中的语文老师对官方认定的推荐书目有着很高的信任和依赖度。处在应试教育体制另一端的绝大部分家长（除了少部分有着文学类相关专业学科背景的父母），出于对孩子在应试竞争中取得成功的期许，对官方认定的推荐书目的认可度很高。在学校和家庭双方都认为优秀儿童文学读物是“刚需”的情势之下，官方发布的推荐书目与家长、学校老师之间形成了一种默契的共生关系。凡是上了“推荐必读书目”的图书都被打上了金字招牌，进入儿童文学出版与销售市场。

2005年前后，网络购物方式逐渐在中国兴起，美国在线图书销售平台亚马逊（Amazon）和中国企业当当网相继在中国市场开始图书销售业务。实体书店面临洗牌升级的同时，在线书店迎来前所未有的发展机遇。长期以来图书评价体系中被隐没的读者的声音通过网络图书销售渠道中的“读者评价”等售后阅读反馈让其他读者知晓，为其他读者更好地判断一本书的好坏提供了更直观的依据。网络图书销售平台的最大优势在于：具体到一本特定图书的营销手段上，多模态视觉化的推介与营销呈现方式使得潜在受众能够迅速而直观地了解到图书的相关信息。以任溶溶译《柳林风声》为例。2015年由光明日报出版社出版的任溶溶译本《柳林风声》[56]在当当网主页面醒目位置的宣传语是这样的：“世界儿童文学经典之作，百年纪念插图珍藏版。国际安徒生插画奖获得者罗伯特·英潘倾心绘制，著名翻译家、儿童文学作家任溶溶经典译本。写给孩子的爱心之作，全动物视角观察和感受大自然，给人以启迪。”下拉页面的“商品详情”用“语文新课标必读书目”“国家教育部推荐”“被亚马逊评为‘100本值得儿童一生阅读的经典图书’”“大师罗伯特·英潘绘制百年纪念版《柳林风声》”等非常夺人眼球的字眼对该部作品进行描述；在“编辑推荐”板块中，该书进一步被描述为“一本流传了一个世纪的经典之作”“一部影响全世界儿童的童话巨著”“国际安徒生插画家[57]得主罗伯特·英潘匠心绘制”。“编辑推荐”的页面进一步下拉，是对剧场版《柳林风声》的介绍，然后又重点补充了几条和前面的宣传有所雷同的推荐理由，分别是“英潘大师《柳林风声》百年纪念珍藏版首次出版”“国际安徒生插画家得主罗伯特·英潘倾心绘制130余幅插图，静谧优美，精彩绝伦”“著名翻译家、儿童文学作家任溶溶经典译本”“20世纪最伟大的儿童文学作品之一”“英国儿童文学黄金时代的巅峰之作，英国儿童枕边的‘宝贝书’”“深受全世界儿童喜爱，曾经先后多次被改编成戏剧、电影和卡通片等，影响了全世界一代代儿童”“美国总统罗斯福、《哈利·波特》作者J. K. 罗琳爱不释手的儿童文学”。为了证实这些描述的可信度，接下来的下拉页面简要介绍了英潘的生平和成就并展示了英潘为《柳林风声》所作插图的原稿实拍照片，美国总统罗斯福和英国作家罗琳对《柳林风声》的评价也摘录了下来。之后附上了译者任溶溶对《柳林风声》的简要介绍和评价，以及“故事爸爸”杨政和中央人民广播电台《品味书香》栏目对该书的溢美之词。其中摘录的任溶溶对该书的评价来自该书的译序：“这部童话是专为小朋友写的，自然充满了吸引小朋友的故事情节，一代代英国小朋友喜欢它，全世界小朋友喜欢它，就是证明。在这部童话里也有作者对生活的感受，只爱看热闹的小朋友可能还不能理会[58]，甚至不去理它，随着年龄增大，就渐渐懂得了，会感到亲切。不同年龄的读者会从书中得到不同的感受和不同的乐趣，这就是老少皆宜吧。”网络售书平台中这种图片、文字甚至视频等多媒体技术相结合的营销与推介模式，为读者全方位了解一本书的内容和信息带来的便捷是传统实体书店的销售模式无法企及的。除此以外，对潜在受众产生最大影响的便是“商品评论”中读者对该书的评价与反馈。截至2017年8月8日，实时显示的当当网在售的这本书的“商品评论”共计5 824条。《柳林风声》任溶溶译本作为新时期以来的首译本[59]，无论从译文语言水准还是儿童视角的把握方面，都堪称典范。市面上在版的译本中，从销量和译者知名度来看，有较大销量的译本有任溶溶译本、杨静远[60]译本、孙法理[61]译本、张炽恒[62]译本和李永毅[63]译本。除此以外，当当网等网络图书销售平台在售的《柳林风声》还有赵武平、乔向东、舒伟、李欣人、赵志坚、卜右文、马阳、林玉鹏8人的译本。这些译本也有一定的销量，但是译者的身份却不像前面所列的5个知名译本一样如此强调和专门说明，而是被刻意模糊和弱化了。《柳林风声》多译本并存的局面一方面和该童话故事本身的知名度有关，另一方面也和新时期的首译者任溶溶赋予该书的符号性特征有很大关系。就像《安徒生童话》在中国的出版、传播和接受一样，作品本身的经典程度是促成这一作品畅销的一大因素，另一方面叶君健作为该书的首译者推动了后起的《安徒生童话》的知名翻译家林桦和任溶溶的译本一并走向经典化。《柳林风声》任溶溶译本1989年出版时，书名曾被译作《蛤蟆传奇》。1997年杨静远译本初版时，启用了30年代北新书局朱琪英版的《杨柳风》之名。2000年任溶溶译本再版时，书名更改为《柳树间的风》。在这之后，杨静远译本和孙法理译本都有以《柳林风声》之名出版的版本，并逐渐成了该书标准译名，2012年任溶溶译本也以《柳林风声》之名再版。由此可见，知名儿童文学作品经典译本在细微之处都存在互相借鉴和参照的关系。而其他译者知名度较小的译本和“路人甲”译本，会搭上经典译本在社会声誉和销量方面的顺风车。如在当当网等网络图书销售平台上可见注音绘本版或编译版等其他种类的《柳林风声》。“任溶溶”这一文化符号所蕴含的文化资本，在多译本并存的情况下不但没有被弱化，反而不断被强化。外国经典儿童文学的任溶溶首译本的出版、传播与接受是如此，非任溶溶首译的许多作品也是如此。

三、文化语境

中国汉语言文学的历史非常悠久，但是现代意义上的儿童文学却起步很晚。儒学经典中唯一和儿童有一定关系的便是蒙学读本。从《千字文》《三字经》到《幼学琼林》，这些蒙学读本从儒家道德训诫的角度，以成人化的思维方式规劝儿童注重自己的德行培养和行为规范。和其他儒学经典源流相同的蒙学读本，在价值观的引导方面是以忍耐、克制以及压抑天性的一整套说教对儿童进行道德教育的。在中国漫长的文明史上，父权制下的儿童和女性一样，丧失了其作为独立社会个体的价值倾向和情感诉求。儿童世界有异于成年人的世界，处在人生特殊阶段的生命体验和心理需要决定了他们喜欢活泼的、充满游戏和趣味的文学作品，而不是被成年人所强加的刻板的、矮化了的成人世界的读物。“儿童的发现”不仅是中国近现代史和文学史上具有划时代意义的大事件，而且也是人类文明史和人权发展史上的大事件。晚清以降的中国儿童文学事业的先驱，在西方文学作品的译介浪潮中，翻译出了诸如意大利亚米契斯所著《爱的教育》这样的作品，刷新了国人在儿童教育方面的认知，为关心儿童并钟情于儿童事业的作家和翻译家们开启了一扇洞悉儿童心理、了解儿童世界的窗户。随着《安徒生童话》等更多域外儿童文学作品的译介和传播，“儿童文学译介带着西方儿童文学作家的心智先行，我国原创儿童文学遵循西方儿童文学的方式的范式后起”（韦苇，2009：18）。任溶溶翻译生涯的起步期恰逢我国五四以后的第二次儿童文学翻译的高潮。据马力在其著作《任溶溶评传》（2009）中的统计，1949至1966年17年间，在中国内地出版的426部儿童文学翻译作品中，有30多部都是任溶溶翻译的。这其中的绝大部分是俄语儿童文学作品，任溶溶凭借在这期间翻译的俄语儿童文学作品，逐渐成长为著名的俄译专家。被誉为俄罗斯“儿童文学之父”的马尔夏克的大量翻译作品、创作作品以及讲述苏联卫国时期女英雄古丽雅事迹的翻译作品《古丽雅的道路》等一大批作品让任溶溶声名鹊起，拥有了大批读者。“娴熟地进行象征性的社会行动，才能真正获得物质性的和客观化的力量来维持和改善自己的社会存在。”（何振科，2012：22）通过研究任溶溶的事业轨迹，我们可以发现他是笃信这样的人生信念的。俄译期的风光不再之后，任溶溶及时调整自己的翻译思路，以多语种儿童翻译家的身份重新进入大众的视野。由于有着早年在雷士德中学打下的良好的英语底子和在特殊时期意外“收获”的另外两门外语，任溶溶并没有像许多专职从事俄语教学和翻译等工作的人那样面临被迫转行的尴尬境地，而是告别了俄译期，进入多语种翻译的时期。就这一点而言，任溶溶能够在儿童文学领域，尤其是在儿童文学翻译领域和出版领域具有极高认可度，这是实至名归的。任溶溶的符号资本在他笔耕不辍的进程中不断累积和强化。

消费时代人们的消费观念升级。每一件在市场流通链之中的商品，都需要以其区别于其他同类产品的某种特质作为卖点，图书产品也不例外。人们对品牌的依赖和信任的历史由来已久，在购买力许可的范围内，具备不同经济能力、处在社会不同阶层的人们有着不同的品牌追求。品牌营销者也会按照细分的消费者群体为他们的品牌及相应的价格做合理的定位。消费者对带有某种标识（logo）产品的偏爱，被称作品牌至爱（brand love）。品牌的正面口碑对于维护特定消费群体对某一个品牌的忠诚度有非常重要的意义。人们对符号资本的追逐在图书市场表现为图书的著（译）者的知名度、出版机构的专业性和权威性都会影响图书消费群体对某一类图书产品的偏爱，而这两个因素也直接导致图书产品产生品牌溢价。品牌溢价指对于包装、数量等相同且不相上下或较次等的品牌，消费者愿意为钟爱的品牌产品所支付的金额。它是体现顾客忠诚度的最有效证明，同时也是测量品牌资产的最合理方法（陆平，2011：109）。在品牌效应所牵涉的品牌持有者、品牌经营者和品牌消费者中，在少儿图书出版市场，“任溶溶”三个字是一个响当当的名号。任溶溶作品由专业少儿出版机构或国内知名图书出版机构出版，他所获儿童文学奖项和资深翻译家的称号，著译作品入选诸如“外国经典儿童文学100部”等因素，使得他的翻译和创作作品在“任溶溶”这个名字所赋予的符号资本的不断强化中形成巨大的品牌效应，也因此产生品牌溢价。当当网销售实时数据显示（截至2017年8月11日，同一作品由不同出版社出版的，统计售价最高的一个版本），2015年1月光明日报出版社出版的任溶溶译《柳林风声》定价98元，当当网5折促销价为49元；2013年8月贵州人民出版社出版的《柳林风声》杨静远译本定价83.8元，当当网5折促销价为41.9元；2016年12月，北京联合出版公司出版的张炽恒译本定价21元，当当网7.53折促销价为15.8元；2016年9月华文出版社出版的孙法理译本定价27元，当当网5.52折促销价为14.90元；2012年7月中国少年儿童出版社出版的李永毅译本定价为19元，当当网5.53折促销价为10.5元。《柳林风声》在售的这5个译本的译者在《柳林风声》之外都有相当数量的翻译作品出版：杨静远、孙法理为著名翻译家；李永毅是重庆大学博士生导师，也有相当数量的译著出版；自由撰稿人身份的张炽恒是上海翻译家协会会员，当当网也有其翻译的其他作品在售。从品牌溢价的角度来看，消费者愿意在有同类产品在售的情况下，为某一品牌附加的名气、声望等价值买单。在以上比较的《柳林风声》5个在售译本中，定价和当当网实际售价最高的是任溶溶译本，杨静远译本紧随其后。可见，“任溶溶”在儿童文学场域中符号资本之分量。

进入21世纪以来，电子媒介对人们生活的渗透和介入也同样改变着印刷出版业的发展格局。传统纸质出版物销售锐减，以纸媒业务为主要生存方式的报纸业、期刊业及图书出版业受到巨大冲击和挑战。不少知名报刊传媒企业面临业态危机，不得不积极寻求其他可能的生存之道或逐渐向电子出版物和电子出版业态转型。随着中国移动互联技术的纵深发展和以手机APP为代表的手机客户端应用程序的便捷化，人们的阅读方式呈现出碎片化的特点，传统纸媒的颓势进一步显现，一大批在业界有着相当口碑的报纸期刊产品面临被迫停刊的命运。少儿出版业务在传统印刷和出版业遭遇巨大生存危机和困境的情势之下，却呈现出一派生机勃勃的发展势头。“530多家出版社蜂拥分羹，370亿零售市场规模不断扩容，10%的增长速度势头不减……在中国传统图书出版市场并不景气的当下，少儿出版一枝独秀，一举打破了计算机、经管、外语学习三大板块独领畅销书市场的局面，成为出版界热门。”（肖东发，卞卓舟，2015：6）由于少儿出版业务的巨大市场和可观利润，越来越多的出版社开始涉足少儿图书。目前中国500多家出版机构中，只有少数几十家没有经营少儿出版业务。

然而，专业少儿出版社及以译介图书出版为主要经营业务的出版社的声誉是非专业出版社只能望其项背的。任溶溶在专业出版社（上海译文出版社）供职的经历以及其与专业少儿出版社的良好合作关系本身就是他巨大的社会资源。任溶溶译《柳林风声》自1989年以《蛤蟆传奇》之名由新世纪出版社出版以来，多次再版：2000年上海译文出版社再版，2006年至2015年间少年儿童出版社与上海译文出版社联合再版（2006），上海译文出版社和中国城市出版社再版（2012），光明日报社再版（2015）。在优质图书营销中的符号资本的持有者、图书出版营销者和符号资本的消费者三方构成的共生关系里，任溶溶以符号资本持有者的身份诠释着名家名译作品在图书消费市场受追捧的规律。在中国经济社会发展的巨变中，人们的消费观正在悄然发生变化。现代社会的消费变成一种“能指”游戏，是反映消费水平迈入更高阶段的重要指标。图书产品不同于服装、化妆品和其他耐用消费品的消费，在设计感、使用体验、舒适度和品牌认同方面不存在明显的差异性消费，但这并不代表图书消费中没有差异性消费，图书产品被赋予的符号资本和审美旨趣和其他消费产品并无二致。图书产品的购买者也同样通过所购买的图书表现自己的“个性、品味、生活风格、社会地位和社会认同”，“除了消费产品本身以外，还消费这些产品所象征和代表的意义、心情、美感、档次、情调和气氛”（李昕，2008：132）。随着中国城镇化进程的不断推进，城乡差距看似在逐渐缩小，实际上中国社会的阶层差距却在不断拉大。因受教育程度、经济能力和家庭背景等错综复杂的因素制约，受教育程度较高的城市中产及较富裕阶层，在购买给子女阅读的图书时，关注图书的装帧质量、档次和出版社的专业化程度，也关注作者、译者的名气，甚至关注某一类图书所营造出的情致、美感和人文关怀，而社会阶层中受教育程度和经济能力相对有限的群体，在给自己的子女选择图书产品时更关注图书是否能在应试方面助孩子一臂之力。这就是一些学者关注的图书阅读的功利化倾向，但并非图书消费中的所有群体都存在这一倾向。“中国孩子的阅读有比较严重的功利化倾向，对学业有用的，有利的，对将来考级、升学、求职、择业、竞争等有帮助的，能立竿见影取得实效的图书，家长便认为是有用的书，要求自己的孩子一定要看，反之则是无用的‘闲书’，禁止自己的孩子看。”（余人、袁玲，2014：14）这一群体的家长更容易被“新课标”“名师推荐”等带有明显应试导向的字眼所吸引，而文化知识层次较高、经济能力较强群体的家长所青睐的是“文学经典”“获奖图书”这样的字眼。任溶溶的儿童文学译作，通常是一经出版，便会不停再版，各种档次、定位和营销模式并存。因此，在差异化的图书消费中，任溶溶的作品始终在不同消费群体的视野中，这也为任溶溶作品的经典化进一步创造了条件。

与此同时，伴随“80后”“90后”群体逐渐为人父母，信息网络技术给儿童读物的推广带来了全新的可能性。一方面，创作与出版、推荐与评论、销售与购买、使用与反馈形成一个完整的推广系统。另一方面，家庭、学校、社区、公共服务机构（图书馆、书店）形成互动互通的系统。此外，学术研究领域（如儿童文学界、儿童教育界、儿童心理学界）的相关机构、媒体和政府部门形成理论指导和资源调配的系统（朱淑华，2009：45-48）。以亲子阅读等形式、通过社区图书馆等渠道不断走向纵深的儿童读物推广活动，使得任溶溶等一批优秀儿童文学工作者的作品得到进一步传播和接受，并拥有更广泛的受众群体。

第三节　去经典化浪潮中的任译英语儿童文学经典

一、经典化与去经典化

“‘经典’一词最初来自希腊文kanon，指用于度量的一根芦苇或棍子。后来它的意义延伸，用来表示尺度。”（刘意青，2010：86）在汉语中，“经典”一词有三层基本含义：一是指传统的具有权威性的著作，二是泛指各宗教宣扬教义的根本性著作，三是指著作具有权威性。“文学经典”一词是舶来品，与之相匹配的英文有两个，一个是“literaty classic”，另一个是“literary canon”。“古典”意义上的“classic”曾特指古希腊罗马文学；“典范”意义上的“canon”，则更多是宗教意义上的“真经圣典”。艾略特在文论《什么是经典？》一文中阐述了“经典”作品在美学意义上的“成熟性”“广涵性”“普遍性”等特质。而除了以上三个特点，“独创性”也经常被视作经典作品的审美特质，表明该作品突破了创作传统中的一些陈规而跻身经典作品之列。“经典化”在英文中的表达是“canonization”，意为“被承认是经典”“被封为经典”。然而“经典化”的过程既是“水到渠成”，又有其偶然性。“文学文本的流传本身，就是个不断积淀的过程，留得住的就是经典，这关乎一种动态淘汰的历史筛选机制”，经典能保持多久，还取决于是否有人“继承和发扬文学遗产”。刘悦笛对“经典化”的判定标准有三条：“第一，决定经典由历史合力决定；第二，判定经典需要伸缩性；第三，经典具有相对性。”（刘悦笛，2017：2）从这个意义上来看，“去经典化”也只是一个相对的概念。经典是历史的产物，这一点毫无疑问。王宁认为，“导致一部文学作品成为经典的因素有文学市场、文学批评家和大学的文学教科书”（王宁，2002：38）。查明建认为，翻译文学成为“经典”主要是意识形态操控的结果，

“动态经典”在整个20世纪的中国翻译文学史中的意义非同小可，处于翻译文学系统中心的“动态经典”作品和基本处于边缘的“静态经典”作品相比，受政治话语和意识形态操控的影响不言而喻（查明建，2004：87-98）。

何谓“翻译文学经典”，查明建认为有三种含义：“一是指翻译文学史上杰出的译作，如朱生豪译的莎剧、傅雷译的《约翰·克里斯多夫》、杨必译的《名利场》等；二是指翻译过来的世界文学名著；三是指在译入语特殊文化语境中被‘经典化’（canonized）了的外国文学（翻译文学）作品。”（查明建，2004：87）任溶溶译作中被经典化了的作品，因译出语不同，很难套用以上标准去界定。而且被经典化了的作品并不是处于变动不居的位置，有些曾经的经典作品在历史文化语境变革的洪流中逐渐被遗忘，被封存起来成为特殊时期的一段时代记忆。任溶溶俄译期翻译的大量作品，是那个时代文化语境下的产物。即使用今天的儿童文学审美的眼光来审视任溶溶译马尔夏克等俄罗斯儿童文学作家的作品，其艺术特色仍然是鲜明的，是轻松活泼的，是符合儿童读者的审美期待的。然而俄语作为一门外语在中国的接受和普及程度远不及英语，在教育领域，英语迅速崛起，其他小语种学习热度不断攀升。“70后”“80后”群体熟悉的《钢铁是怎样炼成的》及高尔基三部曲《童年》《在人间》《我的大学》等俄罗斯文学经典，“90后”“00后”群体即便偶尔听闻这些作品，也抵挡不了儿童图书出版业剧变之中趣味性和知识性更强的出版物的吸引力。当然，俄罗斯作为中国当今国际经济与政治发展构想中“一带一路”北线的沿线大国，既是受惠于中国崛起的重要经济体，也是中国发展中非常重视与之维持良好大国伙伴关系的命运共同体。俄罗斯文学作为国别文学中非常重要的外国文学类别，其在中国新时代语境下的传播与接受以及影响力也正在复苏。任溶溶译《古丽雅的道路》（《第四高度》）在严格意义上并不属于儿童文学作品。在俄罗斯文学回暖的情况下再次回到大众的审美视野，是凭借任溶溶在该译作完成之后在儿童文学领域积累下来的巨大象征资本，封存已久的《古丽雅的道路》才得以抖落灰尘，重新披上了经典的外衣。任溶溶译《古丽雅的道路》在新世纪分别由上海译文出版社（2004）和黄山书社（2015）出版。其中黄山书社出版的《古丽雅的道路》和《上尉的女儿》《当代英雄》《第六病室——契诃夫短篇小说选》《罪与罚》《春潮——屠格涅夫爱情小说选》《第四十一·虹》《夏伯阳》《铁流》《保卫察里津》9部作品一道，入选“难以忘怀的经典·俄罗斯/苏联文学卷”的出版序列之中。这套书的份量从该书封面上引用中国国家主席习近平对俄罗斯文学的评价上可见一斑：“读书让人可以保持思想活力，让人得到智慧启发，让人滋养浩然之气。比如，我读过很多俄罗斯作家的作品，如克雷洛夫、普希金、果戈里、莱蒙托夫、屠格涅夫、陀思妥耶夫斯基、涅克拉索夫、车尔尼雪夫斯基、托尔斯泰、契诃夫、肖洛霍夫，他们书中许多精彩章节和情节我都记得很清楚。”在20世纪50年代至60年代的读者中曾产生过巨大反响的《古丽雅的道路》在俄罗斯文学回暖的文化新动向中，又一次拥有了年青一代的读者，成为新世纪俄罗斯经典重读中的经典作品。相形之下，完全属于儿童文学类别的任溶溶俄译期的其他译作则没有这么幸运。21世纪信息网络技术飞速发展，儿童图画书和益智类游戏书异军突起，本土少儿文学创作群体崛起、壮大，儿童文学的译介走向多语种化和多元化，出版机构在儿童文学出版业上的竞争白热化……在这些因素的影响下，任溶溶俄译期的儿童文学作品除了被零星收入《外国儿童文学作品选》这样的选集之外，没有更多的再版信息。任溶溶得益于俄译期积累下来的符号资本，一步步攀登到儿童文学翻译的顶峰，其符号资本在网络图书营销模式的多模态中被不断放大和强化。然而，其俄译期儿童文学作品在时代潮流中逐渐褪去了光芒，曾经的经典作品被尘封在历史的记忆之中。不同类型的“经典”，其形成因素各不相同。除非是人类某一民族文明史和文学史上带有精神指引意义的作品，如基督教世界的希腊罗马神话、《荷马史诗》、《圣经》等作品，伊斯兰世界的《古兰经》，儒家文化中的包括《论语》和《尔雅》在内的十三经等儒家典籍；或者是历经时代变迁而始终受到不同时代的读者青睐的作家，如英语世界的莎士比亚、法语世界的雨果、汉语世界的曹雪芹。在儿童文学世界，《格林童话》、《安徒生童话》和《伊索寓言》当属这样的作品，它们代表了人类在儿童文学探索方面的智慧和样貌，也为后起的各个民族的儿童文学的创作提供了可资借鉴的不竭源泉。另外一些文学作品在政治意识形态的动荡与变革中容易一夜成名，也容易悄无声息地退出历史舞台。当然，在艺术水准上达到一定高度的“趁时之势而兴”的作品，在被奉为经典的相当长一段时间内，也具备长久的艺术生命力。而正是这样一批经典作品的存在使得之后的大量模仿作品失去了成为经典的机会和可能。图书出版业，尤其是少儿图书出版业的迅猛发展，在极大拓展人们选择范围的同时，也使得图书作为“消耗品”的属性展露无疑。消费品中更多的产品从“耐用品”变为“消耗品”，物质匮乏时代人们对物质拥有物所抱有的敬畏之心和依恋感逐渐减弱，“去经典化”的浪潮在物质极大丰富的生活语境中席卷而来。“每个经典的后面都有一些寄生者（包括研究者、出版商、拥藏者等）”，“围绕着经典，经典的寄生者形成了利益共同体”。“去经典化”是一种在文化、商业利益博弈与较量之中形成的共谋关系，它并不是对经典的否定和颠覆，而是文化多元时代的一种历史必然。“经典不再是单数，而是复数；经典不再是唯我独尊的唯一，而是各行其是的多元。”（季广茂，2005：11）

任溶溶的儿童文学译作，尤其是汉译英作品，在文学艺术产品“去经典化”的滚滚洪流中依然保有其经典地位。其原因在于，一方面，诸如《柳林风声》《夏洛的网》《安徒生童话》[64]等一批代表作品，它们的原作是外语世界的经典儿童文学读物；另一方面，任溶溶作为在儿童文学创作和翻译领域都有相当建树的作家和翻译家，他的名字这个符号资本在今后相当长的一段时间内，仍旧会是少儿图书出版和营销机构竞相追逐的对象。和任溶溶同属于中国第三代儿童文学作家群体的很多儿童文学工作者，在20世纪90年代以后基本上停止了创作活动。而一直保持旺盛的创作力并不断推出新作的葛翠琳、孙幼军等人，和任溶溶一样在本土儿童文学创作逐渐走向成熟和多元的新势态下以开放的心态学习和探索。秉承这种积极寻求符合新时代话语体系的儿童文学创作的精神，他们在新世纪前后均有佳作推出。葛翠琳的童话《会唱歌的画像》（1994）、孙幼军的长篇儿童小说《神秘的大鸟》（1999）、任溶溶2008年以后创作的儿童诗歌结集而成的诗集《我成了个隐形人》（2012）是这类作品的代表。少儿图书各种选集、文集都会收录知名儿童文学作家早年的作品，但是不少作家因为在新时代文化语境中缺乏代表作品，很难拥有新的读者群体。20世纪五六十年代就活跃在儿童文学创作一线的任溶溶、葛翠琳和孙幼军等作家，凭借90年代以后的创作作品，不仅早期的创作作品进一步经典化，而且在消费主义盛行、图书产品“去经典化”的浪潮中依旧保持儿童文学经典作家的地位。任溶溶从20世纪50年代起就孜孜不倦地求知与探索。在任溶溶创作与翻译的高峰期，图画书这一儿童图书市场的新品类在中国还只是凤毛麟角，在图画书的创作与译介方面，新世纪以前都是乏善可陈的。然而，图画书作为辅助低幼年龄阶段儿童语言启蒙和认知的图书类型，既有比较长的发展历史，又有配套行业规范和数量众多的插画家。继《安徒生童话》以后，19世纪中期以降西方儿童文学世界的创作体裁也逐渐走向多门类和多样化。在这一背景下，儿童插画家凯迪克（Caldecott）为儿童文学插画制定了标准，此后有了一年一度的以凯迪克的名字命名的“凯迪克插画奖”（Caldecott Medal）。自现代意义上的儿童文学诞生以来，中国也涌现出像丰子恺、张乐平这样的著名插画家，但是儿童文学插画这一领域直到2010

年前后才引起人们的关注。2008年7月21日至22日，香港举办了首届“丰子恺儿童图画书奖”颁奖典礼，2011年、2013年和2015年，“丰子恺儿童图画书奖”分别在中央美术学院、南京师范大学和浙江师范大学举行了第二届、第三届和第四届颁奖礼。对儿童图画书市场的重视表明中国在儿童文学门类方面走向多元交融、兼收并蓄的发展道路。然而即便如此，中国图画书的发展和当代中国儿童文学领域取得的巨大进步相比，是明显滞后的。随着智能手机在中国的普及和移动网络技术的飞速发展，儿童图画书这一领域逐渐迎来发展的蓬勃生机。人们的阅读习惯被手机和其他智能通讯工具裹挟，这对以短、平、快的方式推进故事的图画书来说，无疑是一个巨大的福音，因为人们更倾向于利用碎片化的时间“读图”而不是“读文”。“新版图文书中，图像似乎逐渐占据主导地位，文字反倒沦为配角。这种状况不仅反映在图书中，在杂志、报纸、手册，甚至各种教学资料中，图片的数量倍增似乎标示着传统的文字占据主导地位的文化已发生了深刻变化。”（周宪，2005：136）非图画类传统图书阅读耗时更长，需要阅读者具备一定的阅读专注度这一特点在“去经典化”的浪潮中成为这类图书的一大缺陷。“图文之争”中图像阅读高度视觉化的特点容易营造出轻松的阅读气氛和便捷的阅读体验。传统阅读方式在图像的步步紧逼下，其优势在逐渐减弱，一些创作于较早年代的经典儿童文学作品正在渐渐失去读者。方卫平（2008）曾评论道：“图画书这一20世纪在西方和东方的许多国家被开发得相当成熟的出版门类，对于中国的创作者和出版人而言，仍然相当陌生。”（方卫平，2008：2）从世纪之初的陌生图书门类到越来越多的欧美、日本和韩国的图画书被引进，图画书这一少儿图书市场的细分领域十余年间在中国已经形成星火燎原之势，不仅激发了本土儿童文学创作者的创作才思，也使得低幼阶段儿童读者的父母越来越依赖和信任图画书在语言认知、科普、人文、地理、心理、社交等方面对孩子的帮助。四川少年儿童出版社2005年引进出版的《神奇校车》（*The Magic School Bus*）就是非常典型的一例。该书共包括11集，是一整套自然科普类图书，以敏锐的儿童视角、翔实的文字描述和细腻的图画风格迅速占领市场并长期占据童书销售排行榜前列。该书2005年首版以来，分别于2011年、2014年和2016年由贵州人民出版社再版。《神奇校车》中文字和图画部分的占比势均力敌，有大量的文字性信息辅助说明图片内容。而另一部在图画书市场掀起巨大波澜的图书《视觉大发现》（*I Spy*）则代表了儿童图画书的另一种编排模式：图画部分占据整本（套）书的绝大部分内容，少量的文字部分只起到提示读者完成相应任务的作用。《视觉大发现》自2007年由接力出版社出版以来，2008、2009、2010、2012、2013、2015几经再版，并引发了同类视觉认知培养类图书创作与出版的风潮。任溶溶译《奇先生妙小姐》系列图画书于2014年出版之时，图画书译介和出版在中国已有巨大的市场规模。在图画书引进门类走向更加多元化的背景之下，任溶溶译《奇先生妙小姐》的出版恰逢其时，该套书在任溶溶译本之前，王馨悦译本已于2011年由未来出版社出版发行。任溶溶译本2014年推出之后，王馨悦译本退出市场。套装外包装盒显著位置标有“著名翻译家任溶溶”字样，在当当网该套书在售页面的“商品详情”中，《奇先生妙小姐·全新译本》被描述为“‘翻译大师’任溶溶倾力翻译，完美呈现地道英式幽默。荣获当当网‘2015年度十大畅销图书’终身五星奖”。名家名译赋予图书的符号资本使其在激烈的图书市场竞争中自带光环，在图书销售中所向披靡，将同类普通作者或译者的作品挤压至市场的边缘位置。“去经典化”本身是一个辩证的论题和现象，一方面，政治和意识形态等历史局限因素显著的一批经典之作在历史和时代的沉淀中逐渐失去了原本的吸引力，不受年轻一代读者青睐，俄译时期任溶溶的大部分作品属于这一范畴；另一方面，开放和包容社会语境成就的经典作品，其蕴含的智慧和在审美、道德和情感方面的意义不仅启发一代人，还将不断延续下去，任溶溶英译儿童文学作品都在这个范畴之列。《柳林风声》《夏洛的网》《安徒生童话》《奇先生妙小姐》等一大批任译经典作品带给读者的启迪和阅读享受和这些作品的原作一样，不仅影响了20世纪70年代及以后出生的儿童读者，也会留在中国未来儿童文学读者的心中。

二、“迪士尼化”浪潮中的翻译儿童文学

“迪士尼化”引起人们的关注是从对麦当劳等洋快餐连锁引发的同质化、标准化和童话化的运营和销售方式开始的。自肯德基1987年在北京开设中国第一家门店、1990年中国第一家必胜客门店在北京开业、1990年麦当劳第一家门店在深圳开业以来，洋快餐连锁企业在过去的二十多年间迅速席卷了中国中等以上城市，并引发了本土快餐企业对洋快餐经营方式的效仿以及中式快餐连锁业新世纪第一个十年以来的飞速发展。在城市建设中“迪士尼化”的影响表现为楼盘和地标性建筑的欧化命名、城堡造型等欧化建筑风格。“‘迪士尼化’”现象，不是指迪士尼乐园化，而是指中国的迪士尼化现象表现在不崇尚创造，而偏爱复制，尤其是缺乏创意的复制。我们国内有许多建筑都模仿外国，把别人的东西不经过自己文化的融合就搬过来，甚至是不伦不类地复制。随着商业文化的盛行，艳俗建筑在相当大的程度上成为许多城市的新景观。”（包亚明，2016：43-44）在中国内地第一家迪士尼主题乐园——上海迪士尼乐园——2016年正式营业之前，中国中型以上城市建设主题乐园一直保持高速增幅，即便在亏损率居高不下的情势之下，以迪士尼乐园为模仿蓝本的内地主题乐园的投资与建设依然非常火爆，以欢乐谷和方特欢乐世界为代表的第三代中国主题乐园在游乐场景设置方面不断向迪士尼乐园靠近，并形成巨大的市场效应，其连锁游乐场在各大城市都有不俗的销售成绩。“至2005年我国建设了约2 500个主题公园，沉淀了1 500亿元投资，其中70%处于亏

损状态，20%持平，10%盈利；2010年的中国主题乐园峰会调研数字显示，中国主题公园市场每年约有1亿人次客流，消费额超100亿元，25%左右的主题公园实现盈利，45%收支基本持平，还有30%处于亏损状态。”（黄亭，2012：285）

泛娱乐化时代中休闲娱乐消费在可支配收入中的占比逐渐增大，阅读的休闲与娱乐属性也日渐凸显。信息时代人们阅读习惯改变了，而人们阅读习惯的改变又随即引发阅读功能不断向娱乐和消遣靠拢，人们对“碎片化”阅读方式情有独钟，严肃阅读的意义逐渐被消费主义所消解，纸质图书在快节奏的现代生活中也逐渐沦为“快消品”。“快消品文化强调的是一种‘快餐’文化，其特点是一次性、感性化、表层化和快捷化，因此，快消品在网上体现出的品牌理念，并不是希望网民点击鼠标去购买产品，而是要让上亿的网民形成一种品牌的认同，消费的认同。”（刘佳，2009：65）中国的图书产品自2005年前后进入线上销售渠道的飞速发展道路之后，在极大地方便和丰富人们的图书产品选择的同时，也为图书出版新业态的出现与发展提供了便利条件。当当网等图书销售平台的崛起，与智能手机和互联网无线网络技术的叠加，促生了电子书等新型阅读方式的出现和流行。图书消费不断受多模态的网络售书渠道中各种营销手段的刺激，图书领域的“迪士尼化”作为消费主义时代的伴生物就这样悄然降生了。

迪士尼公司创造和经营着全球最大的创意产业，“迪士尼公司首先不仅仅是世界上最大的主题乐园集团，而是一个巨大的媒体集团，它拥有位居世界第一的娱乐及影视品牌迪士尼Disney，是美国最大的电影发行商之一，迪士尼有自己的媒体网络，包括美国三大广播公司之一的ABC和体育品牌ESPN，迪士尼是世界最大的儿童消费品品牌和世界最大的儿童书籍集团”（包亚明，2016：42）。迪士尼公司创造的商业神话不仅包括为全球儿童营造出梦幻浪漫的童话王国——分布在世界不同国家的6座主题乐园，其创意产业所涉及的电影、动漫、图书和音像制品等文化产品，都获得了商业上的巨大成功，带来了消费狂欢。迪士尼创造和营销的是一种童话文化，也是一种消费文化。它让成年人和儿童沉浸在童话营造出来的超现实世界中，虚拟的梦幻场景营造出来的强烈的代入感，使人们不由自主地为迪士尼的产品买单。“迪士尼化”对儿童文学，尤其是对翻译儿童文学的影响甚巨。与快节奏的都市生活相伴而生的对快速消费品的依赖和消费已经演变成一种生活方式，图书产品也相应地沦为“快消品”。“迪士尼化”浪潮中的翻译儿童文学，无论从内容、形式还是所反映的时代风貌而言，都具有一种同质化倾向；在引进出版及营销策略上，“迪士尼化”浪潮中的翻译儿童文学，经常采取夸大其词和博人眼球的广告语来刺激和拉动人们的消费。网络购物方式和线下实体门店的消费模式相比，不受时空局限，可以时时创造出消费狂欢的氛围。网络购书方式为图书消费尤其是儿童图书的消费提供了一种让儿童家长为之神往和不断买单的刺激因素和平台。中国翻译儿童文学的主要译出语依然是英语，英语译名（如人名和地名）的欧化特点对从小在迪士尼电影及周边产品的包围中成长起来的儿童来说，有着天然的吸引力和亲近感。“迪士尼化”对儿童图书的出版与营销而言，其经济效益方面的价值是不可低估的；对翻译儿童文学来说，“迪士尼化”引发了儿童图书消费主体——儿童家长对译介儿童文学的关注。任溶溶作为翻译儿童文学领域的符号性人物，在多模态的网络图书营销软文和宣传推介板块以及图书包装等附带的营销广告中，都是非常抢眼的资本。

三、出版场域中的任溶溶持有的资本

场域是布迪厄社会实践理论中的关键概念之一，它是高度社会化分工的产物。场域是“由不同的位置之间的客观关系构成的一个网络或一个构造”，“而这些位置的界定还取决于这些位置与其他位置（统治性、服从性、同源性的位置等）之间的客观关系”（布迪

厄，1997：142）。1941年春，任溶溶参与地下党主编的《语言丛刊杂志》，从此开始了他在图书出版行业长达半个多世纪的工作生涯。任溶溶在翻译家和作家的双重身份以外，还有非常重要的一重身份——外国文学编辑。考察任溶溶在出版场域内持有的资本状况不能缺少对其外国文学编辑身份的关注。

在中华人民共和国成立初期、20世纪60年代后期和新世纪的第一个十年这三次儿童文学译介高潮期，任溶溶凭借俄罗斯儿童文学作品、英语儿童文学和《安徒生童话》等世界儿童文学经典的翻译在每一个儿童文学译介高潮期都推出了非常有分量的翻译作品。综观任溶溶在不同时期的译介和创作活动，其作品变成了各家专业儿童出版机构竞相追逐的对象。任溶溶在出版场域中所占有的资本，是同时代的许多儿童文学作家无法望其项背的。在从事儿童文学翻译和儿童文学创作之外，任溶溶以外国文学编辑的身份先后供职于少年儿童出版社和译文出版社。少年儿童出版社（简称上海少儿社）是中国第一家以少年儿童为读者对象的专业少儿出版社，下辖《小朋友》《故事大王》《少年文艺》等近十种有着悠久办刊历史、庞大读者群和良好社会声誉的的少儿刊物。少年儿童出版社和上海译文出版社目前同属于上海世纪出版集团[65]。上海译文出版社是中国最大的综合性翻译出版社，前身是成立于20世纪50年代的上海新文艺出版社和人民文学出版社上海分社的外国文学编辑室。官方资料显示，“拥有众多精通英、法、俄、德、日、西班牙、阿拉伯等主要语种并具备学科专业知识的资深编辑；其强大的译作者队伍中有众多在外语和中文方面学有专长、造诣精湛的专家学者；该社同各国主要的出版社和版权代理机构有着广泛、持久的联系，在国际图书版权贸易领域信誉卓著”[66]。

据1992年出版的任溶溶作品集《给我的巨人朋友》中收录的儿童诗、童话、故事/小说和散文四大类别中发表作品的出处与年代记录，任溶溶最早创作的四首儿童诗《一本书的来历》《等到大轮船过去》

《大皮箱》《动物园》分别刊载于《小朋友》1953年第1期、第2期、第3期和第4期；童话作品《“没头脑”和“不高兴”》《一个天才的杂技演员》《奶奶的怪耳朵》《小妖精的咒语》《大大大和小小小历险记》分别刊载于《少年文艺》1956年第2期、1957年第9期、1982年第10期，1984年12月26日《少年报》和《好儿童》（1983—1984）；故事/小说《妈妈为什么不去开会》《我是个黑人孩子，我住在美国》《人小时候为什么没胡子》《小波勃和变戏法的摩莱博士》《丁一小写字》《我是哥哥》《亨弗雷家一个“快活”的日子》《丁丁探案》《土土的故事》分别刊载于《新少年报》1952年3月27日、《少年文艺》1953年第2期、《小朋友》1962年第4期、《少年文艺》1963年第6期、《小朋友》1964年第11期、《小朋友》1964年第17期、《少年文艺》1964年第7期、《好儿童》（1980—1981）。另外，非常值得关注的是，在20世纪90年代中期以前任溶溶发表的大量诗歌作品中，大部分作品发表于《小朋友》《少年文艺》《儿童时代》《少年报》等主流的儿童文学刊物，也有不少作品刊载于《小星星》《小溪流》等省市优秀儿童文学刊物。多种儿童文学刊物的创刊号上登载任溶溶的作品，这无疑是任溶溶社会资本铸就的品牌效应。《给我的巨人朋友》收录的作品，也有很多散见于《小伙伴》（上海）、《中国少年报》、《红领巾》（四川）、《小火炬》（福建）等各省少先队队报，《文学少年》（辽宁）、《为了孩子》（上海）、《摇篮》（江西）等儿童文学刊物，以及《文汇报》（上海）、《解放日报》（上海）、《文学报》（上海）等报刊。

任溶溶20世纪40年代末至50年代初的翻译作品绝大部分由时代出版社和少年儿童出版社出版。其中，50年代以前由时代出版社出版的作品居多，如《小哥儿俩》（1946）、《列宁的故事》（1949）、《亚美尼亚民间故事》（1949）、《密斯脱特威斯脱》（1949）、《给孩子们》（1950）、《我们的工厂》（1950）、

《我们会演戏的鸟兽》（1951）、《古丽雅的道路》（1953）、《俄罗斯民间故事》（1953），也有华东人民出版社出版的《进攻冬宫》（1950）、《树林里的城市》（1951）等。50年代以后，尤其是1953年以后的大部分翻译作品由少年儿童出版社出版，如《勇敢的人们，前进呐》（1953）、《对留级生说的话》（1953）、《去报告斯大林》（1953）、《脏老太婆的烦恼》（1953）、《快活的小诗》（1953）、《小草儿历险记》（1953）、《家庭会议》（1953）、《肮脏的小姑娘》（1953）、《响亮城》（1953）、《美国大老板》（1954）、《河上的灯火》（1954）、《神气活现的小兔子》（1954）、《洋葱头历险记》（1954）、《好哇，孩子们》（1954）、《小哥儿探险记》（1955）、《雪女王》（1955）、《大刷大洗》（1955）、《唉呀疼医生》（1955）、《猎人讲的故事》（1955）、《大起来做什么好》（1956）、《6个1分》（1956）、《彼加怕一些什么？》（1956）、《一个糊里糊涂的人》（1956）、《铁木儿和他的队伍》（1958）、《给小朋友的诗》（1959）、《地底下的故事》（1959）、《军事秘密》（1960）、《盖达尔选集》（1960）、《马雅可夫斯基儿童诗集》（1961）。除此以外，在任溶溶俄译期完成的译作中，有部分译本由不同出版社再版。如《一年级小学生》首版由新华书店华东总分店于1951年出版，后来分别由上海新儿童书店（1951）和中国青年出版社（1953）再版。另有零星翻译作品由其他出版社出版，如中华书局《好医生》（1950），上海新儿童书店《一个朝鲜孩子的故事》（1951），万叶书店《在蓝色的大海边上》（1951），华东人民出版社《进攻东宫》、《树林里的城市》（1951），人民文学出版社《谢·米哈尔科夫寓言诗》（1959），上海文艺出版社《小驼马》（1959）等。

时代出版社和任溶溶本人有很深的渊源，对其踏上儿童文学翻译的道路产生了重大影响。任溶溶曾在《我的贵人姜椿芳》[67]一文中表达了他对姜椿芳帮助他走上儿童文学翻译道路的知遇之恩和感激之情。40年代初，任溶溶参加地下党主办的文字改革运动时，姜椿芳时任文字改革运动的主要领导者，其中骨干成员倪海曙是任溶溶的朋友。几年之后，任溶溶“给朋友编的儿童杂志译点稿子”，倪海曙是姜椿芳和任溶溶共同的朋友，知道任溶溶学过一点俄文。倪海曙和姜椿芳聊起这件事后，正值时代出版社计划出版一批儿童文学作品，姜椿芳便托倪海曙捎话给任溶溶，答应他翻译一本时代出版社就出版一本，于是“一本接一本地译，一本接一本地在时代出版社出版，从解放前到解放后，直至时代出版社迁往北京”。这段时期，任溶溶在时代出版社集中出版的一批儿童文学译作，使他在出版场域内声名鹊起，为他之后在少年儿童出版社出版其他俄译作品积累了丰厚的符号资本。俄译期是任溶溶事业起步和腾飞的关键时期，得益于时代出版社和少年儿童出版社出版的大批译作，在长达十年的沉寂期之后，任溶溶的儿童文学翻译事业又迅速登上了下一个高峰。1976年粉碎“四人帮”以后，上海译文出版社在上海人民出版社编译室的基础上成立了，任溶溶负责编辑《外国文艺》《外国故事》等杂志。随着以《铁木儿的队伍》等为代表的任溶溶50年代俄译高峰期的经典之作在1977年以后由译文出版社再版，任溶溶在出版场域内的资本得以进一步巩固。凭借译文出版社这一平台，任溶溶沉寂期以后的儿童文学创作和儿童文学翻译事业步入了全新的发展时期。在新世纪少儿图书出版业供销两旺的情势之下，“任溶溶”这个名字早已成了各家出版社竞相追逐的符号资本。任溶溶在出版场域内的双重译者身份和外国文学编辑的另一重身份叠加在一起，使得任溶溶所持有的符号资本不断被强化，其作品经典化的程度得以不断加深。

第四节 任溶溶双重译者身份对中国儿童文学及儿童文学译介的启示

在中国文学史上，晚清以降的译介高潮开启了作家和翻译家身份集于一身的进步知识分子对文学创作与文学翻译之路的孜孜探寻。“晚清的士大夫阶层，大多数鄙薄小说，而且盲目自大，认为中国文学便是世界上最高最美的文学。”（马祖毅，1981：37）以林纾为代表的晚清知识分子，在翻译与创作并行的道路上，留下了一大批傲立于世的翻译作品。林纾自译《巴黎茶花女遗事》一书以来，共完成翻译作品183种，后被称为“林译小说”。林纾汗牛充栋的翻译作品令世人惊叹，他也留下了包括《京华碧血录》《金陵秋》《劫外昙花》《冤海灵光》《官场新现形记》5篇长篇小说在内的190余篇创作作品。“林纾既以翻译小说饮誉海外，故其创作小说亦颇受时人青眼，他自己也以小说家自诩，甚至认为自己的某些作品胜于外国小说，但后人少有许可。”（连燕堂，1987：125）和使林纾声名大噪的翻译作品相比，其创作作品并未引起太大反响，学界普遍认为，“林纾的创作小说在总体上是不成功的”（连蓝堂，1987：127）。严复是和林纾同时代的另一位集翻译家和作家身份于一身的晚清知识分子。作为中国近代翻译理论之“信、达、雅”翻译准则的提出者，严复在知识界和翻译领域经常是以思想家和翻译家的身份为世人称道。严复也是一位“旧学根底磐深，文才茂美”的诗人。严复的诗集《瘉壄堂诗集》收录其创作的旧体诗和近体诗200余首，与此同时，严复在诗歌创作方面也提出了自己的诗论（孟祥栋，2011：78-79）。严复的文学创作和理论，尤其是诗歌创作和诗论在近代中国文学史上还是有一定影响力的，但是和其《天演论》给近代中国带来的思想启蒙意义和其提出的“信、达、雅”之翻译标准对中国近现代翻译理论产生的影响相比，其诗人身份就有些微不足道了。文学翻译与创作的相似性使得翻译家与作家双重身份下的翻译家的作品与其创作作品常给读者带来一种如出一辙的阅读感受。郭沫若创作的小说《三个叛逆女性》和其翻译的爱尔兰作家约翰·沁孤的《悲哀的戴黛儿》、《残春》与《少年维特之烦恼》、《凤凰涅槃》与《浮士德》等作品之间都有内容、形式和主题思想上的相似性（刘林，2010：127-128）。据张娟统计（2012），张爱玲从上海、香港到美国，共计自译了14部作品。其中，上海时期的自译作品都是从英文原文译成汉语的，如《更衣记》《借银灯》《洋人看京戏及其他》《银宫就学记》《中国人的宗教》分别译自其创作的这5部英文作品：*Chinese Life and Fashions; Wife, Vamp; Child, Still Alive; China: Education of the Family; Demons and Fairis*（张娟，2012：3）。蜚声华语文坛的另一位文学巨匠，曾4次入围诺贝尔文学奖提名的中英文双语作家、翻译家林语堂，同样大量翻译了自己的作品。“由于兼具作者及译者的双重身份，林语堂在自译时，忠实于原文并不是第一位的。”（夏婉璐，2016：65）作家与翻译家身份的重叠，不仅使得创作作品与翻译作品呈现出一种独特的互文关系，而且在作品字词层面的文法与修辞及整体的艺术风格方面互为凭借和参照。在翻译研究的框架内，尤其是在译者主体性研究进入翻译研究的视野之前，学界提出多种理由来批评林纾的翻译不能称作翻译，甚至批评林纾本人不懂外语，“在以原文为中心的翻译观盛行的时期，受到了不少的指责和批评……‘林译小说’因其删节、增添或改写之处众多被指为‘误译随处可见’，‘不忠实于原作’”（唐美莲，2007：ii）。然而，当我们跳出翻译停留在字词层面的忠实与对应关系的这一刻板思维，并且承认林纾式的翻译和自译等独特的翻译活动都是翻译之时，我们对“忠实”与“对应”的探讨则不再是一种偏激的上纲上线式的标准，翻译行为对创作活动中的体裁、风格和艺术性方面的贡献就逐渐浮出水面。任溶溶是中国儿童文学史上并不多见的同时在翻译和创作中都有很大建树，并有相当数量代表作品的翻译家和作家。

双重译者身份下任溶溶的创作作品在大量儿童文学作品翻译实践的浸润下呈现出别具一格的面貌。在20世纪五六十年代的任溶溶俄译高峰期，任溶溶译出了大量俄罗斯儿童诗歌作品，他也随即步入了儿童诗歌创作的道路，并在80年代初凭借原创儿童诗《你说我爸爸是干什么的？》一诗斩获第二届全国儿童文艺创作评奖一等奖；在俄译期之后，任溶溶创作出以《“没头脑”和“不高兴”》《一个天才的杂技演员》《我给小鸡起名字》为代表的童话作品、儿童小说及儿童诗歌，跻身儿童文学史上热闹派作家之列。与此同时，任溶溶大量译介科洛迪（代表作《木偶奇遇记》）、罗大里（代表作《洋葱头历险记》）等外国著名热闹派童话作家的经典作品，使得其翻译作品的风格与创作作品的风格呈现出明显的相似性。和音乐艺术、绘画艺术一样，文学艺术也是人类非常重要的精神给养。然而和音乐与绘画不同，文学在翻译这座桥梁的帮助下才可以化解语言的隔阂与障碍，跨越国界成为全人类的共同精神财富。欧洲的《格林童话》《安徒生童话》与阿拉伯世界的《伊索寓言》等儿童文学领域的经典之作在翻译的推动之下对世界其他地区的儿童文学产生了深远影响，并与不同国家的原创儿童文学形成互文关系。儿童文学翻译家兼作家，在翻译中借鉴和吸纳外国儿童文学之精华的同时，也在创作中为本土儿童文学走向多元化贡献出自己的力量。

一、儿童文学是“教化”还是“美育”

广义上的儿童文学在中国可以追溯到《千字文》《三字经》《幼学琼林》等蒙学读本。由于中国深厚的儒家道德传统在知识和文化领域的影响，这些以蒙学读本形式出现的儒家典籍最主要的目的是灌输儒家的道德纲常和处世之道，以达到教化人的目的。以这样的面目示人的蒙学读本，从本质上来看扮演了儒家道德教化的角色：识字为辅，“明理”才是真。在儒家的道德观中，妇女和儿童处在纲常伦理规范的底层，所谓“父为子纲”“夫为妻纲”。陈独秀在《青年杂志》第1卷第5号上发表的《一九一六年》一文，可谓振聋发聩。“儒者三纲之说，为一切道德政治之大原：君为臣纲，则民于君为附属品，而无独立自主之人格矣；父为子纲，则子于父为附属品，而无独立自主之人格矣；夫为妻纲，则妻于夫为附属品，而无独立自主之人格矣。率天下之男女，为臣，为子，为妻，而不见有一独立自主之人者，三纲之说为之也。缘此而生金科玉律之道德名词——曰忠，曰孝，曰节——皆非推己及人之主人道德，而为以己属人之奴隶道德也。”（陈独秀，1993：137）“儿童的发现”在欧洲是以启蒙思想家卢梭发表《爱弥儿》为标志的。在中国，“儿童的发现”是在陈独秀、鲁迅等一批五四运动的先驱的摇臂呐喊中被国人所知晓的。因此，可以说中国现代意义上的儿童文学是在晚清译介高潮中的域外儿童文学翻译作品的影响下萌芽的。“儿童的发现”开启了中国儿童文学译介的百年征程，在这百余年之中，中国儿童文学不断向进步和成熟迈进。

受启蒙运动促生的人文主义的影响，西方对儿童问题的探索要远远早于中国。1795年，德国古典文学和古典美学的重要代表人物席勒（Johann Christoph Friedrich von Schiller）将1793至1794年间写给丹麦王子克里斯谦公爵的27封信进行整理之后，以《美育书简》之名结集出版，这是现代教育史上“美育”（aesthetic education）概念的源头。时隔百年，1897年，美国著名儿童教育家杜威创办杜威学校（Dewey School），他通过一系列精心设计的教学活动探索儿童认知活动与心理特征。在大量探索性的儿童教学实践和教学实验的基础上，杜威发表了一系列关于儿童教育的著作，如《我的教育信条》（1897）、《学校与社会》（1899）、《儿童与课程》（1902）。在这些研究的基础上，杜威提出了较全面的儿童美育思想。1925年出版的《经验与自然》和1934年的《艺术即经验》两部著作是他的儿童美育观点的集中反映。和西方相比，“儿童的发现”在中国是滞后的，但是儿童美育观的提出和西方出现这一教育思潮的时间相隔不久。1938年前后，蔡元培提出“美育代宗教”的主张，由此引发了学术界对“美育”这一理念的论辩。文学和音乐、美术、哲学等领域一样，自古以来都是人文领域探索人类内心世界最重要的处所。在对“美育代宗教”观的论辩中，“美育”的主张迅速得到儿童教育界和儿童文学界的关注。1993年教育部发布的《中国教育改革和发展纲要》中，有一条是对中国特色社会主义教育体系的表述：“必须坚持党对教育工作的领导，坚持教育的社会主义方向，培养德智体全面发展的建设者和接班人。”2010年，在修订版的《中国教育改革和发展纲要》（2010—2020）中，这部分表述基本类似，但是原纲要中的“德智体”变成了“德智体美”。从国家宏观政策层面对学校教育之美育的重视，不仅体现了时代与社会、经济的进步，而且是“美育观”向教育相关领域不断渗透的标志。“美育”最通俗的解释就是美感的培养，通过绘画、音乐、哲学和文学等方面技能和知识的浸润，使儿童树立起高尚的道德情操。“儿童文学是与儿童审美感受力相契合的、供儿童审美欣赏的文学。它直接从儿童世界的现实出发，从创造主体的现代审美意识出发，向着未来公民的精神性格、审美品性、文化心理、国民素质作深广的探究与开掘，在形象的间接性、语言表现的丰富性等方面具有一般文学的共同特征，而在力求适应儿童审美欣赏心理、促进儿童的审美心理建构、参与儿童的心灵发展趋变方面，又表现出与成人的文学迥异的审美特征。”（杜卫、陈鹰，1995：174）和绘画、音乐及哲学课程相比，文学课程在中国的教育体系中所占的分量要大得多，以训诫为主的语文教育和“教化式”的汉语阅读在中国改革开放不断走向纵深、高等教育日渐普及的时代背景下已经悄然转型，社会整体教育水平的提升使得“80后”“90后”父母更加重视子女的阅读质量，而课外阅读的选择，在儿童文学引进版权出版物市场的精彩纷呈和本土儿童文学力量的崛起中，逐渐走向丰富和多元。在儿童“美育”能力的培养方面，教育界和儿童文学界逐渐达成共识。“美育”的理念和“儿童的发现”等中国教育史上的重大命题，已经走过百年历程。“美育”理念在中国从新生事物到社会共识的接受过程中，以任溶溶为代表的儿童文学工作者做出了巨大贡献。他们从国外优秀的儿童文学作品中吸收营养，在本土儿童文学创作中引领风气之先，并带动了后起的儿童文学作家走向创作上的成熟和自觉。儿童文学跳出单一教化功能的藩篱，是时代的必然选择，“教化”和“美育”共生才是儿童文学的真谛所在。

二、儿童文学学科建设之忧何解？

中国的儿童文学学科的雏形始于五四运动之后，儿童文学开始进入中等师范学校为小学教育培养师资的课程体系当中，“小学国语与幼儿师范、普通师范重视儿童文学已蔚然成风”（王泉根，2004：99）。1923年，中国第一本儿童文学理论方面的著述《儿童文学概论》出版，在“新文化运动”引发的对儿童文学和儿童教育的关注和论辩中，儿童文学学科诞生了。中国儿童文学的百年发展历史中，已先后涌现出四代儿童文学作家，中国儿童文学创作力量不断壮大，创作逐渐走向成熟和自觉。然而百年过去了，中国儿童文学学科虽然取得突破，进入了高等教育的学科序列，但仍处在非常尴尬的境地。中国教育部发布的《国家标准学科分类与代码》显示，儿童文学与文学理论、文艺美学、文学批评等24个学科同属于“文学”一级学科之下的二级学科，然而在《授予博士硕士学位和培养研究生的学科、专业简介》中，儿童文学却不在“中国语言文学”一级学科之下的学位授予目录中。儿童文学不在中国内地高校授予本科学士学位的序列之中，在寥寥无几的设置儿童文学专业的高校中，儿童文学只是隶属于

"中国现当代文学"一级学科专业的一个研究方向。北京师范大学、浙江师范大学、上海师范大学、中国海洋大学4所高校招收儿童文学研究方向的硕士研究生；北京师范大学以"中国儿童文学与科幻文学研究"的方向招收博士研究生。在中国知网（CNKI）键入"中国儿童文学"进行检索，以"处境尴尬""现状堪忧""发展迟缓"为关键词的文章非常抢眼，儿童文学学科的缺位，导致与儿童文学相关的出版、编辑和翻译人才非常匮乏。随着互联网信息时代电子媒体的崛起，纸质出版物市场整体表现低迷，儿童出版物市场得益于受众年龄特殊性，呈现出供销两旺的井喷式发展态势。儿童读物出版的火爆局面与儿童文学学科的滞后，两者形成巨大的不平衡。任何一个学科的良性发展，都离不开理论研究梯队和人才培养方面的建设和投入。儿童文学学科地位的缺失，使得儿童文学的发展缺乏专业的人才队伍，中国文化输出中的儿童文学外译举步维艰。中国儿童文学是始于域外儿童文学译介的，自晚清以来开始的儿童文学译介之路，在新世纪呈现出多元化和蓬勃发展之势。和中国引进版权翻译的外国儿童文学的巨大体量相比，中国本土儿童文学"走出去"面临巨大的挑战和困难。2016年曹文轩获"国际安徒生奖"，中国儿童文学得以在世界发声，然而绝大部分中国优秀的儿童文学在世界儿童文学领域依然默默无闻。以创作校园日记体小说见长的中国儿童文学作家杨红樱，其作品在英语世界译介出版之后，反响平平。除去语言本身带来的中西方审美旨趣上的差异，中国儿童文学学科的薄弱状况造成的汉译外儿童文学翻译人才的匮乏，才是真正的原因。在西方世界的《格林童话》《安徒生童话》《夏洛的网》《哈利·波特》《神奇校车》《视觉大发现》等不同时期、不同类别的儿童文学读物风靡全球的背景下，中国几代儿童文学作家的经典作品，却鲜有被外译进入主流英语世界儿童文学领域的先例。从这一点上来看，中国儿童文学的外译和广义上的中国文学，尤其是典籍外译相比，是非常冷清的。图书作为文化输出中重要的产品，其对一个国家在世界其他国家和地区中文化形象的塑造、提升和接受有着不可小觑的意义。在中国文化走出去的宏大战略中，儿童文学的外译绝非可有可无的“小儿科”。一个国家对儿童的态度和在儿童问题上的思考，体现着一个民族对未来的态度和担当，更是一个国家文化软实力的重要内容。从这个意义上讲，中国本土少儿读物的外译任重而道远。然而，中国儿童文学学科一日不立，这些愿景都将只是空谈。

三、儿童文学译介之展望

中国的儿童文学从晚清的西学译介潮流中萌芽，是秉承翻译文学的传统的。一百多年后的今天，当我们再次把目光聚焦在中国儿童文学上时，这颗百余年前被唤醒的种子，如今已经长成了参天大树。自五四以来中国涌现出四代儿童文学作家，儿童文学从不起眼的“小儿科”变成了许多怀揣儿童文学梦想的有志青年孜孜以求的崇高事业。新兴儿童文学作家的崛起以及一批风靡校园内外的经典儿童文学作品的成功营销使得从事儿童文学创作的作家不仅赢得了读者的喜爱，而且创造了可观的经济效益。儿童文学作家杨红樱曾以骄人的版税额问鼎中国作家富豪榜榜首，郑渊洁也曾数次入围榜单前十。2012年，著名儿童文学翻译家任溶溶被中国翻译协会授予“翻译文化终身成就奖”。2016年，著名儿童文学作家、儿童文学理论家曹文轩摘得“国际安徒生奖”。伴随着中国改革开放的纵深发展和经济文化软实力的不断提升，儿童文学译介在新世纪的第二个十年即将结束之时，依然面临许多挑战。第一，外译中依然是中国儿童文学译介的主流方向，虽然在译出语方面呈现出更加多元的特征，对英语世界的儿童文学译介依然保持压倒性优势。在中国“一带一路”倡议的推动下，沿线非英语国家的优秀儿童文学作品有待发现和译介，这需要出版、策划、翻译和营销等各个领域的人才共同促成。第二，儿童文学的中译外依然形势严峻，儿童文学翻译中大量的人才汇集在外译中的领域，中译外领域人才稀缺，这也是中国本土大量优秀儿童文学作品无法成功进入国际评奖序列的主要原因之一。中国文化“走出去”是中国和世界其他文明走向不断交融的必由之路。儿童文学译介应该走中国文化“走出去”典籍外译的道路，并向现当代文学中译外的思路靠拢，最终把中国的优秀儿童文学作品推向全世界，成为全人类共同的精神财富。

第三章

群体译者：兼任戏剧家的尤金·奥尼尔戏剧译者

尤金·奥尼尔（Eugene Gladstone O’Neill，1888—1953）是美国著名剧作家，他四次获普利策奖，并最终问鼎作家的最高荣誉——诺贝尔文学奖，被称为“美国戏剧之父”，享有崇高的声誉。奥尼尔的戏剧作品自20世纪20年代起被译介到中国，在中国的文学和戏剧界产生了巨大反响，并影响了中国的一批剧作家，如曹禺、洪深等。奥尼尔戏剧有近百年的译介历程，从中可以看出奥尼尔戏剧的丰硕译介成果，也可以看出奥尼尔戏剧的译者群的杰出贡献。奥尼尔戏剧译者群最突出的特点是，许多译者如马彦祥、洪升、顾仲彝等，都有双重甚至多重身份，他们本身就是戏剧演员或戏剧作家，这种身份带给他们对戏剧的独到见解。在翻译过程中他们又将这些见解注入他们的译文，使得他们的奥尼尔戏剧译本有鲜明的烙印，为读者和观众所赞颂。本章将以奥尼尔戏剧汉译的译者群为例，从群体的角度，观察双重身份的译者如何在翻译活动中受到另一身份的影响，并将这些影响体现在译本中。

第一节　奥尼尔戏剧的百年汉译历程

中国读者第一次见到“奥尼尔”的名字，是1922年5月茅盾在《小说月报》第13卷第5期“海外文坛消息”栏中的简单介绍：“剧本方面，新作家Eugene O’Neill着实受人欢迎，算得是美国戏剧界的第一人才。”奥尼尔的名字只是在文章的结尾被一语带过。自那以后，中国开始了对奥尼尔作品的译介，至今已近百年，译本和研究、评论文章都成果颇丰。总的说来，奥尼尔在中国的译介大致可以分为三个时期：20世纪20年代到1949年、1949年到1979年、80年代以后，这三个时期奥尼尔译介的特点各有不同，但对中国的戏剧和其他类型的文学创作都产生了重大的影响。

一、尤金·奥尼尔的生平及其戏剧创作

尤金·奥尼尔是美国剧作家、表现主义文学的代表作家，也是美国民族戏剧的奠基人，其代表作品主要有《天边外》（*Beyond the Horizon*）、《琼斯皇》（*Emperor Jones*）、《榆树下的欲望》（*Desire Under the Elms*）、《毛猿》（*The Hairy Ape*）、《进入黑夜的漫长旅程》（*Long Day's Journey into Night*）等。

（一）奥尼尔的生平

奥尼尔于1888年10月16日出生于纽约的一个演员家庭，其父为爱尔兰人，为生活所迫，一生专演《基督山伯爵》（*The Count of Monte Cristo*），浪费了才华。少年时期，奥尼尔跟随父亲到全国各大城市演出，走遍了美国各地。1906年，奥尼尔考入普林斯顿大学，因犯校规，一年后被开除，此后开始了流浪生涯，自谋生路。1909年至1911年期间，奥尼尔曾流浪到南美、非洲等地，淘过金，当过水手、小职员甚至无业游民。1910年，他曾在商船上当水手和海员，一年短暂的海上漂泊为他后来的戏剧创作提供了丰富的素材。1911年，奥尼尔回国开始在父亲的剧团里当临时演员。父亲对他的演出不满意，而他却对当时剧团表演的传统剧目不满意。后来患病，奥尼尔不得不住院疗养，在此期间阅读了古希腊悲剧和莎士比亚、易卜生、斯特林堡等众多名家的剧作，开始学习戏剧创作。1914年，他进入哈佛大学“第47号戏剧研习班”，正式开始了戏剧创作生涯，在乔治·贝克博士等教员的指导下，他的戏剧创作水平得到迅速提高。1916年，奥尼尔在马萨诸塞州进入普洛文斯坦剧团当编剧，初创的普罗温斯顿剧团上演了他第一部成熟的作品——《东航加迪夫》（*Bound East to Cardiff*，创作于1914年）。当时，美国实验性的小剧团运动在美国国内蓬勃发展，

《东航加迪夫》的上演引起了公众的注意。奥尼尔创作初期（1913—1919年）主要写关于航海生活的独幕剧，多使用自然主义手法，尽量真实地描写海上生活的单调与艰辛，生动地刻画了水手贫苦、孤独、迷茫、无望的心态，写作风格上近似抒情散文。早期的创作虽然题材面较窄，写作手法较为单一，但与迎合市民趣味的商业戏剧相比，意义更为深远。其时奥尼尔的主要作品还有《渴》（*Thirst*）、《遥远的归途》（*Long Voyage Home*）、《加勒比斯之月》（*The Moon of the Caribbees*）等。

1920年，奥尼尔的《天边外》在美国百老汇上演，凭借该剧他获得了人生的第一个普利策奖，奠定了他在美国戏剧界的地位。奥尼尔创作的鼎盛期是1920年至1938年间，这段时期的创作不仅题材和主题丰富、深刻，形式上也从早期的以自然主义为主发展成一种糅合了象征主义、表现主义和意识流手法等现代艺术意识和创作技巧新型风格。1925年至1926年创作的《拉扎勒斯笑了》（*Lazarus Laughed*）中，奥尼尔新的创作手法得到进一步的发展。该剧描写拉扎勒斯从坟墓中回来，死而复生——象征着人能够征服死亡，追求爱情和幸福。这段时期里，他一共创作了二十多部戏剧，其中多部成为美国戏剧史上的经典，代表剧作主要有《安娜·克利斯蒂》（*Anna Christie*）、《榆树下的欲望》、《奇异的插曲》（*Strange Interlude*）和《悲悼》（*Mourning Becomes Electra*）。1929年，耶鲁大学授予奥尼尔名誉文学博士学位。此后，他一直居住在美国佐治亚州一个远离海岸的岛上潜心创作，1936年问鼎诺贝尔文学奖。1946年，作品《送冰的人来了》（*The Iceman Cometh*）发表，这是奥尼尔晚年较为有名的一部剧作，他还坚持亲自参与此剧彩排。晚年的奥尼尔患上帕金森病，于1953年11月27日病逝于波士顿的一家小旅馆。

奥尼尔一生历经了美国现代史上最混乱的时期，其中包括两次世界大战。因此，他的作品描写人在社会的牢笼里挣扎和喘息，尝试用物质繁荣与精神荒原的对比促使人们反思。从20世纪30年代起，奥尼尔就计划写一部涵盖11个剧本的系列剧。奥尼尔的最后一部剧作是自传式的剧本——《进入黑夜的漫长旅程》（*Long Day's Journey into Night*），该剧是一部家庭悲剧。奥尼尔生前将这个剧本交托给兰登书屋（Random House），并封存书稿坚持该剧务必于他死后25年方可出版。奥尼尔逝世两年后，遗孀卡罗塔要求兰登书屋出版未果后，交由耶鲁大学图书馆，1956年耶鲁大学出版社正式出版。

奥尼尔主要作品一览表

作品名称	原文名	创作年份
渴	*Thirst*	1913
东航卡迪夫	*Bound East for Cardiff*	1914
捕鲸	*Ile*	1917
天边外	*Beyond the Horizon*	1918
安娜·克里斯蒂	*Anna Christie*	1920
不同	*Diff'rent*	1921
榆树下的欲望	*Desire Under the Elms*	1924
大神勃朗	*The Great God Brown*	1925
奇异的插曲	*Strange Interlude*	1927
悲悼	*Mourning Becomes Electra*	1931
送冰的人来了	*The Iceman Cometh*	1939
进入黑夜的漫长旅程	*Long Day's Journey into Night*	1941
月照不幸人	*A Moon for the Misbegotten*	1943

（二）奥尼尔的创作生涯

尤金·奥尼尔的创作可以分为早、中、晚三个时期。早期是奥尼尔的练笔阶段，他以自己的生活经历为原型和依托，创作了一系列以大海为背景或素材的现实主义航海剧，如《渴》、《雾》（*Fog*）、《画十字的地方》（*Where the Cross Is Made*）、《东航卡迪夫》。这些早期戏剧深受当时流行的情节剧的影响，人物刻画较为简单、粗糙，作品内容深度不足，奥尼尔杰出的戏剧天赋并未能在其中得以展现。

奥尼尔几部以海洋为主要题材的剧作，大多是描写人与大海所代表的自然之间的冲突，实际象征的是人与命运的搏斗。剧中的主人公无时不刻不在与海进行抗争，无论成功与否，他们都义无反顾、勇往直前。但如同古希腊悲剧模式，剧中主人公无论怎样努力反抗，始终无法摆脱受大海捉弄的命运，最终沦为大海的牺牲品。这种与命运斗争的大无畏品质和悲壮的崇高感，便是奥尼尔早期悲剧尽力体现的。

20世纪20到30年代是奥尼尔创作的中期，在这个阶段，他的创作日臻成熟，开始发挥出一个天才剧作家的创造力，并写出了《天边外》《安娜·克里斯蒂》《榆树下的欲望》《悲悼》等一系列伟大的现实主义作品。这些作品在人物刻画、情节设置、戏剧冲突、主题表现等方面都达到了前所未有的高度，其中《天边外》和《安娜·克里斯蒂》先后为奥尼尔赢得了普利策奖。

《天边外》集中体现了他中前期创作的主题思想：梦想之于人的重要性，亲人间存在激烈或暗涌的冲突，追逐梦想的诗人和追求名利的商人不同价值观之间的张力，人在面临不可知的命运时表现出来的被动与无助，大海象征的瞬息万变却纯净清洁与陆地象征的稳定踏实却污浊无序之间的对比，等等。在这出戏里，奥尼尔想向观众表达：也许每个人都期望得到幸福和自由，都盼望拥有美好的前途与未来，但现实却常常事与愿违，人的理想在现实生活中往往难以成真。这些主题思想是奥尼尔从社会背景中获得的，也是他的人生经历给他带来的感悟，可以说是真实情感的自然流露。对奥尼尔的创作思想产生深刻影响的，除了第一次世界大战的爆发及其带来的种种困境，还有美国经济在战争期极速发展所带来的繁华景象。他因此曾写过一首抨击资本主义的诗——《谋杀兄弟的人》（1917年），表达了他对战争、浮华社会的厌弃与反思。诗中提出的问题至今仍十分具有现实意义：一个年轻人是否应该到战场上去卖命，而且是为了维护和捍卫美国财阀的利益？对于希望实现社会理想的诗人和实利主义的商人之间对立价值观这个问题，奥尼尔的中前期戏剧作品对之做了积极的反思，并取得了突出的成果。在他中前期的作品中，他的人生经历常常不经意地表现出来。他在成长过程中也面临过父子、夫妻、兄弟之间的矛盾和问题，他由此产生的面对命运、死亡的茫然无措也表现在其作品之中。

奥尼尔创作的鼎盛阶段也是他开始进行戏剧实验的阶段。他大胆尝试各种手法，将表现主义、象征主义、意识流等不同的现代主义文学手法实验性地应用于戏剧创作中，由此诞生了几部经典且风格有较大差异的剧本——《毛猿》《琼斯皇》《大神布朗》《奇异的插曲》《拉萨路笑了》《无穷的岁月》等。其中那部《奇异的插曲》为奥尼尔第三次赢得美国普利策戏剧奖。这部戏剧主要运用内心独白来展示剧中人内心深处的黑暗与丑陋，生动地刻画出让人印象深刻的女性形象。她们有的对身边的男性有着强烈的占有欲，有的在旺盛情欲的驱使下走向疯癫与罪恶。现代主义作品的诞生，表明奥尼尔开始跳出狭窄的范围，初具国际视野，推动美国戏剧追赶世界戏剧发展的潮流，同时也帮助奥尼尔将自己的戏剧创作生涯推上第一个高峰。

奥尼尔创作的后期是从1939至1953年间。在这个阶段，他的创作风格回归写实，可以算得上是“返璞归真”。与前一个创作阶段相比，这个阶段他的写实倾向得到了强化。但这个阶段无论是创作主题还是手法都绝不是对早期的简单重复，他将现实主义和现代主义合二为一，融为一体，将深沉的悲剧性冲突放入极度生活化的场面和普通人的言行中，使人对人性、对人生陷入深深的思考之中。为他第四次赢得普利策戏剧奖的自传性作品《进入黑夜的漫长旅程》（创作于

1941年），描写泰隆一家四个家庭成员从早到晚一天的生活，他们之间相互抱怨、挖苦、争吵、倾诉，又和解、原谅、包容，似乎平平淡淡，并没有激烈的戏剧性冲突，但日常生活中蕴含的张力使观众产生一种窒息感。因为庸俗的生活具有腐蚀力，可以毁坏人性中美好的东西，这样深刻的道理就这样被平淡无奇却又惊心动魄地表现了出来。这部剧之所以称作是自传性的，是因为奥尼尔取材于自己的亲身体验和家庭的不幸经历，不惜把家人的痛苦，甚至最不可告人的真实情况展示了出来。父亲吝啬，母亲吸毒上瘾，哥哥酗酒，自己患肺病，心爱的儿子夭折等家庭丑闻和不幸经历，都在剧中人物身上表现了出来。这部剧展现作者惊人胆量的同时也展现了他为人的坦荡。

奥尼尔一生都在坚持不懈地改革和创新戏剧艺术。他首先将戏剧从19世纪的创作传统中解救出来，摆脱了以往创作思路和手法的束缚，使戏剧扎根、生长于现实生活之中。他是首位把现实主义甚至自然主义的传统手法运用于戏剧创作中的美国戏剧家，他的艺术风格以丰富多变和精深醇熟著称。他曾博览众家名剧，非常熟悉欧洲的戏剧传统，还深受古希腊悲剧，以及著名剧作家易卜生、斯特林堡、莎士比亚的影响。除此之外，一些表现主义作家、哲学家、心理学家的作品都是他汲取灵感的源泉。

（三）奥尼尔的创作主题与手法

奥尼尔的剧作中大量运用意象符号，这一点与英国戏剧家莎士比亚非常相似，因此，有的学者将奥尼尔称为美国的“莎士比亚”。从某种程度上说，意象的使用甚至可以被称为奥尼尔剧作最显著的特点。他的剧作中意象的大量使用，使得戏剧的抒情意味得到了浓墨重彩的渲染，同时还极为有效地烘托、深化了主题。戏剧意象明显深化了奥尼尔戏剧的主题，特别有利于表现情景意蕴。因此，这些意象在读者和观众心目中已经成为不可替代的“经典”。

从奥尼尔的作品中可以读出，他对大海的感情是矛盾的，他在憎恨、厌恶大海的同时又对其不舍与眷恋。在他看来，大海是苦难的源泉，正是大海让奥尼尔早期的海员生活饱受颠沛之苦。借《东航卡迪夫》中人物扬克之口，奥尼尔表达了对大海的态度。对扬克来说最可怕的并不是死亡，与航海生活的孤苦无依相比，死亡简直可以说是微不足道的。扬克憎恨大海，对农场生活无限向往，体现出了生活在社会最底层的水手的悲哀。他们长年在船上辛苦工作，四处漂泊流浪，还受着船主和船长的层层盘剥和欺压；对农耕生活的理想化，又映射出在农业社会向工业社会转型的过程中，相当一部分下层美国人民对即将逝去的生活方式的深深怀念。换个角度来看，奥尼尔又是热爱大海的，他曾说过："……海上生活是理想的，以船为家，与水手做朋友，周围是茫茫大海……"一方面，神秘而深邃的海洋似乎掌控着人的命运，无情地吞噬人的生命与理想；另一方面，人在无可奈何的情绪背后，又好像心甘情愿地承受着大海的折磨。漂泊在海洋上，人是凄苦的，但又没有办法逃离，人要寻求新生与希望就只能回归海洋。奥尼尔仍然认为大海是人类希望之所在，这在他后来一系列的剧作中体现了出来。如《悲悼》（1931年）中，无论是克里斯丁与情人布兰特计划逃脱"地狱"、牢笼般的孟南家庭以寻求新生活，还是莱维妮亚想忘记发生的一切另寻新的开始，他们的第一选择都是在大海中逃遁，寻求救赎。《进入黑夜的漫长旅程》（1941年）也是以大海为远景，剧中故事发生的房子就在大海的对面。从上述作品可以看出，大海一直在奥尼尔情感和内心的最深处，并时时萦绕在其脑海之中，成为他创作的背景，或者创作的主题。与奥尼尔最初创作的海洋剧不同，那时正如奥尼尔曾言，"海洋那个庞然大物的精神在剧中居主角的地位"，随着奥尼尔创作艺术的日渐成熟、创作主题的逐渐深刻，奥尼尔慢慢减少运用大海操控人类命运的意象，另增加其他审美意象。虽然大海不再是唯一的审美意象，出现在奥尼尔剧中的频率也大大降低，但大海依然是他剧中经常出现的重要场景之一。

奥尼尔剧中出现的极其重要的、经典的另一意象是雾。据统计，雾这个意象出现在了他的7部剧作之中，并在奥尼尔的作品中具有特别的意义。奥尼尔早期创作的海洋剧中，有一部作品名字就叫做《雾》（*Fog*）。后来在著名的独幕剧《东航卡迪夫》中，他又多次提及雾。剧中的雾成了占主导地位的意象，象征着萦绕在人的头上难以捕捉的厄运，一旦主人公死亡，雾也就随即消散，因而它象征着人与命运激烈而紧张的竞争与对峙。奥尼尔最著名的自传性剧作《进入黑夜的漫长旅程》，用大雾来明指或暗喻四位主人公模糊不清的环境与未来难以明辨的前途。在《安娜·克里斯蒂》里，白雾这层薄薄的白色遮蔽物也起到了同样的作用，伯克穿过浓雾，终于出现在安娜面前，雾成为这几部戏剧中的共同特色。

月亮也是奥尼尔剧作中的主要意象之一，在20部剧作中出现过。奥尼尔笔下月亮与爱联系在一起，有几分落寞又有几分欣喜，与月亮在中国诗歌和希腊神话中的形象相似，表达了人的孤寂、恐惧，象征着人的本性与归属感。

比如在《月照不幸人》（*A Moon for the Misbegotten*）中，老吝啬鬼霍根发现詹姆斯可能会继承一大笔遗产，于是怂恿女儿乔茜去勾引詹姆斯，对她这样说道：“你要是今天晚上单独抓住他——今天晚上会有一轮明月，使他心中充满诗情，感到寂寞，还有——”为了骗取詹姆斯的钱财，霍根设下圈套和陷阱，同时，他也觉得这是改变詹姆斯人生态度的一个机会。霍根相信蕴含在月亮中的能量，并认为这种力量可以促成人的改变；霍根并不是剧中唯一相信月亮能量的人，乔茜在与詹姆斯亲吻时，也同样提醒詹姆斯抬头看看天空中的那轮明月。但当时的詹姆斯精神恍惚，并没有感受到月光的那种神秘力量。后来在詹姆斯忏悔之时，月光与乔茜无私的爱凝成共同的力量，使他得到了心灵上的抚慰与安宁。在圣洁的月光下，乔茜纯洁而真诚的爱情对内心十分压抑的詹姆斯来说，无疑是一种救赎。该剧中，月亮早已超出了单纯的布景功能，而是某种神秘能量的载体。

奥尼尔也曾经是表现主义戏剧作家，他在多部剧作中大量运用意识流的手法来描写人物内心的活动，通过剧中人物的意识流动，表现埋藏于人物内心最深处的变态潜意识。奥尼尔中期的剧作中，运用意识流手法刻画人物灵魂的代表作品有《琼斯皇》和《奇异的插曲》。《琼斯皇》一共有8场，其中6场都是用意识流手法创作而成的。奥尼尔晚期的剧作虽然回归了现实主义，但并没有抛弃用内心独白来挖掘人物潜意识的手法，这种手法的使用在后期更为娴熟。

《奇异的插曲》是奥尼尔戏剧创作生涯鼎盛期的作品，这部作品助他第三次获得普利策戏剧奖。这部戏中并没有激烈的情节冲突，而是通过运用内心独白成功地揭示了剧中人物的真情实感，深刻地挖掘出潜藏在人物内心深处的阴暗想法，将乔伊斯在《尤利西斯》那部小说中用到的意识流创作手法运用到戏剧领域并产生奇特的效果，这是奥尼尔对传统剧作创作规范的突破和革新。《奇异的插曲》是一部成功的改革创新剧作。

奥尼尔在戏剧创作中非常关注人物的意识、心理、精神层面，他大量运用意识流手法，剖析人物内心世界，尤其注重对人物潜意识的观察和分析。他认为，造成人类悲剧的根本原因，往往是人类无法清醒地认识或控制自身，也拒绝承认这个现实，因此奥尼尔用内心独白手法来追问和剖析现代人的灵魂。他在创作晚期，为全世界观众和读者奉献了5部现实主义大剧。但是奥尼尔并没有完全回归现实主义，在创作中期，他借用了表现主义、象征主义、意识流等手法，而这些现代主义创作方法对其晚期创作产生了影响。中期的剧作着力突出的是精神危机这一主题，这也是当时所有现代主义者努力探讨的。其后期作品强化这一主题，用更为娴熟、含蓄的笔法描写了现代人的信仰危机，以及人与外部世界关系和人与自我关系的异化。例如在《进入黑夜的漫长旅程》中，奥尼尔以自己的父亲为原型塑造了詹姆斯·泰隆，将其描写为一个追求物质收获而虚耗了艺术天赋的令人惋惜的人物。

奥尼尔创作的几十个剧本中都可以找到古希腊悲剧的痕迹。比如在戏剧主题方面就体现了奥尼尔对古希腊命运悲剧思想的继承。古希腊悲剧一个很醒目的主题就是人受命运的支配，人的生、死、祸、福都逃脱不了命运的主宰。在戏剧作品中，奥尼尔也深受这种古希腊悲剧命运观的影响，他笔下不少主人公也像古希腊悲剧中的人物一样受到命运的捉弄，无法逃脱命运的控制与安排。例如他的第一部独幕剧《东航卡迪夫》。这部剧作以虚构的英国格伦凯伦号轮船为背景，在一定程度上歌颂了水手之间的真挚情谊，但更多的是深刻揭露水手作为下层人民受压迫的悲惨命运。主人公扬克和好友德里斯科尔离开大海回家买农场的梦想终成泡影，扬克在伤痛中带着遗憾凄惨去世，后者的逃跑计划也宣告破产，只得继续做船主和大海的奴隶。奥尼尔的成名作《天边外》也是一部讨论现代人命运的悲剧。农家子弟罗伯特读过一年大学，喜欢幻想，整天梦想着“天边外”的世界和海上生活。可就在他即将出海实现自己愿望的时候，他却为了心爱的女子露丝放弃了航海计划，留在农庄与其厮守；他做得一把好农活的哥哥安德鲁却代替他去远航。不善务农的罗伯特疲于应付农庄的各种琐事，导致田地荒芜、牲口病死，整个农场陷入困境。后来，夫妻之间也产生了矛盾，小女儿玛丽夭折，罗伯特得了严重的肺病。但他一直不愿面对现实，终日陷于沮丧、悔恨和失落的情绪中。表面看来，罗伯特人生的悲剧来自于其高远的理想与平庸的现实间的矛盾、美好幻想与意志薄弱间的冲突、人与自身的疏离。罗伯特这个人物的原型是一个挪威水手，奥尼尔把罗伯特放在农庄中，向读者揭示：人生注定是一场悲剧，不论罗伯特留守在农庄，还是漂泊在海上，都无法找到好的归宿，美好的世界总在“天边外”。

在悲剧题材方面，奥尼尔也效仿古希腊的悲剧，在这方面的代表戏剧有《榆树下的欲望》和《悲悼》。《榆树下的欲望》来源于欧里庇得斯的悲剧《希波吕托斯》。《希波吕托斯》讲述了雅典国王忒修斯的后妻淮德拉爱上了丈夫前妻的儿子——希波吕托斯，遭到拒绝后，羞、怕、痛、愤，反诬后者诱奸她，致使忒修斯逼死儿子，淮德拉也在绝望中自杀。奥尼尔将这个题材移植到新英格兰凯勃特农庄。在《榆树下的欲望》中，老地主凯勃特的第三任妻子爱碧和凯勃特与前妻的儿子埃本在爱情、性欲、占有欲之间挣扎浮沉，终于一同走向毁灭。爱碧杀死自己和埃本孩子的情节就借鉴了古希腊神话中美狄亚杀死亲生儿子的故事。

奥尼尔在悲剧创作上也沿袭了古希腊悲剧的风格。古希腊悲剧给人一种崇高感，可以净化人的心灵，这种崇高感不在于它展示了命运如何强大、难以抗拒，而在于它强调人在命运的罗网中苦苦挣扎，寻找力量、自我价值的努力。正因为如此，不向宙斯妥协的普罗米修斯才能成为“哲学日历中最高尚的圣者和殉道者”，自我放逐的罪人俄狄浦斯才拥有人格尊严，赢得世人尊重。随着时代的变迁，20世纪的社会从形态上看已与古希腊时代有着巨大的差异，但从人的生存终极意义上看却并没有太大的变化。人仍生活在一个异己的世界中，自我的失落仍是每一个敏锐的、有良知的作家最大的痛苦之源，寻找自我、追问人的本质就是奥尼尔在作品中表达的“内心焦虑”。这种追寻注定是失败的，但却很有价值，人格由此获得了提升。《天边外》中的罗伯特对人生和远方的幻想造成了他的人生悲剧，但同时也使他与众不同、超凡脱俗，体现了全新的人生价值。《榆树下的欲望》中爱碧为证明自己对埃本的爱是真挚无私的，杀死了两人的儿子。面对法律的制裁，爱碧并无悔意，埃本也选择和她共同承受杀子的惩罚。面对毁灭，一度沉沦的人性在瞬间复归，从而赋予这种毁灭以崇高悲壮的色彩。

奥尼尔在艺术形式和创作技巧上借鉴了古希腊戏剧，并将其推陈出新。《进入黑夜的漫长旅程》在情节的展开上借鉴了《俄狄浦斯王》中的“回顾式”手法。整个戏剧就围绕泰隆一家寻找造成现时痛苦的原因展开，这些原因都发生在过去，因此过去与现在在这个寻找的过程中交汇。过去的因造成了今日的果，漫长的白日最终进入无尽的黑夜，开头与结尾呼应：造成他们痛苦的原因就是他们的家人关系，这个爱恨交织的束缚永远也挣不脱。四幕剧《送冰的人来了》在结构上也是典型的古希腊式悲剧。霍普酒店里一群醉眼朦胧的房客是被生活遗弃的社会渣滓，他们整天在酒精中寻找慰藉，编织美丽的白日梦以逃避现实的痛苦。他们的醉语梦呓犹如希腊悲剧中歌队的合唱，唯一的清醒者拉里类似于歌队队长，外来闯入者帕里特和希基则是剧中的第一个和第二个演员。拉里和众房客的对话犹如歌队间的对唱与合唱，构成了剧作的底色。希基、帕里特和拉里与众房客间的冲突，就像演员与歌队之间产生的冲突，增强了戏剧的动作性和矛盾性。

二、奥尼尔戏剧的百年汉译史

奥尼尔的戏剧自20世纪30年代起陆续被翻译成中文，至今已有近百年的历史。总的说来，奥尼尔戏剧的中文译介呈现出阶段性特点：译本数量多、特点突出、影响巨大，译者人数多，部分译者身份特殊。这段近百年的历史可以根据译本数量多少分为4个阶段：20世纪三四十年代的第一个译介高潮期、1949年以后长达30年的空白期、八九十年代的第二个译介高潮期、21世纪的低落期。

（一）20世纪三四十年代的译本

20世纪20年代对奥尼尔及其作品内容的介绍居多。据笔者统计，自茅盾第一次提到奥尼尔以后，20年代介绍奥尼尔的文章就有9篇。进入30年代，奥尼尔的介绍、评论性文章逐年增多。译本前面译者的前言、序、译后记里一般都有对奥尼尔生平及作品的介绍，除此之外，期刊和报纸上也有文章介绍奥尼尔其人，评价其作品。20世纪40年代开始，介绍和研究奥尼尔的文章比前面十年在数量上有所下降。20年代渐热的奥尼尔的介绍和评论文章，促成了30年代奥尼尔戏剧的翻译热潮。据笔者统计，从1930年第一个被翻译成中文、发表在《戏剧》第2卷第1期由赵茹琳翻译的独幕剧《捕鲸船》（*Ile*）开始，三四十年代一共有14个奥尼尔的剧本被译介到中国来，其中独幕剧8个。30年代共出版了5个奥尼尔戏剧翻译的单行本，分别是1930年商务印书馆出版的古有成翻译的《加力比斯之月》[68]，1936年中华书局出版王实味翻译的《奇异的插曲》（*Strange Interlude*），1937年启明书店出版的唐长孺翻译的《明月之夜》（*Ah, Wilderness!*），1938年独立书局出版的王思会翻译的《红粉飘零》（*Strange Interlude*），1939年长沙商务印书馆出版，并于次年再版的顾仲彝翻译的《天边外》（*Beyond the Horizon*）[该书收录了顾仲彝改译的《天边外》和翻译的《琼斯皇》（*Emperor Jones*）]。其中，除《天边外》[69]、1938年上海剧艺社出版的范方翻译的《早点前》，其他译文都出现在文学类和以戏剧为主的期刊中，并且重复翻译的情况较多。这个时期译本最多的是独幕剧*The Moon of the Caribbees*和*Before Breakfast*。*The Moon of the Caribbees* 是除赵茹琳翻译的《捕鲸》外中国读者见到的最早的奥尼尔独幕剧。这部剧最初由古有成翻译为《加力比斯之月》，收录于商务印书馆1930年出版的奥尼尔独幕剧剧集《加力比斯之月》中；1931年又由钱歌川翻译为《卡利浦之月》（英汉对照），由中华书局出版，同年，该译本又连载于《现代文学评论》第2卷第1与第2期上；1934年马彦祥将其译为《卡利比之月》，发表于《文艺月刊》第6卷第1期。*Before Breakfast* 最早的译本是《早饭前》，译者是袁牧之，发表于1936年《中学生》第66期；1938年范方译为《早点前》，由上海剧艺社发行单行本，并于次年收入苏湮主编光明书局出版的《世界名剧精选》；1943年纪云龙译为《没有点心吃的时候》，发表于《中国文艺（北京）》第8卷第6期上。

1936年之后，中国刚开始出现上升势头的奥尼尔研究渐趋衰落。这个时期奥尼尔的作品翻译出版的单行本共有8个，分别是1936年中华书局发行、王实味翻译的《奇异的插曲》，1937年启明书店发行、唐长孺翻译的《明月之夜》，1938年独立书局发行（1945年南京独立出版社再版）、王思曾翻译的《红粉飘零》，1938年上海剧艺社发行、范方翻译的《早点前》，1939年长沙商务印书馆（1940年再版）、顾仲彝翻译的《天边外》，1948年上海开明书店发行、聂淼翻译的《安娜·桂丝蒂》，1948年上海中正书局发行、朱梅隽翻译的《梅农世家》，1949年晨光出版社发行、荒芜翻译的《悲悼》。除了单行本，奥尼尔的独幕剧也被收录于其他剧集中。如：范方译《早点前》收录于苏湮编的《世界名剧精选》，1939年由光明书局出版；张友之译《划了十字的地方》收录于《世界独幕剧名剧选》，1944年由重庆大时代出版社出版。期刊杂志上发表了6篇译文：1936年《中学生》第66期袁牧之翻译的《早饭前》、1936年《文艺月刊》第8卷第2期彦祥翻译的《早餐之前》、1936年《农村合作月报》第2卷第5期向培良翻译的《捕鲸船》、1943年《中国文艺（北京）》第8卷第6期纪云龙翻译的《没有点心吃的时候》、1949年《西点》第34期梅隽翻译的《梅农世家》、1949年《戏剧生活》第1和第2期谢文炳翻译的《曼纳的悲哀》。这些译本中，有两个再版的译本：1939年顾仲彝翻译的《天边外》包括奥尼尔的两个剧本《天边外》和《琼斯皇》，该译作在1940年再版；1938年独立书局发行王思曾翻译的《红粉飘零》，1945年南京独立出版社再版。这说明这两部剧作当时在中国读者中受到了欢迎。重庆大时代书局出版了张友之翻译的《世界独幕剧名剧选》，其中有奥尼尔的《划了十字的地方》。该戏剧选本被列为大时代书局的

"世界文艺名著译丛"，书中收录的都是著名剧作家如斯特林堡等的优秀独幕剧，足见当时文学界对奥尼尔作品的推崇程度。值得一提的是，这个阶段除了奥尼尔的戏剧作品，还有一本他的小说也被介绍到了中国，那就是1947年唐绍华翻译、中国文化事业社出版的《人性》。

（二）20世纪六七十年代的两个香港译本

"自新中国成立以后的三十年中……奥尼尔的研究工作也几乎处于停顿状态。"（汪义群，1988：63）奥尼尔的作品"于20世纪30年代和80年代在中国分别掀起了两次译介高潮，但在1949—1966这17年间却没有任何一部剧作被译入中国"（侯靖靖，2009：191）。而在1966至1979年间，据笔者的考察，也只有香港的今日世界社出版了两个奥尼尔戏剧的译本。六七十年代在中国香港地区有两个译本出现，一个是1968年王敬羲翻译的《素娥怨》（*Mourning Becomes Electra*）（1974年今日世界社第二次印刷），另一个是1973年乔志高翻译的《长夜漫漫路迢迢》（*Long Day's Journey into Night*）（1982年台湾远景出版社再版），这两个译本都由香港今日世界社出版。《素娥怨》讲述的是孟南家族中因爱生恨，最终导致整个家庭毁灭的故事。该剧是奥尼尔公认的心理主题作品，剧中人物的乱伦和复仇深刻地反映出物质社会中美国人在清教教律高压下混乱而矛盾的精神状态。《长夜漫漫路迢迢》中蒂龙一家四个家庭成员都深陷不同的困境：父亲詹姆士酗酒，母亲玛丽吸毒，哥哥杰米也是一个酒鬼，弟弟爱德蒙遭受着肺病的折磨。四个家庭成员都试图寻找造成自己痛苦的原因。通过描写他们之间的矛盾冲突，奥尼尔展现出他们灵魂深处的另一个自我，而读者亦能从剧中每个人物身上看到自己灵魂深处的另一个自我。《长夜漫漫路迢迢》亦是1957年奥尼尔第四次获普利策奖的获奖剧本。

（三）20世纪八九十年代的奥尼尔戏剧汉译本

20世纪八九十年代是外国文学在中国复苏和逐渐繁荣的时期，也是奥尼尔的剧作在中国译介的第二个高潮。据笔者统计，这个时期奥尼尔的戏剧作品有近三十个译本，其中还包括成规模的、成系列的译作。其中，影响较大的版本如下：

1984年，漓江出版社出版的《天边外》，收录了荒芜译的《天边外》，汪义群译的《上帝的女儿都有翅膀》《进入黑夜的漫长岁月》，茅百玉译的《琼斯皇》。

1988年，中国戏剧出版社出版的《外国当代剧作选（1）》，收录了龙文佩和王德明译的《送冰的人来了》，张廷深译的《进入黑夜的漫长旅程》，刘海平译的《休伊》，郭继德译的《诗人的气质》，梅绍武和屠珍译的《月照不幸人》。

1995年，生活·读书·新知三联书店出版的《奥尼尔集：1932—1943》（上、下册），收录了汪义群重译的《啊，荒野》《无穷的岁月》《长日入夜行》，梅绍武和屠珍重译的《诗人的气质》《更庄严的大厦》《月照不幸人》，龙文佩和王德明重译的《送冰的人来了》，申慧辉重译的《休吉》。除戏剧作品外，还收录了申慧辉译的奥尼尔的小说《明天》。

2001年，漓江出版社再版《天边外》，由荒芜、汪义群翻译。再版除了《天边外》，还选译了奥尼尔的另外5部剧作：《榆树下的欲望》《琼斯皇》《上帝的女儿都有翅膀》《啊，荒野！》《进入黑夜的漫长旅程》。

（四）21世纪奥尼尔戏剧汉译本

进入21世纪，随着戏剧艺术的衰落，戏剧文学也受到了前所未有的冷遇，奥尼尔戏剧在新世纪的出版情况较之20世纪八九十年代的盛况明显下降，但对奥尼尔戏剧的重译却从未间断——奥尼尔的经典剧本被多次重译，并以丰富的形式出版。2006年，人民文学出版社出版了郭继德选编的《奥尼尔文集》（六卷本）。《奥尼尔文集》不仅收录了奥尼尔的44部戏剧译作，还专辟一卷辑录了张子清和高黎平译的《奥尼尔诗歌》和刘海平译的《奥尼尔文论》，这部文集成为国内迄今翻译出版的最完整的奥尼尔文集。2007年，人民文学出版社出版了欧阳基翻译的《奥尼尔剧作选》，其中收录了《安娜·克里斯蒂》《琼斯皇帝》《榆树下的欲望》《奇异的插曲》《悲悼三部曲》《诗人的气质》。2008年中国书籍出版社出版了王海若翻译的《天边外》，2010年又以双语对照读物的形式再版。2013年和2015年，北京理工大学出版社出版了由陈成和王朝晖、梁金柱分别翻译的《进入黑夜的漫长旅程》，其中陈成的译本在2016年以珍藏版的形式再版。

第二节　戏剧及戏剧翻译的特点

戏剧是人类最古老的艺术形式之一，自古希腊悲剧的诞生算起，戏剧艺术的发展已有逾2500年的历史。戏剧从一种表演发展成为一种文学形式，更加丰富了其自身的内涵。戏剧的特点——戏剧语言的特殊性决定了戏剧翻译的难度。戏剧语言主要包括人物的独白、对白、旁白和舞台提示。舞台提示语言一般简洁、明确，读者能一目了然。而人物语言的翻译则是戏剧翻译中的难点，受制于舞台表演形式和特点，译者在翻译时必须了解戏剧人物语言的特点才能把握其翻译原则。

一、戏剧与剧本

戏剧既是一种文学样式，又是一门综合表演艺术。戏剧，是以语言、动作、舞蹈、音乐、木偶等形式达到叙事目的的舞台表演艺术的总称。文学上的戏剧概念指为戏剧表演所创作的脚本，即剧本。戏剧的表演形式多种多样，常见的有话剧、歌剧、舞剧、音乐剧、木偶戏等。戏剧是由演员扮演角色在舞台上当众表演故事的一种综合艺术。戏剧的起源无从考证，现今存在一些假说。比较主流的看法有两种：一为原始宗教的巫术仪式，如上古中文“巫”“舞”“武”三字同源，可能主语是对一种祈求战斗胜利的巫术活动的合称，即戏剧的原始形态；另一种为劳动或庆祝丰收时的即兴歌舞表演，这种说法主要依据的是古希腊戏剧，古希腊戏剧被认为起源于酒神祭祀。

戏剧是由演员将某个故事或情境，以对话、歌唱或动作等方式表演出来的艺术。戏剧的四个元素包括“演员”、“故事（情境）”、“舞台（表演场地）”和“观众”。“演员”是其中最重要的元素，他是角色的代言人，必须具备扮演的能力。戏剧与其他艺术类别最大的不同之处便在于扮演。通过演员的扮演，剧本中的角色才能得以表现，如果抛弃了演员的扮演，那么戏剧便不可能称为戏剧。

最早的戏剧艺术出现在距今约2400年的爱琴海边的古希腊。当时剧团内除了主要演员以外，还有一支合唱队，随时评论剧中发生的事情。有趣的是，伯利克里时期，为了鼓励人们去看戏，政府甚至会给观众发放“戏剧津贴”。这种弘扬和保护文化的做法是很值得借鉴的。古代希腊戏剧中所有角色都由男子扮演，这些演员都是专业的，社会地位很高。在同一部戏中，一个演员可以扮演几个角色，一个角色也可由几个演员扮演。由于演员和观众的距离非常之远，因此演员必须频繁更换服装和面具来吸引观众的注意。演员们穿上厚底的靴子以使自己显得高一些，有时还要带上颜色鲜艳的手套以使观众能够辨认自己的手势。最早的古希腊戏剧场十分简陋：在一片夯实的硬土地上修些台阶，再加一块木板，便是一个“剧场”。公元前4世纪出现了一种新式剧场：它没有屋顶，呈半圆形，用石头建成，观众席呈阶梯状，坡度较大，希腊人称其为“圆形剧场”。

中国戏曲虽然产生的时间比希腊、印度晚一些，但是早在汉代就有了“百戏”的记载，在13世纪已进入成熟期，其鼎盛时期是在清代。至1949年已经发展到300多个剧种，剧目更是难以数计。中国戏曲和希腊悲喜剧、印度梵剧并称为三大古老的戏剧文化。中国戏曲扎根于民间，为人民喜闻乐见。其中，京剧、豫剧、越剧、黄梅戏、评剧被称为中国五大戏曲剧种。其他各种地方剧种都有自己的观众。远离故土的人甚至把听、看民族戏曲作为思念故乡的一种方式。

戏剧的表演形式多种多样，常见的包括话剧、歌剧、戏曲、舞剧、音乐剧、木偶戏等。由于文化背景的差别，不同文化所产生的戏剧形式往往拥有不同的传统和程式。

现代戏剧观念强调舞台上下所有演出元素统一表现以实现艺术的综合效果。演出元素包括演员、舞台、道具、灯光、音效、服装、化妆，以及剧本、导演等，也包括台上演出与台下的互动（一般称为“观演关系”）。在中国台湾地区，戏剧所指范围较广，舞台剧、电视剧、电影等以剧本为核心进行表演的演剧形式都统称为戏剧。文学上的戏剧概念是指为戏剧表演所创作的脚本，或称之为剧本。

戏剧语言包括人物语言和舞台说明。

人物语言：也叫台词（戏曲称之为“念白”）。台词，就是剧中人物所说的话，包括对白、独白、旁白等。对白是两个或多个人物交谈的话；独白是剧中人物独自抒发个人情感和愿望时说的话；旁白是剧中某个角色背着台上其他剧中人从旁侧对观众说的话。剧本主要是通过台词推动情节发展，表现人物性格。因此，台词语言要求能充分表现人物的性格、身份和思想感情，要通俗自然、简练明确，要口语化，要适合舞台表演。

舞台说明：又叫舞台提示。它是剧本语言不可缺少的一部分，是剧本里的一些说明性文字。舞台说明包括剧中人物表，剧情发生的时间、地点，服装、道具、布景，以及人物的表情、动作、上下场等，这些说明对刻画人物性格和推动情节发展有一定的作用。

关于戏剧的本质，公元前4世纪，亚里士多德在《诗学》中就进行了阐释。他认为，一切艺术都是模仿，戏剧是对各种生物的行动的模仿。后来，印度的第一部戏剧理论著作《舞论》也指出："戏剧就是模仿。"19世纪以后，对戏剧本质的讨论众说纷纭，有观众说，冲突说，激变说，情境、实验室说等。

观众说：认定观众是戏剧的必要条件，也是戏剧的本质所在。法国戏剧理论家F. 萨赛是这种观念的代表。他断言，不管是什么样的戏剧作品，都是为了给观众看的。"没有观众，就没有戏剧"，因而，戏剧的一切元素都必须与观众的欣赏相适应。

冲突说：以法国戏剧理论家布伦退尔为代表。19世纪末，布伦退尔指出，舞台乃是人的自觉意志发挥的场所，人物的自觉意志的发挥必定会遇到阻碍，主体为克服阻碍就要与之斗争，这就构成"意志冲突"，戏剧的本质就在于此。美国戏剧理论家J. H. 劳森则把戏剧的本质归为"自觉意志在其中发挥作用的社会性冲突"。他认为，由于戏剧是处理社会关系的，而人的自觉意志又必须受社会必然性的制约，因而，真正的戏剧性冲突必须是社会性冲突。这种观念可以用一句话来表述："没有冲突就没有戏剧。"中国东汉时期的许慎在《说文解字》中提出："戏，始于斗兵，广于斗力，而泛滥与斗智，极于斗口。"他认为戏剧是最富于冲突的生活场景的升华。

激变说：英国戏剧理论家W. 阿契尔否定布伦退尔的"冲突"说，他把小说与戏剧相比较，认为小说是"渐变"的艺术，而戏剧是"激变"（crisis，又译"危机"）的艺术，戏剧所处理的是人的命运和环境的一次激变，这就是戏剧本质的所在。

情境、实验室说：早在18世纪，法国哲学家D. 狄德罗就曾把"情境"看作戏剧作品的基础。黑格尔在谈到戏剧的特性时，也曾把"情境"与"冲突"联系在一起，并强调情境的本体意义。存在主义哲学家、剧作家J. -P. 萨特把自己的剧本称为“情境剧”，并把戏剧的对象说成是人在情境中的选择行为。B. 布莱希特则把戏剧看作是一种科学的方法，他认为，剧院乃是检验人类在特定情境中行为的实验室。这种观念也从一个特定的角度界定了戏剧的本质。

剧本是以代言体方式为主体表现故事情节的文学样式，是戏剧演出的文字依据。在文学领域里，它是文学作品的一种特殊体裁。在戏剧实践领域里，它是戏剧活动的基础和起点，是由剧中人物的对话、独白、旁白和舞台指示组成的。它有如下要求：

（1）空间和时间要高度集中。

剧本不像小说、散文那样可以不受时间和空间的限制，它要求时间、人物、情节、场景高度集中在舞台范围内。小小的舞台上，几个人的表演就可以代表千军万马，走几圈就可以表现出跨过了万水千山，变换一个场景和人物就可以说明到了一个全新的地方或相隔多少年之后……相隔千万里，跨越若干年，都可通过幕、场的变换在舞台上集中展现。

剧本中通常用“幕”和“场”来表示段落和情节。“幕”指情节发展的一个大段落。“一幕”可分为几场，“一场”指一幕中发生空间变换或时间转换的情节。剧本一般要求篇幅不能太长，人物不能太多，场景也不能过多转换。初学者可改编短小的课本剧，最好是写成精短的独幕剧。

（2）反映现实生活的矛盾要尖锐突出。

各种文学作品都要表现社会的矛盾冲突，而戏剧则要求在有限的空间和时间里反映的矛盾冲突更加尖锐突出。因为戏剧这种文学形式正是为了集中反映现实生活中的矛盾冲突而产生的，所以说，没有矛盾冲突就没有戏剧。又因为剧本受篇幅和演出时间的限制，所以戏剧必须对剧情所反映的现实生活的矛盾冲突加以浓缩，使其适合舞台演出。

剧本中的矛盾冲突大体分为发生、发展、高潮和结尾四部分。演出时从矛盾发生起就应吸引观众，矛盾冲突发展到最激烈的时候称为高潮，这时的剧情也是最吸引观众、最扣人心弦的。高潮部分是编写剧本和舞台演出的“重头戏”，是最需要下工夫之处。

（3）剧本的语言要表现人物性格。

戏剧语言主要包括四个部分。首先，语言要反映戏剧的冲突，这种冲突主要体现在人与人、人与自然、人与社会、人与命运之间，戏剧作品中的冲突应比现实生活中的冲突更强烈，更具有典型性和代表性，也要更能突出戏剧性。戏剧的台词应该是鲜活的语言，是性格化的，也应具有动作性，语言应该和人的行动相互联系。剧中人物通过各具特色的语言形象得以丰满。台词的形式主要有对话、独白、旁白、内白、潜台词等。戏剧的语言还应该说明幕和场，幕是戏剧较完整的段落，场则是戏剧中较小的段落。戏剧语言中还有一个重要的部分就是舞台说明，其功能是帮助导演和演员掌握剧情，说明演出提示的一些注意之点。说明的内容包括时间、地点、人物、布景，还应该提示登场人物的动作、表情并交代关于人物的上场和下场，传达有关事宜，如开幕、闭幕等。

二、戏剧翻译的特点

苏联著名作家高尔基曾说：“剧本是最难运用的一种文学形式。其所以难，是因为剧本要求每个剧中人物用自己的语言和行动来表现自己的特征，而不用作者提示。在长篇小说和中篇小说里，作者所描写的人物按照作者的助力而活动，作者总是和他们在一起，他暗示读者必须了解他们，给读者解释所要描写的人物隐秘的思想和隐藏的行为动机，借自然与环境的描绘来衬托他们的心情。剧本不容许作者如此随便地进行干涉。”戏剧综合了各种艺术要素，区别于小说、散文和诗歌等文学样式，在语言方面，戏剧有如下特点：

（1）戏剧语言生动。

一个成功的剧本既要适合演员表演，台词朗朗上口，还要能吸引观众，引起他们的观看兴趣。因此，戏剧中常常要设置精彩的剧情，紧凑、刺激的剧情要通过演员的语言、动作和表情加以体现，给观众以切身的感受。因此，戏剧语言应该生动，才能引起观众良好的反映。

（2）剧本中的语言不能独立存在，必须配合人物的动作和表情才能共同产生意义。

人物语言是剧本塑造人物形象的基本手段，在剧本中，人物语言通常被称为“道白”或“台词”，人物的性格特征不能用语言文字进行描述。除了台词，演员还要加上行为和表情才能完成人物的塑造。

（3）剧本的语言具有即时性的特点，在这个方面戏剧与其他文学样式有着重大的区别。

其他文学作品如小说，读者可以反复阅读感到困惑的部分，读到后面如有不明之处也可以翻到前面再次阅读。戏剧演员的台词一闪即逝，观众如有不明白的地方，不能再回去反复观看。因此，戏剧的语言或者说人物的台词应该简明易懂，自然质朴，口语化程度高，如果晦涩、含糊就无法将剧情展示给观众。

（4）戏剧的语言应该具有动作性的特点。

富有动作性是戏剧语言基本的也是首要的特征。小说塑造人物时，作者首先用语言对人物进行描述，读者再根据这些描述来加以想象。戏剧则是通过演员的表演，直观地向观众展示人物。人物的语言和行为总是密切联系在一起的，可以说语言要行动化，行动又要语言化，剧中的人物语言不仅说明动作的内容，其本身也是动作。如老舍的戏剧《茶馆》中吴祥子、宋恩子的一段话：“王掌柜不愿意咱们看，王掌柜必会给咱们想办法！咱们得给王掌柜留点面子！”“对啦！坐下谈谈吧！你们是要命呢？还是要现大洋？”“别动！君子一言：把现大洋分给我们一半，保你们俩没事！咱们是自己人！”在这段话中，读者可以从人物的语言中感受到人物的动作，如“坐下谈谈”“别动”这些台词，读者可以想象演员做出的手势和身势。

（5）戏剧中人物的语言应该具有个性化的特点。

任何文学作品中塑造的人物形象都是具有个性的，这些个性体现在人物的外貌、行为和语言中。其他文学样式的作者可以用描写环境、叙述事件、展开情节、介绍人物等多种手法来刻画人物。戏剧的特殊呈现方式决定了剧作家只能通过对不同的人物运用符合其身份特征的台词及动作来表现其个性特征，因此，人物的语言个性化特点显得尤为重要。戏剧文学中最基本的，就是戏剧中所塑造的人物形象的命运、经历、性格以及所处的环境都应该是由其各自特点决定的。剧中人物应做到每个人说“自己的话”，要有特定的年龄、职业、身份、教育背景、情绪等，以充分体现自己的“个性”。再次以老舍的代表作《茶馆》为例。剧作中人物虽多达六七十人，但是仍然是“说一人，有一人”。如剧中的常四爷，虽然台词不多，但极具个性的语言充分表现了他的性格特征。在第二幕中常四爷有这样一句台词：“什么时候洋人敢再动兵，我姓常的还准备跟他们打打呢！”短短一句话中的“洋人”“动兵”再现了常四爷生活的时代背景，“姓常的”“打打”体现出了常四爷的教育背景，整句话又表现了其爽直、勇敢、爱国等鲜明的性格特征。另一人物王利发，我们也可从简洁的语言中看出其性格。如王利发对特务、警察、大兵说的如下几段话：“您圣明。”“你多给美言几句，我感恩不尽！”“老总们对不起，还没开张，要不然，诸位住在这儿，一定欢迎！”“您甭看，准保都是靠得住的人！”王利发对这些人极尽讨好之能事，圆滑世故、阿谀奉承、巧于应付的特点一览无余。

（6）戏剧的语言应具有表现性。

戏剧中，表达人物内心活动的重要途径有台词和潜台词。几乎所有的戏剧道白都有丰富的潜台词。潜台词指的是剧本中人物说话的意图及未尽之言，通常隐藏在人物台词的背后。潜台词扩大了有限语言的信息量，表达的意义往往更深刻、丰富，也因此使人物更生动、饱满、鲜活。如曹禺先生的名著《雷雨》中，周萍问周蘩漪："周蘩漪，你好些了么？"周蘩漪的回答是："谢谢你，我刚刚下楼。"这两句话从字面上来看有些答非所问，周蘩漪的回答明显包含了丰富的言外之意，也是说话人真正想表达的意思，可以理解为："谢谢你终于还记得我的病，我一直在楼上病着的，等着你，你为何不来看我？"

潜台词在戏剧中发挥着不容忽视的作用，可以更好地向观众展现人物丰富的内心世界，有时甚至是隐秘的精神世界。

（7）戏剧语言具有时代性的特点。

语言是不断发展变化的，每个时代的语言都有其各自的特点，而戏剧是最能代表一个时代口语特点的艺术形式。法国戏剧家莫里哀生活的时代是17世纪路易十四国王的当政期，其作品中的法语与今天的法语有很大的不同。莫里哀为他同时代的观众进行创作，他的语言对于当时的观众来说是没有交流障碍的，但现在将莫里哀的作品翻译过来，译者就应该采用当代的语言。因此，虽然莫里哀的作品多数为诗体，但中国当代翻译的莫里哀话剧一般采用日常对话的形式，即对白体。翻译虽然改变了原作的诗体形式，但当代读者能读懂原作，译文语言转换为具有时代特征的语言是必需的。

三、戏剧翻译的特点、方法和原则

戏剧的诸多特点使得戏剧翻译成为译者的一大挑战。剧本是舞台演出的蓝本，同时又兼具供读者阅读的功能，但以演出为目的和以阅读为目的的剧本在翻译上有明显的区别。因此，在进行剧本翻译之前，首先应该分清楚翻译的目的，是为了演出还是为了阅读，是偏重演出还是偏重阅读。戏剧翻译不能与小说等其他文学样式的翻译遵循同样的原则，而是应该根据不同的翻译目标和不同的目标读者群采取不同的途径和方法。周兆祥先生在《翻译与人生》一书中说道："翻译不再是'为翻译而翻译'，即是说目标不一定是制造一个与原文对等的另一种语篇，而是在于达到预定的效果（通常是客户要求的效果，或是译者判断译文使用者收到最佳的效果）……"（周兆祥，1998：135）

英国著名翻译理论家苏珊·巴斯奈特（Susan Bassnett）在《依旧身陷迷宫：对戏剧与翻译的进一步思考》（"Still Trapped in the Labyrinth: Further Reflections on Translation and Theatre"）一文中将剧本的阅读方式分为七类：

（1）将剧本纯粹作为文学作品来阅读，此种方式多用于教学；

（2）观众对剧本的阅读，此举完全出于个人的爱好与兴趣；

（3）导演对剧本的阅读，其目的在于决定剧本是否适合上演；

（4）演员对剧本的阅读，主要为了加深对特定角色的理解；

（5）舞美对剧本的阅读，旨在从剧本的指示中设计出舞台的可视空间和布景；

（6）其他任何参与演出的人员对剧本的阅读；

（7）用于排练的剧本阅读，其中采用了很多辅助的语言学符号，例如语气（tone）、曲折（inflexion）、音调（pitch）、音域（register）等，对演出进行准备（Bassnett，2001：101）。

从上面的七种类型可以看出，戏剧译本针对的目标读者群不同，对语言的要求也不同，表面上看译者只是在语言层面进行了转换工作，但实际上译者与这七种阅读方式都有深刻的联系。对译本的语言要求按照读者——演出团体——观众这种次序递增，对译本的归化程度的要求逐渐提高。由此可以看出，一个好的戏剧译本不可能既在读者眼中是好的读本，又在观众眼中是好的脚本。戏剧翻译区别于其他文学作品翻译的一个重要的方面就是译者应该区分翻译的目的和目标读者群，并据此采用相应的翻译策略和方法。

以阅读者为目标群体的戏剧翻译的读者群，又可以进一步分为两类，第一类是文学研究的专业人士，如从事文学学习和阅读的师生、专家等，另一类是普通读者，其阅读外国戏剧仅仅是出于爱好或消遣。这两类读者对戏剧译本的要求不尽相同，文学研究专业人士对译本的要求是在保证意思的前提下尽可能地异化，异化程度高的译本才能尽量保留原文风格，才能最大限度地留存原作的语言、文体、修辞等方面的特点，为他们进一步研究该作品提供材料和依据。针对这一类读者，译者的翻译是尽可能多保留原作的形式和内容，尽可能在译入语中重现原作的风格和特征。如原作是用诗体写成的，译者则要用诗体的形式来翻译，不必担心晦涩或简练的诗体语言无法在短时间内让戏剧的观众听懂，也不必担心观众无法适应观看诗体的戏剧。译者采取的翻译策略也应该以意译为主，在必要之处还应有注释，最大程度地还原原作中的文化意向和隐喻等修辞手法。文学研究专业人士，相对于其他读者群而言，人数并不多，但较为稳定。文学作品爱好者的人数变化较大，与文学专业人士相比，他们对译本的异化程度要求较低。他们希望从译本中获得文学审美感受，领略异域风情文化，带着这种轻松的心态并不适合阅读行文晦涩及注释较多的译本。从这个角度看，译者需要考虑的不仅是文本本身，还应该关注如何吸引和迎合第二类读者，从而实现译本的市场目标。

如果说上述第二类读者的情况较第一类复杂，那么，将译本当作舞台演出的蓝本所进行的翻译就会牵涉更多的因素。要探索以舞台演出蓝本为目的的戏剧翻译，我们可以先回顾一下话剧最初介绍到中国时受挫的情形。事实上，把话剧这个舶来品大规模介绍到中国的是中国的知识分子。这些知识分子是受到西方思想影响的知识青年和社会改良者，他们想要借助新剧的力量向国人宣传西方先进的思想观念，从而改良他们眼中当时衰败、腐朽的文学和社会观念。他们将戏剧作为一种新的艺术形式介绍到中国，通过演出向国人传达他们的思想和抱负。但将戏剧真正搬上舞台的却是1840年由居住在上海的一些西方侨民组织的两个业余演剧团体——浪子剧社和好汉剧社。他们建社的目的只是为了自娱自乐。1866年，这两个剧社合并为上海西人业余剧团（Amateur Dramatic Club of Shanghai）。该剧社排演了一些世界著名戏剧，让部分中国知识分子眼界大开，知晓话剧这一西方艺术形式的存在。当时，一些学生也参加了业余演剧活动，这些活动是由教会学校组织的，给一些热爱艺术的有识青年提供了机会加入演剧的行列（葛一虹，1990：6-7）。这些戏剧演出和宣传活动一开始引起了观众的好奇，但渐渐地，观众对外国戏剧中的故事情节和人物不能产生认同，观众大量流失，随后成立的一些新剧剧团也被迫解散。从新剧最初的失败经历中可以发现，当时剧团上演的剧目远离了中国的现实，未能充分重视接受的对象，只是一味模仿新派剧的表演，从而由盛转衰，终致夭折（葛一虹，1990：17）。要使外国剧目在中国成功上演并赢得观众，一定要打破文化隔阂，不能忽视市场的需求。起初有识青年只是将戏剧作为外来文化照搬照演，对语言和形式只做了简单的转换和调整，这样的戏剧不能满足观众的欣赏要求，也不符合他们文化传承中的审美习惯。认识到这一点之后，中国的话剧人开始对外国剧目进行改造，使之真正本土化。译者在翻译外国话剧的时候，开始采取归化的翻译策略，翻译的首要目标是让观众能听懂、看懂。大批译者在翻译的过程中甚至对这些话剧进行了“改译”——将剧中人物改为中国人，故事发生的背景也搬到中国，尽量贴近当时中国人的生活情景，尽量选择能引起中国观众共鸣的剧目。

这些经过改译和改编的话剧逐渐得到了中国观众的认可，有些还受到了中国观众的热烈欢迎。此后，中国的戏剧作家开始模仿西方的戏剧进行创作，并逐渐形成了风气，使得中国有了自己的话剧作品。

至此，话剧这个西方的舶来品才真正被纳入中国戏剧体系，成为中国艺术和文学的一员。

戏剧能否在舞台上演出成功，一个重要的决定因素是观众。观众观看戏剧的目的是复杂的，可以说大部分都是将观剧作为一种娱乐活动，一些是为了获得艺术熏陶，少部分是为了受教育。观众观剧的目的各异，背景不同，受教育的层次也不同。因此，如果舞台对白晦涩难懂，台词太长或者太书面化，都会影响他们了解剧情，影响他们对剧中人物的认识。对于演出团体来说，真正的挑战就在于如何在不脱离原剧的约束下做出适当的改动，既保持异域特色，又迎合本国的观众。这个挑战为译者的翻译增加了难度，译者不仅要进行语言文字的转换，且语言要地道、口语化，还要掌握足够的舞台、戏剧知识，这对译者有多重身份的要求。著名的剧作家兼翻译家英若诚先生曾说："……这些现成的译本不适合演出，因为有经验的演员都会告诉你，演翻译过来的戏，要找到真正的'口语化'的本子多么困难。戏剧语言要求铿锵有力，切忌拖泥带水。莎士比亚在《哈姆雷特》中借大臣之口说'简练，才华之魂也'，就是这个意思。而我们的很多译者，在处理译文时，考虑的不是舞台的直接效果，而是如何把文中的旁征博引、联想、内涵一点不漏地介绍过来，而且我们要翻译的原作名气越大，译文就越具有这种特点。如果为了学术研究，这种做法无可厚非，但舞台演出，观众想听到'脆'的语言，巧妙而对仗工整的、有来有去的对白和反驳，这在一些语言大师的作品中可以说俯拾皆是。作为译者，我们有责任将之介绍给观众，因此译文的简练及口语化是戏剧翻译中必须首先考虑的原则。"英若诚的这段话充分说明，译者在翻译戏剧时，应该区分是以阅读还是以演出为目的，若以演出为目的，应该充分考虑舞台语言的特点。英若诚先生翻译时身体力行，据他自己所说，他翻译的作品里，几乎没有译作中常见的倒装句，没有翻译电影里的零碎语言，他的译文通篇是朗朗上口的舞台口语。

戏剧是一门综合的艺术，而综合体也正是它的魅力所在，它综合的因素有——“剧作家、演员、导演、布景设计者、音乐家、灯光、服装设计者等，每一个人都把自己的一份创造性劳动投入共同的事业之中”（布哈瓦，1956：801）。而在这门综合性的艺术中，“演员是戏剧特点的主要体现者”，“不论是剧作家、导演、布景设计者还是音乐家，都是通过演员、协同演员或依靠演员和观众讲话的”（布哈瓦，1956：802）。戏剧与其他文学体裁的最大不同之处在于，戏剧是为了舞台而生，因此在兼顾阅读性的同时，戏剧注重的是舞台性。戏剧翻译与其他文学体裁翻译的最大不同之处在于，戏剧翻译要考虑其目的是阅读还是演出，为了阅读又是为了哪个人群的阅读。因此，戏剧翻译研究讨论得最多的是剧本可演出性的问题。

早在20世纪80年代初，苏珊·巴斯奈特就指出，由于人们通常用翻译小说与诗歌的方式来翻译戏剧文本，戏剧翻译在翻译研究中往往受到忽视。在巴斯奈特看来，“戏剧文本只有通过表演才会变得完整，因为只有在表演中文本的全部内涵才得以实现”（Bassnett，1980：120）。她还指出，要想把戏剧文本与表演割裂开来是不可能的，因为戏剧是由这两者的辩证关系构成的（Bassnett，1981：38）。在戏剧翻译领域巴斯奈特第一次提出，戏剧翻译者必须遵循两个标准，这与小说和诗歌的翻译者不同。这两个标准一为“可表演性”（playability/ performability），二是翻译文本本身的功能（function）。巴斯奈特认为，“可表演性”对于戏剧翻译非常重要，除此之外，“戏剧文本的结构内部包含一些‘可表演性’的特点。如果‘可表演性’被看作是戏剧翻译者的先决条件，那么翻译者就必须判断哪些结构是适宜表演的，然后再把它们译成目的语，即使译文会发生一些重大的语言和文体的变化。这就是戏剧翻译者与其他类型文本翻译者的差异所在”（Bassnett，1980：120-132）。在巴斯奈特看来，还有一个关于“可表演性”的问题戏剧译者必须解决，那就是多变性。戏剧表演中存在各种可变的因素，如不同民族的文化、演出空间、表演方式、观众的作用、戏剧观念，因此，时间和空间也必须被戏剧译者视为表演的可变因素。“翻译者必须考虑文本属于表演和服务于表演的作用。”（Bassnett，1980：132-133）但巴斯奈特的观点后来发生了重大的变化。1985年，她发表了文章——《穿越迷宫：戏剧文本翻译的方法和策略》（“Ways through the Labyrinth: Strategies and Methods for Translating Theatre Texts”）。文中，巴斯奈特否定了以前的观点，即戏剧翻译的评介标准是“可表演性”，译者必须挖掘戏剧文本的动作性语言。她后来将“可表演性”称为一个“很令人恼怒的术语”，变成了“许多译者用来为自己的各种翻译语言策略寻找的借口”（Bassnett，1985：90；101-102）。她还认为自己早期关于戏剧翻译者必须考虑动作性文本（gestic text），以便演员解码并编码成动作的理论是“一个不明确的、含混的概念”（Bassnett，1985：98），认为翻译时要研究文本的指示单位（deictic units），分析它们在原语和目的语中的功能。因为在她看来，研究原语中指示单位的功能可帮助翻译者分辨在目的语中应保留哪些单位，它们的存在与否意味着什么，在源语向目的语转换过程中改变这些单位又会使表演发生什么变化（Bassnett，1985：98-99）。最后，巴斯奈特总结道：“我觉得该是放弃将‘可表演性’作为翻译标准，把更多重点放在文本本身的语言结构的时候了。书面文本是翻译者着手翻译的材料。翻译者开始进行翻译的是书面文本，而不是假设的表演。”（Bassnett，1985：102）巴斯奈特戏剧翻译方面观点的变迁，反映了一段时期里人们对戏剧翻译活动探索的历程。不管人们过去和未来对戏剧翻译的看法会发生怎样的变化，至少有一点是肯定的：对于戏剧翻译而言，舞台表演是非常重要的，戏剧翻译永远要受舞台表演的制约，因为戏剧剧本就是为了舞台而生，一个剧本或者翻译过来的剧本的最终使命是被搬上舞台。在戏剧翻译中，一度被探讨的话题，如人物语言口语化、台词与动作的协调性、念白的节奏等，都是戏剧翻译中为了体现“可表演性”的诸多制约元素。戏剧翻译中，译文的语言必须考虑两方面——一方面应与演员的动作相互协调，另一方面应照顾观众的接受情况，要保证能被观众听懂、理解。剧中的台词还应符合剧情发展，与人物的情感和动作相配合。总之，“戏剧文本不应该仅仅被视为文学作品，而应被看作是种子，在表演中生根发芽”（Marco，2002：58）。“可表演性”也许正如巴斯奈特所说，是“一个不明确的、含混的概念”，但“可表演性”在戏剧中的存在是不容置疑的。

戏剧翻译与其他类型文学文本的翻译有一个共同点，除了语言方面的问题，还要面临文化差异的挑战。戏剧翻译比其他类型的文学翻译在这个方面受到的限制更多，原因在于戏剧中文化因素的翻译必须考虑到舞台表演的问题。在舞台上，一切呈现都是一闪而过，不会给观众足够的时间去琢磨、消化或查询遇到的异域文化因素；在舞台上，一切呈现面对的也是复杂的观众，因此要求台词具有大众性，尽量让教育程度不同的观众都能看懂。其他文学样式的译文可以让读者细细琢磨，反复阅读，但舞台的瞬时性和大众性决定了戏剧观众必须在短时间内消化所看到、听到的陌生文化元素，以便跟上剧情的发展。所以，“在戏剧翻译中，‘文化移植’（cultural transplant）是普遍被接受的翻译方法”（Marco，2002：58）。有理论家认为，在当代的戏剧翻译中，占主导地位的是归化的翻译策略：“尽管所有的文学翻译者都要面临归化和异化这两难的困境，但文化移植比其他的翻译模式更适合于戏剧翻译。”（Hale & Upton，2000：7）巴斯奈特则主张文化因素的传译在归化与异化之间寻求平衡，她承认存在一定程度的文化移植，但她更赞成戏剧翻译中多种文化的共存，以避免完全的文化因素归化或因过度异化产生让人费解的语言。“翻译者的作用是在两种文化之间占领有限的空间，促使戏剧传统之间的某种接触。”（Bassnett，1998：106）在巴斯奈特看来，“戏剧翻译应根据原语文本在原语文化中所起到的作用，力求使译语文本在译语文化里实现与原语文本文化功能的等值”（Bassnett，1990：41）。

对剧本中文化因素的翻译使用归化还是异化的策略，在戏剧翻译中非常重要。异化是对原著的尊重和景仰，是与原文最相似，也是理想的翻译结果。如对于古希腊悲剧或莎士比亚的作品，观众更喜欢看对原作忠实程度高的译本被搬上舞台，这是出于对原作的尊敬，也希望尽量体会原作的精髓。异化在戏剧翻译中的使用应该有一个限度，因为在戏剧表演中演员和观众的交际要同步，译者就必然要对原作进行一些文化改译。虽然改译不再与原作有最佳的相似度，但却更有效地实现了交际的目的，因为它在便于目的语观众理解的基础上，可使观众更好地理解原作的精髓。另外，译者应该对原语文本的文化因素予以区别对待，如果原作中的文化因素易于目的语观众理解，或者说传达起来顺利、容易，则可以采用保留原作文化元素的做法，这时使用异化的翻译策略是完全可行的。但如果原作涉及地域性浓郁的文化色彩、风俗习惯或思想观念时，译者就要根据情况做出适当的调整。舞台的瞬时性特点决定了译者所能采用的文化补偿手段较少，很多时候，为了让目的语观众获得与原语文化背景的观众同样的感受，译者不得不将原作中的文化情景移植到译入语文化中，这就是归化策略发挥作用的时候。

第三节　戏剧翻译中译者的身份及主体性的发挥

20世纪70年代，翻译研究发生了“文化转向”，在这个过程中，翻译主体研究逐步受到重视，并不断走向深入。这就弥补了传统翻译研究仅在原文与译文的对等问题上探讨而忽视在翻译尤其是文学翻译中翻译主体——译者重要作用的缺陷。翻译的主体是译者，这已是不争的事实。在翻译过程中，译者要首先运用自己的能力解读原文的含义，对原文的语言材料进行综合分析，这就是理解原文的过程，然后译者还要遵循原作者的思路，综合运用目的语的各种表达手段，将原文进行再现。这两个过程或阶段是翻译活动的基本组成部分，无论是哪个阶段，都离不开译者主体因素的作用。

一、译者主体性

具体而言，“主体性”指的是“主体在对象性活动中本质力量的外化，能动地改造客体、影响客体、控制客体，使客体为主体服务的特性”（王玉梁，1995：34）。根据这个定义，译者的主体性可以理解为，在尊重原著的前提下，译者在翻译过程中所发挥的主观能动性，以及在译文中表现出的的审美能力、创造能力及人格自觉能力。译者主体性可以作如下界定：“译者主体性是指作为翻译主体的译者在尊重翻译对象的前提下，为实现翻译目的而在翻译活动中表现出的主观能动性，其基本特征是翻译主体自觉的文化意识、人文品格、审美创造性。”（查明建、田宇，2003）当翻译对象是文学作品时，译者主体性会得到更加突出的表现，因为文学翻译是各种类型文本的翻译中最难以把握，因而也是最需要创造性的。与其他类型的文本相比，文学文本中有更多读者解读的空间，比如蕴含在文学语言中的各种修辞审美等。

接受美学的代表人物姚斯曾说：“一部文学作品并不是一个自身独立、向每个时代的每一读者均提供同样的观点的客体。它并不是一尊纪念碑，形而上学地展示其超时代的本质，它更多地像是一部管弦乐谱，在其演奏中不断获得读者新的反响，使文本从词的物质形态中解放出来成为一种当代的存在。”（姚斯，1987：260）接受美学的另一领军人物伊塞尔也曾指出：“文学文本具有两极，即艺术极与审美极。艺术极是作者的文本，审美极是由读者来完成的一种实现。”（伊塞尔，1991：29）两极相互交融，文学作品的完整性才能呈现。文学作品要与读者产生联系，才能成为审美对象，才能让读者经历一个审美体验过程——感悟、阐释、交融、再生、升华，在这个过程中读者能体验文学形象并最终产生艺术情感。读者与作品在这个过程中已经互相交融，形成了一个新的综合体，这个综合体可以说是一种“自为”的存在。也就是说任何文学作品的单独存在并不能产生异议，意义要靠读者在阅读过程中的体验和解读来赋予，因为文学文本具有多层面的特性和开放式的图式结构。读者的阅读和审美体验，不仅能够使文本本来的意义得到呈现，还能填补文本的空白，最终实现文本存在的目的。从这个意义上说，阅读、接受是一种再创造的活动。“读者通过接受活动，用自己的想象力对作品加以改造，通过释放作品中蕴藏的潜能使这种潜能为自身服务。但是，读者在改造作品的同时，也在改造他自己，当他将作品中潜藏的可能性现实化时，也在扩大自己作为主体的可能性，这就是作品在他身上产生的效果。接受活动是使这两种对立的规定性统一起来的过程。”（张首映，1999：280）总之，文学作品的阅读过程实则是双向流动的动态过程，一方面，原文的意义流向读者，为读者的理解提供引导；另一方面，读者在自己的知识和理解的基础上再次建构意义。因此，读者与原文本之间不是简单的“复原”与“被复原”而是“改造”与“被改造”的关系。文本唤醒了读者的审美潜力，还为读者的审美潜能增加了新的能量，这样就激发了读者的主观能动性和创造性。

文学翻译活动中，译者的身份可谓是多重的。首先作为原文的读者，译者要对原文进行解读和阐释，调动感情、想象、意志、审美等能力对作品进行鉴赏甚至是批评，努力发掘原作的内涵、精髓、意蕴，将文本中的意义具体化，填补文中的空白，从而完成文本意义的建构。不同译者对同一文本的理解往往不同，甚至存在很大的差异，这是因为文本的解读行为是个体的，不同的个体拥有不同的素养、背景、阅历、视角、艺术鉴赏力和审美能力。译者对原文意义的理解和接受实则是对文本的再次创造，是对文本价值的实现，这是译者和一般读者都会经历的过程。但与一般读者不同的是，译者并不能到此止步，而是要尽量深刻地挖掘作品潜在的意义，使这种意义从潜在变为显而易见。译者一旦完成对文本进行解读和阐释的过程，就会进入下一个阶段——语言的转换。这个阶段译者更多关注上一个阶段所获得的审美体验和思想内涵如何用另一种文字表达出来，但在这个过程中译者并不是对原文的意义进行简单复制，而是用另一种语言在原文的基础上进行再创作，使得原文的精髓有机地融合到译文之中。这个过程需要调动译者的能动性和创造性。翻译就是对语言符号进行解码重组以完整呈现原文意义的过程，语言、文化之间的差异使得翻译无法做到逐字逐句地完全对应，这就要求译者突破原作语言形式的束缚，对原语的结构进行变通处理，权衡语言转换过程中的得失，用较为妥当的手段在另一种语言中对原文进行呈现。

也许关于什么是文学这一问题，迄今仍然没有统一的答案，但文学语言的特征却是毫无争议的。文学语言是语言的较高级形式，其基本性质有两个：一是意象性，克服了一般语言的抽象性；二是超越性，具有隐喻性，能够表达审美意义。文学语言还具有能指与所指的统一性、认知与意向的统一性、审美幻想性等特征。文学语言是作家按照艺术世界的诗意逻辑创造的特殊话语，作家的目的不是告诉人们现实中具体发生了什么事，他们创作时并不一定寻求绝对客观的事实，而是要把自己对生活的审美认识创造性地表现出来。因此，文学语言除了和一般语言一样具有形象生动性、音乐性、流畅性、整体性，还具有一般语言所不具有的内指性、心理蕴涵性和新奇性等特点。文学语言提升了一般语言的表现功能，还蕴含了作家丰富的知觉、情感、想象等心理体验，将读者带入感受世界。从这个意义上甚至可以说文学作品是文学语言创作出来的艺术品，而艺术品均以独特的个性彰显生命力。文学作品的个性越鲜明，其翻译或被再创造的挑战越大。文学作品的翻译不仅应该将故事、情节传达给目的语读者，还应该尽量让读者欣赏其语言的魅力。为此，译者不仅应该具备两种语言深厚的功底，有较强的文字表达能力，还应具备文学作家的文学修养以及抽象、形象思维能力。译者所要追求的不仅是忠实传达原作思想内容，还要传递艺术风格，最终使译本成为效果最佳的艺术品。

文学翻译应该是艺术文本的创造，是把植根于一种语言、文化环境中的艺术性文本转化为另一种语言、文化环境中的艺术性文本，理想的结果是两种文本的读者或者说审美主体都能体验到相同的艺术美，译文读者与原文读者拥有相同或相似的感受。为此，译者必须充分发挥主观能动性，在难译甚至不可译的文本因素面前，跳出原文语言形式的束缚，在目的语的语言、文化背景中，以原文为蓝本，进行内容含义和文化精神方面的二次创作，唯有如此才能译出具有文学性和审美价值的作品。

不可否认，文学翻译过程中，译者的主体意识非常重要。译者在客观上会受到原文的诸多限制。威尔斯·巴恩斯通在《优先选择》一文中曾说，译者的翻译应该是在原作内容和形式的前提和约束下，千方百计地去再创造更接近原文的内容和形式，译者应该是“既不应作拘泥于字面解释的杀手，也不该作原诗的篡改者”（刘重德，2000：383）。译者的主体性在翻译过程中起着非常重要的作用，译者应该尽量把握主体性与文本客观性之间的尺度，遵从译者伦理的约束，力求最大限度地再现原文的艺术特征。

二、译者主体性对戏剧翻译的影响

从符号学的角度来看，翻译就是译者将原语文本中的语言符号所表达的信息用译语的语言符号重新进行表达，并通过在原语和译语之间寻求最大限度对等的词语，尽量准确地再现原语文本中的信息。无论是原语还是目的语，都是外部世界的反映。对外部世界的认知对原语读者和译语读者来说都是共同的。因此，不同的语言之间存在着广泛的共同性，不同文化背景的人的思维结构之间也存在相同之处。这些共同点成为译者能够理解原文，并受制于原文的基础。

戏剧是一种特殊的文学样式，它为演出而生，也供人阅读。从这个角度而言，戏剧译者受到的约束不仅来自文本本身，还来自舞台表演所涉及的各种因素。在进行戏剧翻译时，译者面对的一方面是静态的剧本，另一方面是潜在于剧本之中的动态的“可表演性”。换言之，戏剧翻译的译者需要既忠实于原作和原作的舞台演出效果，也要忠实于译语文化的舞台。戏剧翻译就像任何一种文本类型的翻译一样，文本中译者的印迹是无法抹掉的，这就使得戏剧译者要有戏剧的基本知识，掌握戏剧规律。倘若戏剧译者对戏剧不熟悉甚至不了解，当然无法指望他翻译出好的剧本。理想的状态是译者通过努力掌握关于戏剧的基本知识，这样才有更多的储备和更大的能力参与对原文的解读，最终将原作的文本性和舞台性恰当地融合在一起，以创造出让读者和观众都满意的译文。译者在与原作融合的过程中还应该注意“自我”表现的度的问题，因为译者所做的工作最基本的原则就是要忠实于原文。因此，译者的译前工作中非常重要的一个步骤就是认真研读原作，以求最大限度地了解或通晓原作的思想精神，避免误译。我国著名作家、翻译家茅盾曾说过：“要翻译一部作品，必须了解原作的思想，这还不够，更须自己走入原作中去，和书中的人物一同哭一同笑……”这段话对戏剧翻译者尤其具有启示意义，戏剧译者在翻译过程中应该让自己扮演其中的角色，揣摩角色说话的语气、动作、表情、意图，尽量保存原作的语言外形，对原文的艺术流派、文体特征、语言习惯、创作意图等，做出合理的判断，从而使得译作成为与原文和谐、统一的整体。

如果说对原作的忠实体现了译者的受动性，那么译者发挥主观能动性，将原文的形式和内容用另一种语言在另一种文化中呈现出来，在原著的基础上进行具有审美价值的再创造，则可以称作译者的能动性。译者发挥能动性时所进行的是一种创造性活动，但这种创造是受原作束缚的，可以说它实际是在无法与原作完全对应的情况下，在语法、修辞等层面进行的变通。语言之间文字和文化方面存在的不同给译者的工作带来了障碍，这些障碍正是译者创造性所及之处。在原作面前，译者手脚并不能完全被束缚，而是应该充分发挥艺术创造才能，生产出尽量与原作媲美的另一艺术品。因此，如何在忠实原作的前提下适度地发挥主观能动性，在不违背、不损害原作的风格和内容的原则下，适当地让自身风格与作者的风格协调一致，是值得译者认真研究的话题。戏剧翻译中，译者虽然是在扮演剧中的角色，但并不是自编自演，而是应该凸显原作的风格、韵味，这样才能译出千面千腔的角色。从这个意义上讲，发挥译者能动性的翻译的自由程度还受到原作深层含义的约束，译者的创作点和出发点应该是原作者的深层意图。

事实上，译者常常处于一种两难的境地中，一方面受原作的束缚，另一方面要发挥创造性满足读者的需求。译者在进行文学作品的传译时，让读者读懂文本表面的语义是直接目的，而让读者领悟文本的深层意蕴则是更高层次的追求。根据上文谈到的接受美学的观点，任何文学著作都只是一个半成品，只有加上读者的解读和欣赏才能变得完整，没有读者的配合，再优秀的文学作品也无法实现其审美价值。所以，优秀的文学著作为读者提供的应该是一幅蓝图，这幅蓝图为读者提供想象的依据和联想的空间。正是读者充满创造性和能动性的阅读过程，赋予了文学作品生命力，使得作品隐含的意义得以挖掘和呈现。所以，伟大的文学作品能激发读者的想象力，能够“召唤”读者用想象力去创造、探索作品深刻的内涵，并由此产生对人生更丰富的理解。人们常说的“有一千个读者，就有一千个哈姆雷特”，意义就在于此。读者根据莎士比亚对哈姆雷特的塑造，运用自己的想象力，对其性格、气质、言行举止进行解读。对于文学作品而言，译者应该给读者留有一些想象的空间和距离，不能逐字逐句交代得太细致。传统的翻译理论将翻译及翻译研究的重心放在语言上，以原作为中心，讨论译作应如何最大限度地忠实于原文；当代的翻译理论注重的是译文对读者的影响。不得不承认的是，忠实于原文和考虑读者的阅读效果常常不能兼顾，这就要求译者在翻译过程中把握一个度，在恰当的地方进行适度的取舍。具体到戏剧翻译上，戏剧的舞台性决定了译者的终极目的是让观众在观看时获得美的感受，并让读者在阅读剧本的过程中也能得到艺术体验。由于舞台具有瞬时性的特征，译者就不得不特别考虑观众的接受能力和接受效果，在忠实和可接受之间选择更多的是可接受。这也是戏剧翻译的译本不会是“忠实的”的最佳例证。译者所能做的，是尽可能地传达原作的信息，并通过演员的表演让观众理解和欣赏。

三、译者身份对译者主体性的影响

如上文所述，译者主体性的发挥离不开其自身的素养和才华，戏剧译者只有掌握了戏剧的创作规律、舞台的基本知识和戏剧文本的普遍特征，才能译出好的戏剧作品。因此，译者的身份对译者主体性的发挥有着重要的影响。译者的身份从“仆人”的从属地位发展到了呼吁“正名”的阶段，再到今天学术界所普遍接受的“主体介入”，几经变迁。这里所说的身份不是指在翻译过程中译者在不同的阶段扮演的不同角色——“译者以读者的身份研读原作、以作者的身份再现原作、以创造者的身份传达原作、以研究者的身份理解原作，即译者是‘读者’、‘作者’、‘创造者’和‘研究者’”（田德蓓，2000：20）。这里所说的身份指的是译者除了翻译活动外，在所从事的其他活动中所起到的作用，一位译者可能同时是作家、诗人、工程师、医生等。译者在翻译之外所从事的活动，也会对其翻译活动产生影响，进而影响到翻译的结果本身。因为译者所从事的其他活动，或在其他方面的能力，是其素养的一部分，而译者的素养则直接决定了他的翻译效果。“翻译者的主观因素，其个性、气质、心理禀赋、知识面、语言应用能力，乃至译者的立场、道德因素，无不对翻译活动起着直接而重要的影响。”（许钧，2001：22-23）

诗人译诗就是一个很好的例证。译诗之难得到翻译界公认，那是因为“在诗歌这一独特的体裁中，高度精练的文学形式与无限丰富的内容紧密地结合在一起，使得译者几乎无所适从——保存了内容，却破坏了形式，照顾了形式，却又会损伤内容”（谢天振，1999：137）。诗歌中运用的音韵、意象、韵律等修辞手段，普通读者很难领会，也无法读懂其深刻而丰富的内涵。如果译者对诗歌创作手法不了解，在诗歌的阅读方面没有经验，则很难领会原诗中高超的创作技巧，更谈不上用另一种语言对其进行呈现。可以说，诗歌翻译是一项失落的艺术，虽然普通的译者能够翻译出诗歌的基本含义，但诗歌最具魅力的地方往往在另一语言中无法呈现。英国著名翻译家和翻译理论家德莱顿（J. Drydon）曾说：“只有诗人才能译诗（This only for a poet to translate a poem）。”那是因为诗人作为译者，其所拥有的相关素养对翻译起到了促进作用，诗人丰富的想象力、审美能力，对本国语言创造性的运用能力，都是他们译诗的优势。

自从20世纪70年代翻译研究中发生文化转向以来，译者的作用和地位得到了重视和肯定，译者从“隐身”变为“显身”。但这并不意味着译者可以任意发挥主体性，对翻译进行任意的篡编和改动。许钧指出，翻译具有社会性、文化性、符号转换性、创造性四大本质特征（2003：69–75）。翻译活动从翻译对象的选择、翻译方法的采用，到翻译作品的编辑与加工，无不受到“该怎么译”这一道德层面的约束和影响（许钧，1998：49）。因此，虽然第二次世界大战以后“译者的权力”得到了大力的提倡，译者因此拥有了对原作的“控制权”，可以操纵原文本，甚至“创造性叛逆”，可以说确实获得了“权力”，但是译者的翻译活动必须受到译者的伦理或职业道德的约束，译者的伦理是规范译者行为的准则。除此之外，译者还应该有社会使命感，既然担负起了文化交流的责任，就应该积极引导社会价值取向，不胡译、乱译。译者还承担着传播知识、科学、思想的任务，因此译者还应该拥有对科学知识负责的精神。

第四节　奥尼尔戏剧译者群的双重身份对翻译活动的影响

自20世纪30年代开始，奥尼尔戏剧走上了汉译之路，在近百年的译介历程中译者人数众多。值得注意的是，奥尼尔戏剧的译者群在每个重要的译介时期都有各自鲜明的特点，在每个阶段中都有具双重身份的译者，其另一身份对译者的翻译活动产生了深刻的影响。下文将分时期对这些译者群的双重身份进行说明，并以具体的文本为例，探讨双重身份对译者翻译活动产生的影响。

一、奥尼尔戏剧译者群的双重身份

奥尼尔戏剧的译者群在不同的时期拥有不同的双重身份——三四十年代的译者兼任剧作者，六七十年代的译者本身是作家，八九十年代的译者很多也是从事戏剧或文学研究的学者。下文将对各个时期的译者群进行简单的介绍，并分析各个时期不同身份译者群形成的原因，以及双重身份对他们翻译活动产生的影响。

（一）20世纪三四十年代译者群——戏剧家和译者的双重身份

中国读者第一次见到“奥尼尔”这个名字，是1922年5月茅盾在《小说月报》第13卷第5期“海外文坛消息”栏中的简单介绍：“剧本方面，新作家Eugene O’Neill着实受人欢迎，算得是美国戏剧界的第一人才。”自此以后，奥尼尔的作品开始了近百年的汉译历程。

“一个民族的文化对另一民族的文化的接受、借鉴，无不出自自身价值的实际需要，从而选择与承受影响；甚至他对文化输出者的观照态度、视角，也随自身需要、特点而调整、变化。”（刘海平，1988：111）20世纪三四十年代部分奥尼尔戏剧被译介到中国，背后有着深刻的历史、文化原因，可以总结为：新文化运动对传统戏剧的批判和否定，使得知识分子迫切需要借鉴国外新的戏剧类型；奥尼尔在美国领导的小剧场运动，与商业性戏剧相对立，戏剧演出只是为了揭示生活的本质，为中国的“爱美剧”运动提供了借鉴；奥尼尔的创作手法和高超的戏剧艺术值得当时中国剧作人学习和模仿。因此，在三四十年代，奥尼尔戏剧的主要译者为剧作家，有些译者本身还是戏剧演员。这个时期的代表译者有赵如琳、马彦祥、顾仲彝、袁牧之、向培良、范方等。

赵如琳翻译的奥尼尔戏剧主要为独幕剧《捕鲸》（*Ile*）。其译本首先发表在1930年《戏剧》杂志第2卷第1期上，1931年被分别收入北新书局出版的《独幕剧集》和广州泰山书局出版的《当代独幕剧集》。赵如琳可谓二三十年代较为活跃的戏剧家和戏剧理论家，她不仅参与戏剧演出和导演工作，还为国外戏剧和戏剧理论的译介做出了巨大贡献。20世纪20年代，赵如琳就和余上沅、欧阳予倩、宋春舫等戏剧理论家一起发表了不少对斯坦尼和莫斯科艺术剧院的介绍和评论。30年代，赵如琳翻译了《苏俄的新剧场》，对苏俄戏剧进行了全面介绍，在序言中，赵如琳写道：“……世界上没有其他国家能够如苏俄之发展了一个这样新颖，这样有力，这样精力集中和这样统一，而又在人类关系中这样综错的剧场。这剧场以产业文明为其新的原动力，清晰而有力地表达出俄国人的心境，其革命的热诚，及其对于创造新文化，新的人类关系，新的生活条件，劳动与思想之新的结晶努力。……”1940年，赵如琳在《翻译月刊》第七号上发表了《戏剧原理》，原著者是美国的汉米尔顿（C. Hamilton），全文共分七个部分对戏剧进行了全面介绍。这七部分是——戏剧是什么、剧场观众之心理、演员与戏剧家、近代的舞台程式、增强势力之方法、戏剧的四个重要形式、近代的社会剧。40年代，赵如琳还领导了一系列剧团活动。1942年，广东省立艺术专科学校成立，校内设戏剧、音乐、应用美术三个系，还有师范科和实验剧团，校长是赵如琳。实验剧团的活动时间是1942年至1946年，团长由赵如琳兼任，办团宗旨是建立“民族的、现实的、新中国的演出体系”，剧团排演过《油漆未干》《面子问题》《百胜将军》《宝塔与牌坊》《饥火》等30多个话剧、舞剧和舞蹈作品。

马彦祥（1907—1988）的奥尼尔戏剧翻译主要集中在20世纪三四十年代（且都是奥尼尔的独幕剧），是该时期翻译奥尼尔戏剧作品较多的译者。1932年，他根据奥尼尔的*Long Voyage Home*改编了剧本《还乡》，发表在《新月》第3卷第10期上；1934年7月又分别在《文艺月刊》第6卷第1期和第2期上发表了译作《卡利比之月》（*The Moon of the Caribbees*）；1934年在《文艺月刊》第6卷第2期上发表译作《战线内》（*In the Zone*）；1936年在《文艺月刊》第8卷第2期上发表译作《早餐之前》（*Before Breakfast*）。马彦祥可谓戏剧界少见的全才，他既是成功的戏剧演员和编剧，也是戏曲改革的有力推动者，是编、导、演各方面都很优秀的杰出人物。早在读中学期间，他就开始接触一些戏剧刊物。读大学时，马彦祥以“燕翔”为笔名在一些文艺类杂志上发表文章，并且师从洪深学习戏剧理论、欧洲古典戏剧名著等，参加复旦剧社的演剧活动，后又参加辛酉剧社。他主编过《新戏曲》月刊、《中国戏曲理论丛书》、《中国大百科全书·戏曲曲艺卷》、《戏剧》、《戏剧电影周刊》、《中央日报·戏剧周刊》等重要戏剧类刊物或书籍；曾创作、导演《国贼汪精卫》《残雾》《国家至上》

《李秀成之死》等剧，发表的专著和论文有《戏剧概论》《秦腔考》《论地方剧》《二黄考原》《文明戏之史的考察》《地方剧演技溯源》。马彦祥为中国戏剧的发展和戏剧理论的研究做出了重大贡献。

顾仲彝是著名的戏剧作家和文学翻译家，他从1923年开始发表作品，一生创作、改译了近五十部剧本，大多数剧本已出版或者被搬上了舞台。顾仲彝历任上海商务印书馆编辑所编译，暨南大学、复旦大学及中国公学教授、外文系主任，上海戏剧实验学校校长。1949年以后历任上海市文化局电影事业管理处副处长、艺术处副处长。他的代表剧本有《孤岛男女》《梁红玉》《八仙外传》《红楼梦》《生财有道》《人之初》《水仙花》《恋爱与阴谋》，译有《英美独幕剧选》，小说集《哈代短篇小说选》《人生小讽刺》《乐园之花》等。顾仲彝对奥尼尔戏剧作品的翻译主要是改译，1932年11月改译的《天边外》，发表于《新月》第4卷第4期；1934年洪深、顾仲彝译的《琼斯皇》发表于《文学》第2卷第3号；1939年长沙商务印书馆发行了顾仲彝改译的《天边外》和《琼斯皇》，并于1940年再版。

袁牧之翻译了《早饭前》（*Before Breakfast*），于1936年发表于《中学生》第66期。袁牧之受新剧运动的影响较早，童年时代的他最喜欢的游戏是学演文明戏（是指在“以研究新派为主”的口号下，建立的一种以言语、动作为主要表现手法的新的戏剧形式，又称新剧，即中国早期话剧），13岁到上海后开始在洪深组织的戏剧协社演戏。袁牧之集编、导、演与电影事业管理于一身，曾任东北电影制片厂第一任厂长、文化部电影局第一任局长，并当选为第一届全国人民代表大会代表，第一、二届中国文联委员，第一届中国电影工作者协会副主席，是中国电影最早的组织者和领导者之一。关于戏剧的主要著作有《戏剧化装术》（1930年）和《演剧漫谈》（1930年）。

向培良是我国现代著名作家、剧作家、翻译家，对戏剧研究尤其广泛和深入，他的研究范围涉及戏剧理论、戏剧创作、戏剧表演、戏剧舞台、戏剧批评等。向培良曾是狂飙演剧运动负责人，青春文艺社创始人和负责人，第二次国内革命战争时期曾任怒潮剧社戏剧股主任，抗日战争时期曾任教育部巡回戏剧教育队第一队队长，解放战争时期曾任中国万岁剧团团长。1928年4月，东泰图书局出版了他的戏剧理论力作《中国戏剧概评》，这是中国现代文学史上第一本戏剧批评著作，后来成为中国较为重要的戏剧理论专著。向培良的代表剧作是《暗嫩》，写于1926年8月，后收入剧本集《沉闷的戏剧》中。向培良一生共出版22个集子，其他文章多散见于报刊，他在戏剧方面的著作主要有《戏剧长征集》《导演概论》《舞台色彩学》《舞台服装学》。向培良翻译的奥尼尔独幕剧为《捕鲸船》（*Ile*），于1936年发表于《农村合作月报》第2卷第5期。

范方，话剧演员和翻译。1938年上海剧艺社出版了范方翻译的《早点前》，1939年该译本又被收进了苏湮编的《世界名剧精选》，由光明书局出版发行。1938年10月，范方翻译的奥尼尔独幕剧《早点前》由上海剧艺社在上海首演，之后又在上海进行了多场演出。范方既是剧本译者，还是这部独角戏的唯一演员，在演员表中的艺名为“张方”。同年，瑞仕在《戏剧杂志》第1卷第3期上发表了文章《观“早点前”后》，对该剧的影响和表演进行了点评。谈到《早点前》演出成功的原因时，瑞仕高度赞扬了兼任译者的演员“张方”：“据说张方就是译者范方，是的，一个演员演戏成绩之好坏，对于它了解剧本与否是很有关切的，现在以译者来充任主角，当然她对于这剧本的理解是不用说的了。”（瑞仕，1938：26）

（二）20世纪六七十年代译者群——作家和译者的双重身份

20世纪50年代至70年代，奥尼尔的作品在中国读者和观众的视野里基本消失了。六七十年代，只有香港的今日世界社出版发行了两个奥尼尔戏剧译本，一个是1968年王敬羲翻译的《素娥怨》（*Mourning*

Becomes Electra）（1974年今日世界社第二次印刷），另一个是1973年乔志高翻译的《长夜漫漫路迢迢》（*Long Day's Journey into Night*）（1982年台湾远景出版社再版）。这两个译本共同的特征就是以阅读为目的。当时的今日世界社是美国为了向其他国家文化殖民所设立的机构，专门翻译和出版美国的各种文学作品，向外宣传美国的文化、政策和思想。而奥尼尔的两个戏剧译本当时已入选“美国经典文学系列”，翻译这两部作品的目的当然也是显而易见的——让华语世界的读者领略美国戏剧创作艺术。两位译者都是作家，因此，译文极具文学审美性，尤其是乔治高的译本，得到读者的广泛认可，长期受到称颂。

王敬羲是享誉香港和台湾的一位作家，被友人称之为香港的“文坛斗士”。20世纪60年代至70年代，王敬羲出版了一份月刊叫《南北极》，举凡政治、经济、投资八卦文章，无所不包，就是这本杂志让众多读者认识了他。60年代早期，他在天主教官方刊物《公教报》任编辑，曾在上面连载其长篇小说《岁月之歌》。60年代末，由李敖主编的《文星丛刊》被禁，王敬羲在香港继续出版《文星丛刊》。他在把握现实主义创作方法的同时，也成功地运用了一些现代主义手法与技巧。台湾的某部著作对他的创作有这样一个总体性的评价：“王敬羲的文艺创作以散文及小说为主，他的散文多以温馨感人的情境为背景，并配合其顺畅之文笔，以抒发其所见所感。小说则擅于深入角色的内心，捕捉人性那种诡谲多变、游移不定的性格。”

乔志高，原名高克毅，知名作家、翻译家，集记者、作家及译者身份于一身。乔治高最广为人知的，是用美式英语发表过许多文章，也翻译过美国经典小说。从美国之音中文广播主编一职退休后，乔治高加入香港中文大学甫成立的翻译研究中心，之后发起创办《译丛》这一中英翻译学专业性期刊，并于1973年正式创刊，之后的十年时间里乔治高一直担任《译丛》的主编。乔治高出版的中文作品主要有

《纽约客谈》、《金山夜话》、《最新通俗美语词典》（与其胞弟高克永合编）；英文著作主要有《你们美国人》（与纽约外国记者协会15位会员合著）、《湾区华夏》（*Cathay by the Bay*）、《中国幽默文选》；著名的译作主要有《大亨小传》（*The Great Gatsby*）、《长夜漫漫路迢迢》（*Long Day's Journey into the Night*）、《天使，望故乡》（*Look Homeward, Angel*）。

（三）20世纪八九十年代译者群——学者及译者的双重身份

20世纪八九十年代，阔别30年的奥尼尔戏剧重新回到中国读者和观众的视野中。这个时期是美国文学的解冻期，美国文学的回归有了土壤和环境。这个时期的译者主要以文学研究者为主，他们致力将优秀的戏剧作品引介到国内，以供戏剧界人士学习和其他读者欣赏，并为自己的研究提供素材。这个时期的译者语言水平普遍较高，也开始对戏剧翻译的特征进行探讨，对奥尼尔本人及其作品都有了更深入的研究。他们除了翻译奥尼尔的作品，还撰写论文和专著讨论这些作品背后深刻的含义，并对奥尼尔的人生经历、创作题材和主题进行深入的挖掘。正是这种学者兼译者的身份，使得译者更加理解自己所翻译的作品，并在译文中将这些理解表达在文字中。这个时期的代表译者有荒芜、汪义群、龙文佩、郭继德、梅绍武和屠珍。

荒芜原名李乃仁，我国著名的翻译家，其翻译所涉及的题材很广，有文艺理论、诗歌、长短篇小说、剧本、人物传记、游记等。1938年，荒芜参加中华全国文艺界抗敌协会，后任重庆《世界日报·明珠副刊》主编，自此开始诗歌翻译（译有美国黑人麦凯、惠特曼的诗歌）。1945年后翻译过三十余部作品，包括三部赛珍珠小说《新生》（即《高傲的心》）、《生命的旅途》、《沉默的人》。1948年译美国奥尼尔戏剧《悲悼》（*Mourning Becomes Electra*）三部曲，1979年至1982年译《奥尼尔剧作选》（《天边外》《毛猿》《大神布朗》）。荒芜还陆续写有二十余篇外国文学研究文章，对其翻译的作品进行探讨。

龙文佩曾是复旦大学外文系教授，学术造诣深厚，开国内奥尼尔研究的先河。龙文佩主要组织和翻译了《外国当代剧作选1》（奥尼尔专辑《送冰的人来了》，1988），在该书的《后记》中，龙文佩总结了奥尼尔戏剧的语言特色以及由此带来的翻译难题。她还发表了文章《奥尼尔在中国》（《复旦学报社会科学版》，1988）、《漫谈奥尼尔对戏剧艺术形式的开拓》（《戏剧艺术》，1988）、《培养剧作家的课堂——访美国奥尼尔戏剧中心》（《上海戏剧》，1984），编译了《尤金·奥尼尔评论集》（1988）。

汪义群长期从事剧本与戏剧理论翻译，他的主要著作有《奥尼尔创作论》（中国戏剧出版社，1983）、《当代美国戏剧》（上海外语教育出版社，1992）、《奥尼尔研究》（上海外语教育出版社，2006）等；此外，还在《外国文学评论》《外国文学研究》《当代外国文学》《戏剧研究》等刊物上发表论文40多篇；翻译的诗歌、小说、戏剧翻译逾20种。汪义群翻译的奥尼尔戏剧主要有《天边外——奥尼尔剧作选》（1984）中的《榆树下的欲望》《上帝的女儿都有翅膀》《进入黑夜的漫长旅程》，以及《奥尼尔集：1932—1943》（上、下）（1995）中的《啊，荒野！》《无穷的岁月》。在《天边外——奥尼尔剧作选》的开头，汪义群撰写了译本前言——《执着地反映严肃的人生》，该文详细地介绍了奥尼尔的创作生涯，探讨了奥尼尔主要作品的思想内涵，剖析了奥尼尔的戏剧创作手法，帮助读者和研究者更为深入地了解作者及其作品。

郭继德是山东大学外国语学院教授，长期致力美国现代文学研究，是尤金·奥尼尔研究会的成员。他翻译的奥尼尔作品主要有《外国当代剧作选1·奥尼尔专辑》（《诗人的气质》，1988年）；2006年主编《奥尼尔文集》（六册），并担任其中多部戏剧的翻译（《上帝的儿女都有翅膀》《网》《早餐之前》《梦孩子》等）；主编了《尤金·奥尼尔戏剧研究论文集（2013）》，并发表了多篇关于奥尼尔及其作品研究的论文，主要有《现代美国戏剧的缔造者尤金·奥尼尔》（《外国文学研究》，2003）、《对清教主义桎梏的大胆突破——评奥尼尔的悲剧〈奇异的插曲〉》（中央戏剧学院学报《戏剧》，2003）、《奥尼尔的戏剧创作与中国哲学思想》（《山东外语教学》，1994）、《奥尼尔与道家思想》（中央戏剧学院学报《戏剧》，1994）。

梅绍武和屠珍夫妇也为这个时期奥尼尔戏剧的翻译做出了重大贡献。梅绍武（1928—2005）是著名的英美文学翻译家、评论家、戏剧家、作家，被中国翻译协会授予“资深翻译家”荣誉称号，他的翻译作品影响了一个时代。梅绍武和屠珍夫妇合作翻译了奥尼尔的几部戏剧作品，包括《外国当代剧作选1·奥尼尔专辑》（《月照不幸人》，1988）、《奥尼尔集：1932—1943》（上、下）（《诗人的气质》《月照不幸人》，1995）。屠珍还翻译了2006年郭继德主编的《奥尼尔文集》中的《琼斯皇帝》。梅绍武曾撰写文章《美国严肃戏剧的奠基人——尤金·奥尼尔》（《河北师院学报（社会科学版）》，1997）对奥尼尔及其作品进行介绍。

二、双重身份对翻译活动的影响

上文对奥尼尔戏剧不同时期的译者群所拥有的双重身份进行了详细说明。总而言之，20世纪三四十年代的译者深受其另一身份——剧作者的影响，因此他们的译文总的说来在人物语言方面比较口语化，舞台提示语言也以清晰、明了为特征；20世纪六七十年代的译者的另一身份是作家，因此他们译本中人物的语言高雅，原作中诗性的语言得以保存和重现；20世纪八九十年代的译者很多是从事戏剧或文学研究的学者，他们更加重视对原文意义的挖掘，因此用注释对原文中的文化因素进行说明，同时也更注重语言的修辞特征以保存原文的文学性。

（一）戏剧家译戏剧——以顾仲彝翻译的《琼斯皇》为例

《琼斯皇》（*The Emperor Jones*）是奥尼尔的代表作之一，于1920年首演，为奥尼尔赢得了巨大的声誉和众多的观众。《琼斯皇》是奥尼尔运用表现主义手法所创作的首部戏剧，它开创了美国表现主义戏剧创作的先河，也使得奥尼尔在美国戏剧界占据一席之地，并从此成为世界著名戏剧大师。故事主人公为一个美国黑人琼斯，他曾在美国当列车服务员，在赌博时杀掉了他的同事杰夫，后又在监狱劳动时劈死了白人狱卒，被一个英国白人斯密泽斯卖到了西印度群岛一个小岛上，在那里他用在火车上学到的社会规则，压榨当地黑人，最终成为小岛上的皇帝。戏剧第一幕是当地黑人聚众反抗，琼斯实施计划逃离皇宫，他打算穿过黑森林，登上在海边等待他的法国军舰以彻底逃离这个小岛。但他在穿越黑森林的过程中因心理压力巨大，产生各种幻觉，最终精疲力竭，被当地黑人抓住并打死。全剧共分为八幕，头尾两幕是写实的，分别描写暴乱前琼斯的活动以及琼斯之死。其余六幕是梦幻的，表现他在热带丛林里逃亡时的恐惧心理。

作品中的琼斯既是个人，也代表着黑人集体的种族经历。黑人被贩卖到新大陆为奴，他们有所反抗，但也有人被殖民主义的价值观所腐蚀。剧中充满了琼斯对个人经历的回忆与对现实感知的错觉，影射了黑人种族的心理沉淀与现实情绪。因此，琼斯的悲剧是个人的也是集体的；琼斯的恐惧和逃亡，象征着当时美国黑人的焦虑与挣扎。《琼斯皇》中，奥尼尔综合使用了表现主义、象征主义、浪漫主义等手法，生动地刻画了琼斯的心理、精神状态以及下意识的行为。从语言的特色来看，剧中充满了动作性的语言，剧中琼斯的大段独白中还有不少俚语，生动地反映了其身份，塑造了其形象。《琼斯皇》享誉世界剧坛，对中国的剧作家也造成了深远的影响，洪深模仿《琼斯皇》创作了《赵阎王》，曹禺创作的《原野》中也可以看到《琼斯皇》的影子。

顾仲彝翻译的《琼斯皇》中间有一段小插曲。1934年，《琼斯皇》发表于《文学》杂志的第2卷第3号，署名为“洪深、顾仲彝译”。1939年，长沙商务印书馆将《天边外》和《琼斯皇》两部剧收录成书出版，并于次年再版，而这部书的作者署名则为“顾仲彝译”。笔者将两个版本进行了对比，并没有发现任何区别，因此，洪深先生是否对该剧的翻译做出了贡献也无从考证。顾仲彝的译本总的说来有两大特征：（1）人物语言方面比较口语化，易于演员表达和观众的理解；（2）舞台提示语言清晰、明了，便于演员表演。

人物语言比较口语化，使得剧本适合排演，顾仲彝翻译的《琼斯皇》人物语言的口语化在主角“琼斯”的语言中表现明显。

原文：	译文：
JONES—Ain't r de Emperor? De laws don't go for him. (*judicially*) You heah what I tells you, Smithers. Dere's little stealin' like you does, and dere's big stealin' like I does. For de little stealin' dey gits you in jail soon or late. For de big stealin' dey makes you Emperor and puts you in de Hall o' Fame when you croaks. (*reminiscently*) If dey's one thing I learns in ten years on de Pullman ca's listenin' to de white quality talk, it's dat same fact. And when I gits a chance to use it I winds up Emperor in two years.	**琼斯**　我不是皇帝么？法律不约束皇帝的。（严正的）施密塞，你听我告诉你。像你做的是小偷，像我做的是大偷。小偷迟早得进牢狱。大偷就能做皇帝，请你坐在圣贤堂里做坏事。（回忆的）我在花车上做了十年侍役，听了十年白种人的谈话，我学到的是同样的一个事实。后来我有了应用这理论的机会，两年之内便做了皇帝。

JONES—(*laughing*) And dere all dem fool, bush niggers was kneelin' down and bumpin' deir heads on de ground like I was a miracle out o' de Bible. Oh Lawd, from dat time on I has dem all eatin' out of my hand. I cracks de whip and dey jumps through.	**琼斯** （大笑）这班树林里的傻黑人跪下来在地皮上只顾叩头，当我是圣经里出来的神迹。喔，天呀！从此之后他们全在我手掌里吃饭。我的鞭子一打，他们都跳过去了。
JONES—I ain't no fool. I knows dis Emperor's time is sho't. Dat why I make hay when de sun shine. Was you thinkin' I'se aimin' to hold down dis job for life? No, suh! What good is gittin' money if you stays back in dis raggedy country? I wants action when I spends. And when I sees dese niggers gittin' up deir nerve to tu'n me out, and I'se got all de money in sight, I resigns on de spot and beats it quick.	**琼斯** 我不是傻瓜。我知道做皇帝的日子是短了。趁有太阳的时候早些把稻草晒干。你难道想我要终身做这个行业么？当然不是！有了钱在这种苦地方干什么？当我看出这班黑人有勇气要把我赶走，我已经可以把看得见的钱都拿在手上了，我立刻辞职。我马上离开。

从上面的三个例子很容易看出译者在翻译琼斯的对白时，尽量使译文口语化、简单化，便于观众理解。第一个例子中，译者将“little stealin'”和“big stealin'”转换词性，动词转换为名词，分别译为“小偷”和“大偷”，既方便演员口头表达，也地道易懂，因为在中国文化中也存在“小偷”和“大贼”等表达。《庄子·胠箧》曾有这样一句话：“彼窃钩者诛，窃国者为诸侯；诸侯之门而仁义存焉。”于是中国谚语有“小偷偷钱，而大贼偷国”的说法。因此，将琼斯话中的“little stealin'”和“big stealin'”分别译为“小偷”和“大偷”也能让读者领会下文的意思。第二个例子中，译者将“a miracle out o'de Bible”译为“神迹”，“miracle”一词的本来含义是“奇迹”，而“神迹”一词在中国很早以前就有使用，也作“神跡”，指的是“神灵的事迹、灵异的现象”，也特别指超出凡人能力范围的，不可思议、无法理解的事情。译者联系上文的“圣经”，将“奇迹”译为

“神迹”，让读者和观众都能明白这与宗教相关，并间接解释了“圣经”的含义。第二个例子中将“eatin' out of my hand”译为“在我手掌里吃饭”，“eat out of one's hand”是一个英语成语，用来描述一些十分顺从甚至听任别人摆布的人。译者的直译更能让读者领会到琼斯奴役岛上黑人的残暴程度，译文生动地刻画出顺从的黑奴形象。第三个例子中“make hay when de sun shine”译者也采用了直译“趁有太阳的时候早些把稻草晒干”。英语谚语“Make hay while the sun shines”表示把握时机、趁热打铁，这里的直译不仅可以让观众明白意思，也更符合琼斯没有受过教育的身份。

从剧中另一人物“施密塞”的语言中也可以看出作者对人物语言口语化、明晰化的翻译策略。

原文：	译文：
SMITHERS—(*tightening his grasp—roughly*) Easy! None o' that, me birdie. You can't wriggle out now I got me 'ooks on yer.	**施密塞** （抓得更紧——粗暴的）不要动！我的乖乖，不用逃，你现在挣不脱的了。我把你钩住了。
SMITHERS—Well, blimey, I give yer a start, didn't I—when no one else would. I wasn't afraid to 'ire yer like the rest was—'count of the story about your breakin' jail back in the States.	**施密塞** 唔，天晓得，我给你一个开头是别人不会给你的——可不是。人人都怕雇用你，因为你在美国越狱的那个故事太可怕了，但是我不怕。
SMITHERS—(*furiously*) It's a lie! (*then trying to pass it off by an attempt at scorn*) Darn! Who told yer that fairy tale?	**施密塞** （大怒）你撒谎！（以讥笑来避免这题目）哼！谁告诉你这个谣言？

第一个例子中，译者把“Easy! ”译为“不要动！”，把“me birdie”译为“我的乖乖”，都是非常口语化的，对演员来说易懂又易上口。而第二个例子中的“blimey”，还有另一种拼写形式

“blimy”，是用来表示惊讶、惊奇的感叹词，可直译为“哎呀”“老天爷”，译者将其译为“天晓得”，表达出了这个词本来的意思，也可引出接下来的文字，在口语中非常地道。另外，为了使语句通顺，第二个例子还调整了语序，并增加了“因为”一词，使逻辑清楚，在表演中观众易于理解。第三个例子中的“Darn”译为“哼”，可以说非常地道且准确地表达出了“Darn”这个词的意思，“darn”是“damn”的委婉说法，表示“见鬼、真气人、糟糕”的意思，只是语气较为婉转。第三例中译者将“fairy tale”译为“谣言”，让演员和观众更易理解，也照应了前面的“撒谎”。

舞台提示语言的清晰、明了也是顾仲彝译本的一大特色，再看下面的例子：

原文：	译文：
SMITHERS—(*unable to repress the genuine admiration of the small fry for the large*) Yes, yer turned the bleedin' trick, all fight. Blimey, I never seen a bloke 'as 'ad the bloomin' luck you 'as.	**施密塞** （免不得露示出小鱼之对于大鱼的尊敬）是，你的把戏玩得真不错。天晓得，我从没看见过一个坏蛋有你这样好运气的。
JONES—(*suspiciously*) Why don't I? (*then with an easy laugh*) You mean 'count of dat story 'bout me breakin' from jail back dere? Dat's all talk.	**琼斯** （疑忌的）为什么不去？（于是安泰的笑了笑）因为那逃狱的那个故事么？这是谣言。
He reaches below the throne and pulls out a big, common dinner bell which is painted the same vivid scarlet as the throne. He rings this vigorously—then stops to listen. Then he goes to both doors, rings again, and looks out.	他伸手到皇位底下摸出一只吃饭时的叫人铃，铃上也漆着鲜红色。他用力的撤铃——于是停下来听了一会。于是他跑到两处门口，再撤铃，向外望。

JONES—(*in a sudden fit of anger flings the bell clattering into a corner*) Low-flung, woods' niggers! (*then catching Smither's eye on him, he controls himself and suddenly bursts into a low chuckling laugh*) Reckon I overplays my hand dis once! A man can't take de pot on a bob-tailed flush all de time. Was I sayin' I'd sit in six months mo'? Well, I'se changed my mind den. I cashes in and resigns de job of Emperor right dis minute.	**琼斯** （骤然发怒，把铃丢在屋角落里）低贱的黑奴！（他看见施密塞的眼睛注视着他，自己控制起来，猝然发出一阵低声的吃笑）我想这次我的牌斗得太凶了一点。一个人不能常常靠着四同花偷鸡的。我刚才不是说要再做六个月皇帝么？唔，我现在换了主意了。我让步，此刻就把皇帝的行业辞掉。

上表的第一个例子中，译者将原文中人物情绪的提示语“unable to repress the genuine admiration of the small fry for the large”，译为“免不得露示出小鱼之对于大鱼的尊敬”。“small fry”在英文中表示“刚孵化不久的鱼”，后来在口语中喻指“（被认为）不重要的人或事物”。译者并没有将原文译为“小巫见大巫”，而是将其直译，形象地传达出施密塞对琼斯羡慕以及崇敬的态度。第二个例子中琼斯有两个情绪的变化。琼斯先是“suspiciously”，译者将其译为“疑忌的”。“疑忌”有“疑惑顾忌”之义。《说唐》第三六回：“我今与你比手段，两下不许暗算，各将人马退远，免生疑忌，才见高低。”译者这样处理方便演员对情绪进行把握。接着琼斯的情绪转为“with an easy laugh”，这里的“easy”有“relaxed”之义，表示“放松的、轻松的”，译者将其译为“安泰的”，是取其“安定平静”之义。宋朝的郭象在《睽车志》卷二中也曾写道：“章顿觉心地安泰，不复惊怯。”因此，“安泰”二字表达出了琼斯短暂的安心状态，也易于演员和读者的理解。

第三个例子是一段关于琼斯行动的舞台说明。在这段文字中，译者的语言简练清晰，给演员和读者很明确的行动指示。但为了使译文流畅，译者对其中一个部分进行了省译，“painted the same vivid scarlet as the throne”中省译了“as the throne”（与王座的颜色一样），原文要传达的是琼斯的餐铃与王座的颜色一致，都是鲜艳的红色。译者的省略使得译文更加流畅，同时，从戏剧演出的实际情况来看，这是一个小小的细节，细节并不影响整体舞台效果。第四个例子中既有琼斯情绪的说明也有动作的指示，第一处“in a sudden fit of anger flings the bell clattering into a corner”译者译为“骤然发怒，把铃丢在屋角落里”，传达出了琼斯情绪的突然变化及其在行动上的体现。译文省略了“clattering”（叮当作响），在舞台上铃铛被扔掉自然会发出响声，译者熟悉舞台的情况，因此将他认为冗余的信息过滤掉了。然后，琼斯在与施密塞的视线相对时，“controls himself and suddenly bursts into a low chuckling laugh”（控制着自己的情绪，突然爆发出一阵低低的笑声），译者将琼斯的笑声译为“猝然发出一阵低声的吃笑”。“chuckle”的意思是“轻声地笑”，这种笑声可以是“咯咯”，也可能是“嗤嗤”，译者将其译为“吃笑”。“吃笑”，亦作“喫笑”，表示“耻笑”的意思。《初刻拍案惊奇》卷一：“文若虚其实不知值多少，讨少了，怕不在行；讨多了，怕喫笑。”但“吃”也可以理解为拟声词，表示低低的笑声，译者这里的处理可谓一石二鸟。

综上可见，译者顾仲彝戏剧家的身份为他的戏剧翻译提供了便利，他懂得舞台呈现的规律，熟悉剧本的特征。他的戏剧译本体现的总体原则就是便于演出，体现在人物的语言方面就是口语化、地道、易懂，舞台提示语言方面，人物的情绪表述清晰，便于演员和读者揣摩，人物的动作简洁明了，指示性强。

（二）作家译戏剧——以乔志高翻译的《长夜漫漫路迢迢》为例

《长夜漫漫路迢迢》（*Long Day's Journey into Night*，下文简称《长》剧）为奥尼尔最后一部作品，也是作者自认为和公认为最好的作品，为奥尼尔赢得了第四次普利策奖，并引发了美国戏剧界奥尼尔研究的第二次高潮。该剧一共分为四幕五场，第二幕包含两场，其余几幕都只有一场。“整个故事所演出的是泰隆家的一天，从早到晚在他家介乎前客厅和后客厅之间的起居室里。故事轴心旋转在母亲解毒挣扎的失败和小弟生‘肺痨’要送去住疗养院两件事上。开幕时是早晨，全家刚吃完早点，阳光从窗外透入；起先大家有说有笑，可是无情的打击接二连三来临——先是爱德门的‘身体不舒服’，后来又是母亲的‘昨夜没睡好’，于是异口同声埋怨父亲吝啬舍不得花钱请医生。从第二幕午餐时分起，阳光逐渐消退，外边海上的雾愈来愈浓，屋子里面的气氛也由轻松、充满希望，而转为沉重、失望、猜疑、抵赖、诟骂和忏悔。母亲‘旧病复发’，在执拗与超脱的两种神情之间反复无常：父子三人，绝望之余，借酒浇愁。到了第四幕，深更半夜，男人们都酩酊大醉，一件件翻出旧账来，毫不留情地彼此撕掉面具，揭开疮疤，同时各人从心灵深处作痛楚的独白。最后母亲再一次出现，已经深深地麻醉，忘掉了一切，恍如隔世，在众目睽睽之下返回修道院少女的童真。这一家人就此面对茫茫的前途，永远是漫漫的长夜……”（乔治高，1973：214-215）全剧以泰隆夫人的一句话结尾：“那是我在中学最末一年冬天发生的事。到了春天又发生了一件事。不错，我记得了。我跟詹姆士·泰隆发生恋爱，那一阵子非常快乐。”

根据奥尼尔的遗嘱，《长》剧要在其死后25年面世，但其遗孀违背了奥尼尔的遗愿，不但在其离世后出版了该剧，还将剧本交给斯德哥尔摩剧院进行了首次演出。该剧首演就获得了世界性的关注和赞誉。“当地的剧评家承认，《长》剧的坦白，使他们看了从心底里感觉‘震撼’。”（乔治高，1973：224）首演当日的观众中还有瑞典的国王和王后，观众们走出剧院无一不沉默着，若有所思。瑞典的一些报纸高度评价了该剧，认为该剧所体现出来的奥尼尔的成就超越了享誉国际的易卜生和斯特林堡，甚至有的报纸将奥尼尔放到了与古希腊戏剧大师埃斯库罗斯和英国戏剧巨匠莎士比亚同样的高度。《长》剧在瑞典演出的成功使得纽约的剧团和导演竞相要求排演该剧。1956年坤泰洛排演的《长》剧在百老汇的海伦·海斯戏院（Helen Hayes Theatre）首演。美国著名剧评家布鲁克斯·阿特金森为《长》剧写下了剧评，并认为泰隆和玛丽夫妇形象印证了奥尼尔的悲剧理论。阿特金森认为《长》剧与奥尼尔的另外两部戏剧《榆树下的欲望》（*Desire Under the Elms*）和《素娥怨》（*Mourning Becomes Electra*）是他心目中奥尼尔的最佳作品，认为《长》剧是一部史诗文学作品（epic literature），拥有非凡的魅力和魄力。阿特金斯对该剧的结论是："《长夜漫漫路迢迢》是值得观众等待的。它把戏剧恢复到文学的领域，把舞台重新提高到艺术的境界。"（转引自乔治高，1973：225）

《长》剧被认为是奥尼尔自传性的作品，是奥尼尔"用鲜血和泪水刻出的记忆的残片"。自该剧面世以来，全世界的观众、学者和剧评家从各种角度对其进行了阐释和研究。有的考究其与奥尼尔自身家庭的相似度，有的从心理和精神分析的角度对其进行解读，有的考究其中的隐喻和意象，有的探讨其中的现实主义和象征主义的创作手法。总的来说，《长》剧通过描写一个普通又特殊的中产阶级家庭成员间的复杂情感——爱与恨、埋怨与包容、指责与原谅之间的不断往复，揭示了现代生活中人们身处困境的无望及无望中隐现的希望，展示了生活最真实的面目。正如奥尼尔所说："不管戏剧变得如何细腻微妙，如何富有象征色彩，如何奇特怪诞，它都必须植根于生活。"（鲍恩，1988：163）

乔治高翻译《长夜漫漫路迢迢》的目的非常明确，就是为了阅读而译，他曾在译本后面的《译后语》中说："我不是戏剧家，只能在文字圈中打滚。……至于万一有人要根据这个译本把奥尼尔这出戏搬上中文话剧舞台，那末有什么修正词句、改换语气的地方，就在乎他们了。”（乔治高，1973：231）可见译者认为他的译本如果要搬上舞台，在词句、语气等方面也许还要修改。乔治高还认为他在翻译的过程中，对于对白和那些“极其冗长而又时时重复的语句”，“我的作法是逐字逐句地翻出来，不过也要它像中国话，像口语，而不仅是把字义译对就算了”（乔治高，1973：231）。事实上，乔治高的译本在人物语言方面不仅地道、高雅，并且还对原作中的诗性语言有很好的保存和重现。

乔治高的译本《长夜漫漫路迢迢》，在人物的语言地道和高雅化方面，可以用以下译例说明：

原文：	译文：
Tyrone (*Scowling*) He's not so funny when you're his landlord. He's a wily Shanty Mick, that one. He could hide behind a corkscrew. What's he complaining about now, Edmund—for I'm damned sure he's complaining. I suppose he wants his rent lowered. I let him have the place for almost nothing, just to keep someone on it, and he never pays that till I threaten to evict him.	**泰隆** （一脸的不高兴）要是你是他的地主你才不会拿他当滑稽呢。他是个调皮得要命的爱尔兰田冲子，肚子里一肚子的鬼。他又在咕噜些什么？你告诉我，爱德门——你不用说我就知道他一定是在咕噜。大概他又要减租钱，是吗？我把那块地差不多等于白送他作了，因为我要有一个人在那里管管，可是要不是我每次警告他要赶他走，他连一文也不会出的。
Edmund Yes. Harker will think you're no gentleman for harboring a tenant who isn't humble in the presence of a king of America.	**爱德门** 不错。哈克怎么还会拿你当上等人，窝藏着这样一个不懂上下的佃户，面对着美国煤油大王还不跪在地下叩头。

Edmund Harker had as much chance as I would with Jack Johnson. Shaughnessy got a few drinks under his belt and was waiting at the gate to welcome him. He told me he never gave Harker a chance to open his mouth. He began by shouting that he was no slave Standard Oil could trample on. He was a King of Ireland, if he had his rights, and scum was scum to him, no matter how much money it had stolen from the poor.	**爱德门** 哈克怎么是他的对手，那简直等于叫我去打杰克·强生。尚纳西早灌了几杯酒下肚，站在门口等着欢迎他。他告诉我他就干脆没给哈克开口的机会。他一开口就大嚷大叫，说他不是美孚油行的奴隶，可以随便受压迫，说假如有公道的话他今天已成为爱尔兰的王族了，又说出身下贱的人到底还是下贱，不管他剥削穷人发财，搞到多少钱。
Mary I've never felt it was my home. It was wrong from the start. Everything was done in the cheapest way. Your father would never spend the money to make it right. It's just as well we haven't any friends here. I'd be ashamed to have them step in the door. But he's never wanted family friends. He hates calling on people, or receiving them. All he likes is to hobnob with men at the Club or in a barroom. Jamie and you are the same way, but you're not to blame. You've never had a chance to meet decent people here. I know you both would have been so different if you'd been able to associate with nice girls instead of—You'd never have disgraced yourselves as you have, so that now no respectable parents will let their daughters be seen with you.	**玛丽** 我才不认为这是我的家哩。当初一开始的时候我就觉得不对，什么事做得都是挺寒酸的。你父亲从来也不肯花点钱照规矩做一做。我们在这儿没有朋友也罢，就是有我也不好意思让他们上门。可是他，他从来也不要家里有朋友来上门。他最恨彼此客气，礼尚往来。他只喜欢一天到晚上俱乐部或是酒吧去跟那帮不三不四的人打交道。詹米和你也是一样，但是我不怪你们。你们在这个地方从来没有过几回碰见好好的人家。假使你们能够接交上等人家的小姐而不去那些——我相信你们的品行一定会不同的，你们就不会搞得名声那么糟，弄到现在没有一家体面人家的父母肯让女儿跟你们两位出去。

上面列举的第一个例子中，译者首先将“landlord”译为“地主”。事实是，“landlord”的意思是“土地的拥有者”，可以根据上下文译为“房东、店主”等；而中文的“地主”指的是“指家庭拥有土地，其成员不参加劳动的人”。译者的处理方式使得中国

文化背景的人更容易明白，是归化的处理方式，译文地道。原文中的“Shanty Mick”其实是一个侮辱性表达，意思是“穷贱的爱尔兰佬”，“wily”一词带贬义，用以形容人“狡诈、诡计多端”，这两个表达放在一起，极具侮辱性质，直译为“狡诈而穷贱的爱尔兰佬”。译者却译为“调皮得要命的爱尔兰田冲子”，“冲子”是用金属做成的一种打眼器具，亦称“铳子”。这里译者用暗喻，将人比喻成具有攻击性的工具，以此生动而形象地说明人物的性格特征，大大降低了原文用词的侮辱程度；显然“调皮得要命”也较之“狡诈”在程度上轻得多。因此，译者对咒骂或侮辱性语言的“缓和”的处理方式使得译文高雅了。译者还将“complaining”译为“咕噜”，将“rent lowered”“never pays”分别译为“减租钱”和“一文也不会出”，增加了译文的流畅性和口语化程度。

第二例中，译者将“gentleman”译为“上等人”，这是归化的处理方式，便于读者理解。“gentleman”是由“gentle”加“man”构成，“gentle”来自法语单词“gentil”，本义是“出身高贵的”，所以，“gentleman”原本等同于“nobleman”（贵族）。后来，由于贵族通常有良好的教养，言谈举止文雅、得体，“gentle”又引申出“温柔、文雅”之义。“gentleman”一词原本用来表示“贵族、绅士”，后来被用来作为对男人的尊称。根据上下文，原文里的“gentleman”指的是有教养的高贵男士，如果将此意思译出，就会显得冗长，如果译为“绅士”，中国的传统文化中又没有这种人物身份，译者将其意译为“上等人”是一种变通，既保证了词的原义又使得表达更加地道。“tenant”指的是“租客”，译者将其译为非常地道的“佃户”——中国旧时租地主地的农民。原文对哈克的形容是“isn’t humble”，原义是“不懂得谦卑”，译者译为“不懂上下”，明确传递出了原文的意思，指哈克不明白自己身份的卑下因而言谈举止不当；译文也减轻了原文的责备语气，使之更加温和、高雅。不仅如此，译者还在这句话最后增译了“跪在地下叩头”，增加了译文的通畅性和可读性。

第三个例子的第一句话“Harker had as much chance as I would with Jack Johnson”，其中用了类比这一修辞手法，将哈克与美国石油大王较量高下和“我”与拳王杰克·约翰逊较量体力相比，形象地展示了哈克与石油大王实力的悬殊。因此，译者将该句译为“哈克怎么是他的对手，那简直等于叫我去打杰克·强生”，成功地保留了原文的意思，并用一个“打”字交代了“杰克·强生”的身份，进行了文化补偿。第三句中的“he was no slave Standard Oil could trample on”，意思是“他不是标准油公司可以任意践踏的奴隶”，但译者将其译为“他不是美孚油行的奴隶，可以随便受压迫”。“Standard Oil”实则是“Exxon Mobil Corporation”（美孚石油公司）的前身，但后者的名气远超前者，在译者翻译的时期更是全球闻名，为了使译文读者更好地理解该公司的地位，译者将其译为“美孚油行”。“trample on”的意思是“践踏、蹂躏”，完全视行为对象的尊严、地位不顾，这里译者将其处理为“压迫”（用权势强制别人服从），实则将原文的含义柔和化了。最后一句中的“scum”原义为“渣滓、败类”，是对人极度不认可的表达，译者将其处理为“下贱”，与原文异曲同工。

第四例中，“cheap”译作“寒酸”，非常地道。“cheap”在上下文里表达的意思是“廉价的、低劣的、小气的”，“寒酸”一词用来形容“贫穷、不体面”。泰隆吝啬，想将一切花费降到最低，因此一切都如玛丽所说非常“寒酸”。原文“He hates calling on people, or receiving them”，译者将之译为“他最恨彼此客气，礼尚往来”。原文的本义是“他讨厌去别人家做客，也不愿意在家招待客人”，译者的用词“彼此客气”“礼尚往来”使得译文更加地道，更符合中国读者的价值观。“礼尚往来”表示在礼节上注重有来有往，借指用对方对待自己的态度和方式去对待对方。《礼记·曲礼上》曾有言：“太上贵德，其次务施报，礼尚往来，往而不来，非礼也；来而不往，亦非礼也。”彼此做客，彼此拜访，实则是你来我往，译者用了更能让中国读者接受的表达方式。“to hobnob with”当初的意思是和他人开怀对饮，但是现在“hobnob with”这个习惯用语的意义广泛多了，不只是喝酒，也可以指跟好朋友一起谈心、看电影或者吃饭等，总之是进行各种密切交往的活动，包括那些熟人不拘礼的非正式的交往活动。译者将“to hobnob with”译为“打交道”，较为全面地概括了这个英语短语的意思，非常地道。“打交道”，指个人、组织或国家之间进行交易或产生联系。出自宋朝王明清的《挥麈后录》卷二：“惟婺州永康县有一杰黠老农鼓帅乡民，不令称贷，且云：‘官中岂可打交道邪？’”译者还将“decent people”译为“好好人家”，“nice girls”译为“上等人家的小姐”，都是变通的翻译方式，意在使译文更加地道、文雅。

《长夜漫漫路迢迢》的原作中，奥尼尔使用了不少诗性语言（poetic language）。所谓诗性语言，是指像诗歌语言一样的语言。它的来源是标准的文学语言，但又不一味遵循文学标准语，它应被称作是文学标准语的偏移、变形、扭曲和陌生化，“诗性语言是文学语言中的奇葩”。诗性语言普遍具有以下几个特征：含蓄的表意性、鲜明的意象性、丰富的情感性、明显的音乐性。含蓄的表意性是指诗性语言中表达的意思是隐晦的，需要加以解读。这是因为诗性语言中有很多隐喻，隐喻的真正所指只有熟悉某种文化的人才能理解。如中国古人常用“折柳”来留人，是因为“柳”与“留”谐音，因此，“柳”隐喻了文人墨客的离绪别愁。鲜明的意象性是指诗性语言中常常使用意象的修辞手法，为读者描绘出各种可以想象的形象。丰富的情感性是指诗性语言总是为了抒情而存在，情感是诗性语言的生命及主旋律。较强的音乐性是指诗性语言中有押韵、节奏等修辞的存在，语言朗朗上口，有音乐的美感。

乔治高的译本较好地保存了原作中的诗性语言，可以说从表意、意象、情感和韵律各方面再现了原作的诗性美。

原文：	译文：
Edmund When I was on the Squarehead square rigger, bound for Buenos Aires. Full moon in the Trades. The old hooker driving fourteen knots. I lay on the bowsprit, facing astern, with the water foaming into spume under me, the masts with every sail white in the moonlight, towering high above me. I became drunk with the beauty and singing rhythm of it, and for a moment I lost myself—actually lost my life. I was set free! I dissolved in the sea, became white sails and flying spray, became beauty and rhythm, became moonlight and the ship and the high dim-starred sky! I belonged, without past or future, within peace and unity and a wild joy, within something greater than my own life, or the life of Man, to Life itself! To God, if you put it that way.	**爱德门** 我记得一次，我乘着一只方头帆船往布鲁塞理斯去。迎面吹着贸易风，天空上一轮明月。那只破船倒也乘风破浪走着十四海哩的速度。我躺在斜桅杆上面，脸朝着船尾，脚底下拖着的海水打成泡沫，头顶上每根桅杆高高的扬着帆，在月光里一片片雪白的。眼前的美景和船身唱歌一般的节奏整个把我陶醉了，一时忘掉了自我——的的确确好像丧失了生命。像是突破了樊笼，飞向自由！我整个溶化在海水里，化身为白帆，又像是浪花飞溅，我自身变成美丽的节奏，变成月光、船，和星光隐约的天空！我感觉到自己伟大，没有过去，也没有未来，只觉得在大自然怀抱中平安、一体，有说不出的喜悦，超越了自己渺小的生命，人类共同的生命，而达到永生！也可以说是达到了上帝。
Let us rise up and part; she will not know. Let us go seaward as the great winds go, Full of blown sand and foam; what help is here? There is no help, for all these things are so, And all the world is bitter as a tear. And how these things are, though ye strove to show, She would not know.	咱们起身告别吧；她不会知晓。 像大风一样，吹往海里去， 冒着飞沙海沫，有何办法？ 毫无办法，一切都是如此， 整个世界是一滴伤心之泪。 怎样会如此，你尽管想说， 她也不会知晓。

Be always drunken. Nothing else matters: that is the only question. If you would not feel the horrible burden of Time weighing on your shoulders and crushing you to the earth, be drunken continually. Drunken with what? With wine, with poetry, or with virtue, as you will. But be drunken. And if sometimes, on the stairs of a palace, or on the green side of a ditch, or in the dreary solitude of your own room, you should awaken, and the drunkenness be half or wholly slipped away from you, ask of the wind, or of the wave, or of the star, or of the bird, or of the clock, of whatever flies, or sighs, or rocks, or sings, or speaks, ask what hour it is; and the wind, wave, star, bird, clock, will answer you:'It is the hour to be drunken! Be drunken, if you would not be martyred slaves of Time; be drunken continually! With wine, with poetry, or with virtue, as you will.'	永远醉倒吧。那是唯一的问题：别的一切都无关重要。假使你不愿感觉光阴可怕的重担压在你肩头上，把你压倒在地下不能翻身，那末还是不断地醉倒吧。 用什么来醉倒？用酒、用诗、用仁义道德，什么都成，只要醉倒。 也许有时候，在宫殿的楼梯上，在沟渠彼岸的绿草地上，或在你自己孤寂、沉闷的斗室中，你会醒来发觉醉意已经半消或是全退。那末就去问，问风，问浪，问天上的星星和飞鸟，问时钟，问一切能飞、能叹、能摇摆和歌唱、能说能讲的，问它是什么时辰了；那末风、浪、星星、飞鸟、时钟会告诉你：“是醉倒的时辰了！醉倒吧，假使你不愿做光阴的奴隶和牺牲者；不断地醉倒吧！用酒、用诗、用仁义道德，什么都成。”

第一例是爱德门用大段的独白描述在海上漂泊时的所见所感。原文是一段充满诗性的散文，前四句话对爱德门的这次海上体验进行了客观的描述，第五句话至段末对其内心所思所感进行了抒发；全段的内容“实”与“虚”结合，用帆船、海洋、浪花、月光、星空营造出浪漫的氛围，用对自由、生命、人、上帝的讨论展现了爱德门深邃的思想。从修辞方面看，段落开头的三句话言简意赅，节奏感强。第四句话用了四个状语，“-ing”结构句式工整，节奏感强。第五句中“I lost myself—actually lost my life”部分用了对称和反复的修辞手法。第七句中“dissolved”后用了三个“became”引导的谓语，形成排比结构。第八句话中用一个“without”和两个“within”引导三个状语，也

形成了排比结构。

译文读来优美、流畅，节奏感强，从以下几个方面保存了原文的诗性特征：第一，对称的句式保留了原文的上口性和节奏感，如原文的第二句话“Full moon in the Trades”，译者将其翻译为“迎面吹着贸易风，天空上一轮明月”，这句译文中前半句和后半句的话都是七个字，朗朗上口，节奏感强。第二，四字结构，结构平衡，如“突破了樊笼，飞向自由”“化身为白帆，又像是浪花飞溅”“没有过去，也没有未来”。第三，保持了原文的排比、暗喻等修辞用法，如“我整个溶化在海水里，化身为白帆，又像是浪花飞溅，我自身变成美丽的节奏，变成月光、船，和星光隐约的天空！”中，“我整个溶化……我自身变成……”的排比结构，又如“化身为白帆”“变成美丽的节奏、变成月光”的暗喻。

第二个例子中玛丽因对毒品上瘾，无论身边的人怎么努力都无法引起她的关注，身边的人对此极为痛苦与失望。原文中第一、二句都是以“Let us”开头的结构，第六、七句以“And”开头，句式工整。全诗有明显的韵脚/oʊ/，“know”“go”“so”“show”“know”都是押韵词。诗节中开头的“she will not know”和结尾的“She would not know”首尾呼应，强调了“她”对爱人的漠视。第三句结尾处问道“what help is here”，而第四句的开头用了“There is no help”作答。诗节的第五句中还有一个明喻，将“the world”比喻成“tear”来表达它的苦涩。

与原文相比，译文保留了原文的句子数量，基本保留了原文的意义，语言更加简洁。译文保留了第一句结尾和最后一句首尾呼应的两句话——“她不会知晓”和“她也不会知晓”。但译文的变动之处在于：第一，没有保留原文的韵脚；第二，译文中多用四字结构，如“不会知晓”“飞沙海沫”“有何办法”“毫无办法”“伤心之泪”，形成了较强的节奏感；第三，用“整个世界是一滴伤心之泪”

将原文中的明喻换成了暗喻，将原文中眼泪的“苦涩”换成了“伤心”。可以看出译者保留了诗歌的意义与形式，并尽量用中文散文诗的特点替换或再现了原诗的特点。

第三个例子可以说是一首散文诗，它融合了诗歌的表现性和散文的描写性。散文诗是散文形式的诗，形式上摆脱了诗歌的某些束缚，却保留着诗的本质。散文诗以口语为基础，一般有诗的节奏，带有浓郁的感情色彩。爱德门吟诵的这段充分体现了散文诗的特点：首先，原文语言简单、清楚，读来朗朗上口，体现了口语的特征。其次，原文的韵律感非常强，以短句为主，间或插入长句，形成了急促且疾缓有度的节奏感。第三，原文用了排比、反复的修辞手法，句式工整，便于诵读。如：“With wine, with poetry, or with virtue...” “And if sometimes, on the stairs of a palace, or on the green side of a ditch, or in the dreary solitude of your own room...”两句中分别是以“with”“on”“in”引导的介词短语结构。最后，原文抒情意味很强，表达了作者对时光飞逝的感叹，对世界的眷恋和对美酒、诗歌、美德的热情。

译文也从上述三个方面再现了原散文诗的风格。首先，译文的语言简洁明了。其次，译文也尽量使用短句，与原文短句中掺杂长句的方式略有不同，译文的句子更短。第三，译文再现了原文中的重复结构。第一组重复结构是以“with”引导的“With wine, with poetry, or with virtue”，译文为“用酒、用诗、用仁义道德”；第二组重复结构是“ask of the wind, or of the wave, or of the star, or of the bird, or of the clock, of whatever flies, or sighs, or rocks, or sings, or speaks”中的“ask of... or...or...”，译者将其译为“那末就去问，问风，问浪，问天上的星星和飞鸟，问时钟，问一切能飞、能叹、能摇摆和歌唱、能说能讲的，问它是什么时辰了”，“问”和“能”的重复再现了原文中的重复。最后，译文也表达了浓浓的抒情意味，以“醉倒吧！用酒、用诗、用仁义道德，什么都成”为中心，抒发了人们面对时光飞逝的心态。

《长夜漫漫路迢迢》中，人物语言的翻译地道、高雅，译文也对原文的诗性语言进行了较好的保存与重现，这些都与译者乔治高作家的身份分不开。作为资深作家，乔治高拥有扎实的文学功底和高深的文学造诣，能对字词进行准确的理解，自如地运用汉语语法遣词造句，灵活运用修辞手法，有很强的语言组织能力和逻辑思维能力，可以说乔治高的中文语言能力已经达到了随物赋形的程度。文学翻译对译者的主体性发挥要求较高，译者无法对原文亦步亦趋，常常要面临保留意思舍弃形式，或者保留形式舍弃原义的问题。很多时候为了重现原作的修辞和风格，译者不得不借助自身的文学功底进行创作。总之，乔治高作家的深厚文学功底为其成为成功的文学翻译家奠定了基础，也提供了支持。

（三）学者译戏剧——以汪义群翻译的《榆树下的欲望》为例

《榆树下的欲望》被称为是美国“第一部伟大的悲剧”。该剧1924年首演，在读者和观众中引起了巨大的反响。该剧共有三幕，故事发生背景是1850年新英格兰的一个小村庄，主要描写了一个农庄的家庭成员之间为争夺财产而产生的矛盾，以及父子俩与继母之间发生的三角恋关系。老父亲凯勃特严酷无情，却拥有像山胡桃树那样的生命力，他拼命地奴役着三个儿子给他干活，在一片石头地上开发了一片庄园，代价却是两个妻子的相继过世和三个儿子对他的仇视。大儿子和二儿子受不了他的霸道，离家去寻找属于他们自己的财富。小儿子埃本是凯勃特与第二任妻子的儿子，三个儿子中他对农场的占有欲最强，也最恨凯勃特。他一直认为是父亲累死了他的母亲，农场属于他死去的母亲，因此必须属于他。老凯勃特在一潭死水的生活状态中迎娶了第三任妻子——年轻的爱碧。当爱碧也表现出对农场的渴望时，矛盾的三方就变成了凯勃特、埃本和爱碧。长期生活在荒凉、闭塞的农场中榆树俯压下的石头房子里，埃本忍受着生理的煎熬，年轻美丽的继母激起了他内心的渴望，爱碧和埃本相爱并有了孩子。孩子出生后，埃本怀疑爱碧和他生儿子只是为了得到田庄的继承权，爱碧为了证明对埃本的真心，无情地杀死了孩子。埃本发现后报警，当警察要带走爱碧时，他却决定和她一起面对法律的制裁。

奥尼尔曾经说过："我热爱生活……但我并不因为它漂亮而爱它。漂亮是肤浅的。我更热爱真实的、赤裸的它。在这样的生活中，即使是丑陋的东西对我来说也是美的。"（弗吉尼亚，1993：5）这是奥尼尔的悲剧观，也是他的人生观。从他的悲剧《榆树下的欲望》中可以看出，并不是欲望本身造成了悲剧，而是人物在物质欲望膨胀中失控，情感与本性都被极度压抑、扭曲才造成了悲剧。对财产的占有欲，使得父子、夫妻、母子、兄弟、情人之间产生了猜忌与争斗，最终付出仇恨、离别和死亡的代价。虽然剧中埃本与爱碧之间的爱情让他们为了彼此奋不顾身，但真诚与爱心仍然无法与欲望造成的毁灭所抗衡，或许这才是真正可叹和可悲之处。

受到弗莱、荣格等人原型论的影响，奥尼尔在其戏剧创作中不断借用和改造古老的神话题材。著名剧作《悲悼》《榆树下的欲望》都是以希腊悲剧、《圣经》、神话为原型。在奥尼尔看来，古希腊悲剧是无法超越的宗教艺术典范，因此，他戏剧创作的主题之一就是重新塑造古希腊的悲剧精神。除此之外，在主题、题材、风格、技巧、艺术形式和创作手法等方面，奥尼尔也受到了古希腊悲剧的影响。在《榆树下的欲望》中，奥尼尔融合了希腊悲剧场景和《圣经》叙事结构，两者完美契合、交织，展现了现代人眼中关于人性、原罪、恶行与救赎的观念。该剧体现了作家对弗洛伊德心理学的认同，完美地诠释了现代人，或者说全人类面对物欲和情欲时所展现出的本性，以及由此所带来的悲剧。事实上，《榆树下的欲望》一剧不仅可以从心理学的角度加以探讨，古今中外许多学者都从不同的角度挖掘该剧的主题和深意，如女性主义、创伤理论、生态文化学、语言学、疯癫理论，这些角度也证明了该剧主题的丰富性。

汪义群翻译的《榆树下的欲望》，1981年发表于《外国戏剧》第2期，1984年收入漓江出版社出版的《天边外——奥尼尔剧作选》。该书收录了汪义群翻译的三部奥尼尔剧作——《榆树下的欲望》《上帝的女儿都有翅膀》《进入黑夜的漫长旅程》。汪义群翻译的《榆树下的欲望》后又被收入郭继德主编的《奥尼尔文集》第2卷（人民文学出版社，2006），可以说其译文的质量是受到认可的。汪义群是研究奥尼尔的专家之一，对其人生经历、创作手法和作品主题都非常熟悉，他的目标读者是文学爱好者和文学研究者。因此，在翻译中他更注重原作文学价值的保存，也运用了注释之类的辅助手段帮助剧本读者更好地挖掘作品的内涵和深度。

在原作文学价值的保存方面，汪义群的译本主要体现在修辞手段的保留与重现上，下面以具体的译例加以详细说明。

原文：	译文：
Simeon Waal—the stock'd got t' be watered.	**西蒙** 嗯——可咱们得给牲口喝水呀。
Peter 'R they was woodin' t' do.	**彼得** 还得种树。
Simeon 'R plowin'.	**西蒙** 还得耕地。
Peter 'R hayin'.	**彼得** 还得晒干草。
Simeon 'R spreadin' manure.	**西蒙** 还得往田里撒肥。
Peter 'R weedin'.	**彼得** 还得锄草。
Simeon 'R prunin'.	**西蒙** 还得修树枝。
Peter 'R milkin'.	**彼得** 还得挤牛奶。

Simeon I been hearin' the hens cluckin' an' the roosters crowin' all the durn day. I been listenin' t' the cows lowin' and' everythin' else kickin' up till I can't stand it no more.	**西蒙** 我一整天耳朵里就听到母鸡咯咯地叫，公鸡喔喔地啼，还有那些母牛也在那儿哞哞地唤个不停。什么东西都闲不住，我再也受不了了。
Cabot Whoop! Here's dancin' fur ye! Whoop! See that! Seventy-six, if I'm a day! Hard as iron yet! Beatin' the young 'uns like I allus done! Look at me! I'd invite ye t' dance on my hundredth birthday on'y ye'll all be dead by then. Ye're a sickly generation! Yer hearts air pink, not red! Yer veins is full o' mud an' water! I be the on'y man in the county! Whoop! See that! I'm a Injun! I've killed Injuns in the West afore ye was born—an' skulped 'em too! They's a arrer wound on my backside I c'd show ye! The hull tribe chased me. I outrun 'em all—with the arrer stuck in me! An' I tuk vengeance on 'em. Ten eyes fur an eye, that was my motter! Whoop! Look at me! I kin kick the ceilin' off the room! Whoop!	**凯勃特** 嗬！我来跳给你们看看！嗬！看吧！七十六岁！像铁一般结实！我把你们都打败了，就像我平常一直做的那样！看看我！到我一百岁生日我还会邀你们来跳舞的，只是那时你们都死光了！你们是多病多灾的一代！你们的心是粉红的，不是鲜红的！你们血管里流的是水和泥浆！这个县里只有我是真正的男子汉！嗬！看吧！我就是印第安人。你们生出来以前我就在西部杀死过印第安人——还剥过他们的皮呐！我背脊上还有个箭伤，我可以给你们看！整个部落跟在后面追我，我把他们全甩在后头了——那时箭还留在我身上呢！我报了仇，十倍地报了仇，这就是我的心跳！嗬！看着我！我能把天花板踢下来！嗬！

第一个例子中，原文使用了“'R-din'”这样省略了主语的短句，在口头表现时产生了较强的节奏感，表现出兄弟俩迫切而默契的舞台效果。除了节奏感，“'R-din'”这个结构还押韵，朗朗上口。译文在句法上同样省略了主语，使用了副词“还得”搭配一个动词的结构，句式同样短小精悍，节奏感强；但在押韵方面，汉语的动词无法形成相同的词尾。总的说来，译者在保证意义完整的基础上，尽量与原作保持一致，但在翻译的过程中总不免会有一定的流失。

第二例中，“cluck”“crow”“low”的拟声效果在原文中得到了强化，译者分别使用了“咯咯”“喔喔”“哞哞”使拟声效果更为突出。除此之外，译者还将原文两句话的内容做了调整，将第二句话前半句的内容与第一句话的内容放在一起，使译文形成“母鸡咯咯地叫”“公鸡喔喔地啼”“母牛哞哞地唤”这样相同结构的排比修辞，增强拟声效果。

第三例中，凯勃特的语言特征较为明显，原文中多使用带感叹号的短句，表达了说话人激动、兴奋的情绪，也间接表现出说话人干脆、强势的性格。译文同样使用了带感叹号的短句，在传达意义的同时也再现了原文的句式特征，便于口头表达。同时，译者还运用了地道的表达，如将感叹词“whoop”译为“嗬”，将“a sickly generation”译为“多病多灾的一代”，将“man”译为“男子汉”，将“ten eyes fur an eye”译为“十倍地报了仇”。译者还省译了“Ten eyes fur an eye, that was my motter”中“that was my motter”这个部分，使得人物语言更加通俗易懂。

汪义群翻译的《榆树下的欲望》还有另一特点，即使用了注释之类的辅助手段帮助剧本读者更好地挖掘作品的内涵和深度。如第一幕第四场中西蒙对两个兄弟说：“We’re aimin’ t’ start bein’ lilies o’ the field.”译文为：“我么快要做野地里的百合花了。”译者对之注释为：“《新约全书·马太福音》第六章：你想野地里的百合花，怎么长起来，他也不劳苦，也不纺线。然而我告诉你们，就是所罗门极荣华的时候，他所穿戴的，还不如这花一朵呢。”译者的注释能帮助读者更好地理解为什么西蒙会说自己和两个兄弟是野地里的百合花了，也能帮助读者理解原作的宗教意义。

又如在第二幕中，凯勃特对爱碧说了如下一段话：

原文：	译文：
CABOT (*simply*) Ay-eh. Ye be. (*A pause—he stares at her desirously—his eyes grow avid—then with a sudden movement he seizes her hands and squeezes them, declaiming in a queer camp meeting preacher's tempo*) Yew air my Rose o' Sharon! Behold, yew air fair; yer eyes air doves; yer lips air like scarlet; yer two breasts air like two fawns; yer navel be like a round goblet; yer belly be like a heap o' wheat. ... (*He covers her hand with kisses. She does not seem to notice. She stares before her with hard angry eyes.*)	**凯勃特** （简短地）是啊，你是的。（停顿——充满欲念地望着她——眼睛里流露出饥渴的神色——突然抓住她的两手，使劲地捏着，用一种奇特的颤栗的声音）你是我的玫瑰花！看，你的脸多白，你的眼睛多迷人，你的嘴唇像血一样红，你的乳房象两只小鹿，你的腰……你的肚子……

译者对这段话的注释是：“奥尼尔笔下的凯勃特是个新英格兰清教徒式的人物，自以为信仰上帝，在他的谈话中多处引用圣经内容。此段话见《旧约·雅歌》第四章。”为了让读者对凯勃特这个角色有更深刻的了解，译者将凯勃特谈话中的特色加以说明，并对凯勃特这个人物的特点进行了概括。第二幕第二场中凯勃特对爱碧讲起自己的发家经历时提到：“Ay-eh. I actooly give up what was rightful mine! God's hard, not easy! God's in the stones! Build my church on a rock-out o' stones an' I'll be in them!”译文为：“就这样，我放弃了应该属于我的东西！上帝是严厉的，不是那么好说话的！上帝是在石头上——在磐石上建立起圣殿的——根基立在磐石上，我就在它里面！”译者对这段话也增加了注释：“《新约全书·马太福音》第七章：凡听见我这话就去行的，好比一个聪明人，把房子盖在磐石上。雨淋、水冲、风吹，撞着那房子，房子总不倒塌，因为根基立在磐石上。”译者的注释说明了凯勃特话中《圣经》引言的出处，用《圣经》中的原话帮助读者更好地理解凯勃特话中的深意，也能使读者对凯勃特的性格有更深入的了解。

综上，汪义群学者的身份对他的翻译有较大的影响，对原作者写作手法和创作主题的了解使他能深入地解读原作，深刻认识原作中人物的性格和特点。在《榆树下的欲望》的译文中，译者再现原作的句式手段，保存译本的文学价值，同时用详细的注释帮助读者了解人物对白的深层含义，从而深化作品的主题和人物的特点。

第四章

机构译者：
兼任公职人员的中国政府译员口译活动

翻译是一种社会活动，译者在社会活动中有着不同的身份，这些身份影响着译者的经历、经验，及其对语言和文化的理解、解读，因而影响着译者的翻译选择和决策。前两章分别对作为儿童文学家的个体译者、作为戏剧家的群体译者进行了描述分析，本章将聚焦于翻译活动尤其是口译活动中的机构译者身份进行分析。机构是翻译/口译活动的重要场所，欧盟、联合国等政府机构文件的翻译和会议口译，国际通讯社或报社新闻编译、法庭口译等都是在机构内进行的翻译或口译活动，而译著出版、与翻译公司合作的翻译/口译活动等则受到机构的影响较大。机构语境下，翻译/口译活动，尤其是译者/译员决策，一方面受制于机构因素，表现出对机构的忠诚，另一方面译者/译员又具有一定的能动性，在一定程度上影响翻译/口译活动的走向。本章将通过对机构语境下翻译/口译活动相关研究的梳理，描写翻译/口译活动中机构因素与译者/译员能动性的互动关系，进而聚焦中国政府译员口译活动，尤其是中国政府新闻发布制度和外交部翻译司译员群体的口译活动，并通过中国政府记者招待会口译的具体文本分析，讨论公职人员和译员双重身份对中国政府译员口译选择和决策的影响。

第一节　机构中的翻译/口译活动

翻译活动的社会角色，以及社会文化语境中带有的特定立场和意义在机构因素的作用下尤为凸显。在媒体、政府部门、国际组织这样的机构内，翻译不仅是沟通语言和文化的媒介，而且还表达、传递了机构的价值观、目标和议程，如推进全球信息和媒体观点的生产、传播和接受，维护文化多样性，助力国家发展等。由于机构规程影响着机构内群体特定话语体系和行为实践特征的形成，于是，机构翻译成为“一个有着自身内部逻辑的实践活动”（Inghilleri，2003：245）。本节从翻译研究和口译研究两个方面，从社区口译研究中细化出机构文化的复杂性、权力流动和译员身份三个角度，对机构语境下翻译/口译研究文献进行耙梳，内容涉及机构因素的管控、译者/译员的能动性作用、机构语境下翻译活动中的权力流动、译员的身份等问题。

一、机构中的翻译活动概述

翻译是一种语言符号的转换活动，也是一种社会实践活动。前者关注信息的传递、语言形式和结构、情景语境、文化语境等；后者指向广义的翻译活动，关注一系列与翻译行为相关的参与性因素，如翻译市场、出版社、作者要求、译者职业角色、读者反馈等。近年来，越来越多的学者从关注翻译的意义对等转向关注翻译作为一个社会性活动的属性（Mason，1994；Inghilleri，2005；Wolf & Fukari，2007；Pérez-González，2012）。研究者们意识到，译者不是两种文化之间的透明“管道”（conduits）（Reddy，1979），而是与其他社会行动者（agent）一样，在社会文化语境中有特定的位置，翻译活动也不仅仅是程式化的语言转换或简单的意义对应；译者的话语显示了他们的社会、政治、伦理、立场，以及意识形态偏向，译者的选择反映并在某种程度上定义了翻译行为所处的社会文化语境。诚然，译者的任务是在两种语言之间搭建桥梁，但在很多情况下，译者的非语言选择比语法和语言形式具有更为重要的作用。如费尔克劳（Fairclough，1995）所说，语言不仅仅是一些规定性的符号，而是对世界的体验的反映；文本也不仅仅是一些术语系统，而是知识和价值观系统。因此，作者和译者的文本产出都不仅仅是“语言”，还是不同语言文化参与者之间的社会性交流活动，翻译活动也是一种社会行为。

机构正是这种社会行为发生的重要场所。受到较为广泛认可的

“机构翻译活动”的定义出自古阿德克：“以机构之名，代表机构，或为机构利益而展开的翻译活动。”（Gouadec，2010：3）科斯基宁将翻译研究中的“机构”定义为“一种受角色期待、规范、价值观和信仰系统制约的统一化行为的形式”（Koskinen，2008：17）。一些学者将机构视为一个抽象而宽泛的概念，如赫曼斯认为翻译活动本身就是一种机构行为，受到认知期待和翻译活动规约因素的影响，具有特定的“权力”“场域”“系统”等（Hermans，1995：5）。另一类观点将机构视为一个有着具体范围的组织，如新闻媒体机构、国家政府机构、欧盟机构等。这些机构中的翻译活动受到机构组织功能、结构、运行机制等因素的影响和制约，同时不同机构中译者的显身性、文本策略、意识形态和权力选择等也体现了这些机构的不同特征。比如，机构翻译活动依据机构所处的地理位置和文化传统的不同，有着不同的政治和文化意义。对于在语言和文化调控中扮演重要角色，且对复杂的语言问题也具有控制力的机构而言，机构翻译活动在语言文化的形成和传播中有着重要作用。例如，政府机构翻译活动推动了国家语言政策的传播，同时也形成了翻译活动自身的、与机构运作相适应的规范。随着全球化、国际交往，尤其是全球人员和产品流动的日益频繁，与机构相关的翻译活动日渐增多。学界关于不同文化和机构背景下翻译和机构关系的研究还是主要关注翻译文本组织的结构性和跨文化特征（Kang，2014），很少关注翻译活动在不同类型机构中的角色。关于具体机构和不同翻译方式之间关系的深入研究，尤其是基于对翻译活动的不同认知方式和不同研究方法与视角的研究仍然十分有限。在翻译研究中增加机构因素这一维度，深入探索机构—译者的动态关系，以及翻译活动在调控机构权威和机构内群体不同声音的作用，有助于进一步解释翻译活动中译者和原文作者、读者的反复商榷，阐释复杂的跨文本链是如何形成的。机构翻译研究更新了我们对翻译活动在机构中受到一系列机构固有霸权因素影响和制约的认识，机构语境下对翻译过程和翻译产品的分析也为翻译文本的进一步深入研究提供了新的视角。

对翻译活动中机构因素的探寻最早可以追溯到莫索普（Brain Mossop）1988年的研究，他认为机构内的翻译活动研究是“翻译研究一个缺失的方面”（Mossop，1988：65）。梅森（2003）也是较早呼吁重视大型机构内翻译和口译活动研究的学者之一，他将研究重点放在机构中的“翻译文化”（translation culture）上。这一概念最早来自普朗（Erich Prunč），指在特定社会或机构中制约翻译活动的社会准则、规范、期望、价值等（Pöchhacker，2006：229）。然而，“机构翻译活动”（institutional translation）在2009年才作为词条进入翻译研究百科全书（*Routledge Encyclopedia of Translation Studies*, 2nd ed. by M. Baker & G. Saldanha）。此后，各类翻译研究手册和百科全书均收入这一词条，但科斯基宁关于欧盟内翻译活动的研究使得翻译与机构之间的关系成为翻译研究的一个重要话题（Koskinen，2000；2008）。科斯基宁探究欧盟机构内翻译活动的角色以及机构限制因素，尤其关注译者所在的机构文化（科斯基宁的语料主要来自芬兰语翻译部门）和翻译文化对其工作表现的影响（Koskinen，2000）。科斯基宁有力地证明了欧盟机构话语对机构成员国话语的影响，这对从国别角度来看待“目标与文化”提出了新的挑战。科斯基宁认为这是一种“文化内的翻译活动”，换句话说，欧盟机构固有的机构文化有着“自身的历史、共有知识、规范以及目标”（Koskinen，2000：58），而这些机构文化必然对机构内的翻译活动产生影响。

其他比较有代表性的政府或国际组织机构研究还包括沙夫纳关于欧洲安全与合作会议（OSCE）[70]中机构专门术语对翻译活动的影响研究（Shäffner，1997）；阿特恩（Arthern，1994）和瓦格纳等（Wagner, et al.，2002）对欧盟委员会机构翻译的研究；洪和若林（Hung & Wakabayashi，2005）对中国历史上政府机构翻译的研究；

郑晔（2012）关于国家机构赞助人身份对翻译活动的影响研究等。其中，欧盟作为提供翻译服务的最大的政治机构，已成为翻译研究主要的政治机构场景。

除政治机构外，学界还对新闻媒体机构发起的翻译活动进行了探索。别尔萨和巴斯内特合著的《国际新闻翻译》（*Translation in Global News*，Bielsa & Bassnett，2009）基于对法新社、路透社、国际新闻社等多家国际通讯社的历时调查，对新闻的国际传播、通讯社新闻翻译机制以及新闻本文制作等方面进行了较为详尽的探讨。别尔萨和巴斯内特认为，通讯社作为收集、加工、制作新闻，向机构订户提供新闻的重要供应商，实际上是一个庞大的翻译机构，为新闻市场提供适应特定语言需求的新闻产品，以方便全球化新闻的传播（Bielsa & Bassnett，2009：34）。实证调查显示：（1）国际通讯社的新闻翻译主要存在两种模式。第一种是以法新社为代表的记者兼译者模式，翻译活动与新闻生成过程融合在一起，这种模式中的新闻编译者通常没有受过专门的翻译培训；第二种是以国际新闻社为代表的专职笔译编辑（translator-editor）模式，这类编译者通常拥有相关翻译训练和学术背景。两种模式体现出不同通讯社新闻编辑政策的差异，这些差异影响了译者的身份认同和翻译产出。别尔萨和巴斯内特认为第二种模式区分、认可了译者角色，提高了译者的显身性和地位（Bielsa & Bassnett，2009：82）。（2）对具体新闻编译案例的文本分析显示，新闻译者会根据读者需求、翻译目的及机构需求来调整新闻的角度和重心。作者指出，新闻译者最关心的是译文的客观性，而非译文的忠实度，所以，新闻编译并不拘泥于原文，而是存在大量的改写和重组。实证调查还显示，新闻报道编译的影响因素如下：新闻的时效性——信息越是紧急，留给翻译和编辑的时间就越少，这种情况下倾向于逐字直译；语言和文化差异——新闻编译需要按照受众需求修改文本，或改变结构和内容，或增加背景介绍，以符合不同国家或地区受众的语言使用习惯；新闻机构的立场和意识形态决定了机构对新闻报道语篇和内容的筛选有绝对的权威，新闻编译也需要适应受众所在国家或地区的意识形态。同时，新闻翻译会运用各种不同策略，如增译、减译、删改、解释等，以适应目的语文化需求，同时用符合机构需求的风格进行编译。（3）别尔萨和巴斯内特专门用一章讨论了新闻翻译中的“翻译与信任”问题。他们以两个重大事件，萨达姆受审和戴安娜王妃车祸的相关报道为例，分析了图片报道和转载报道的翻译与真实性问题，发现各译文差异显著，所呈现的当事人形象和事件各方话语风格也大相径庭。因此，他们认为新闻编译是“多层次的，包括甄别语言和文化预期的差异、适应新闻机构的风格、意识形态和立场”（Bielsa & Bassnett，2009：131）。别尔萨和巴斯内特的研究阐释了国际通讯社新闻翻译活动中机构因素、译者身份和文本选择的复杂性，解释了在跨语言、跨地域、跨文化界限的信息流通过程中，机构管控下的翻译活动所面临的压力，为全球化时代新闻翻译研究开辟了道路，也为媒体机构翻译研究提供了丰富的语料和场景。但别尔萨和巴斯内特的研究主要局限于国际通讯社的新闻翻译，未涉及广播、电视、报纸、新媒体等其他类型的新闻媒体。

国内学界也对新闻媒体机构翻译进行了较为深入的探讨。郑庆珠、刘源佳（2012）从批评话语分析角度对美国之音（中文版）基于美国国家公共电台（NPR）采访美国驻华大使骆家辉的英文报道所做的编译进行分析，讨论意识形态对新闻翻译的影响和操控。具体文本分析涉及标题翻译，内容的删减、修改、增加等几个方面，认为美国之音（中文版）通过在标题翻译上以偏概全，删除骆家辉采访中正面宣传中国的部分，操纵译文，增译带有谴责态度的词汇，以及将褒义词改为贬义词等方式，歪曲中国政府的国际形象，表现出明显的机构意识形态操控痕迹。刘立（2012）以中国对外报道刊物《今日中国》（中英文版）为语料，从词语、文体、语言风格等方面进行文本分析，将对外报道翻译使用的主要策略分为解释性翻译、音译、改译等几种，其中《今日中国》较多运用改译策略以操控文化信息外译。如借助文学的语言表达方式和叙事技巧增强新闻信息的生动性和趣味性，达到文化输出的目的，这对软新闻翻译有一定的借鉴作用。陈刚（2016）通过对沙朗·斯通在戛纳电影节开幕期间接受香港有线娱乐新闻台（CEN）记者采访现场录音的分析，发现国内媒体的相关报道存在一定程度的误读，这与机构意识形态有关，也与两种语言间的沟通、新闻机构传播的不同特点有关。陈刚援引科威（Conway）的话说："译者不喜欢、不信任采访对象，译文就不利于该对象，于是问题就这样出现了。"（2016：41）由此，陈刚提出"新闻正义"概念，即新闻翻译要"真实""信"，在不可避免的机构意识形态影响下要保持更为严肃的新闻态度，最大限度地消解跨文化冲突。司显柱（2016）回顾了中国的英文外宣新闻媒体，如《中国日报》（*China Daily*）、《今日中国》（*China Today*）、《北京周报》（*Beijing Review*）、中国国际广播电台（CRI）、中文国际频道（CCTV-4）、《人民日报》（海外版）等机构的特点，讨论了外宣新闻翻译中的可接受性、传播渠道、传播效果等方面的特点，提及了对外英语新闻中新媒体的作用。在新媒体环境下，国际舆论聚集和扩散的速度加快，随着移动互联网、社交媒体的普及，大众广泛参与新闻传播，新闻机构翻译也面临更多新因素的影响，如新媒体的推广方式、网民使用习惯、机构适应新媒体发展所做的调整、对即时新闻翻译的需求，以及质量管控标准的升级等。这对新时期新闻翻译提出了新的要求。

国际期刊（*Perspectives*）于2014年第4期推出关于机构翻译活动的专刊（Kang，2014），涉及一系列与翻译活动相关的机构，如新闻机构、出版公司、译员培训机构、非政府组织等。这些研究虽话题各异，但均从翻译活动的社会属性来探讨机构翻译活动，同时对翻译实践所在的机构进行了细致的探究，包括机构的社会历史沿革、译者和翻译产品在机构运行机制中的地位等。这些研究主题在三个方面为机构翻译研究提供了启示。其一，机构翻译活动概念的再审视。科斯基宁（Kaisa Koskinen）讨论了机构翻译活动的术语概念问题，聚焦什么是机构翻译，以及为什么要进行机构翻译活动研究。她认为，随着全球化、多语种并存，以及政府行政力的进一步深化和加强，机构翻译活动的需求越来越大，但相关研究不能仅着眼于将机构和机构翻译活动视为稳定的组织形式，而是要深入探讨机构运作及机构翻译实践过程的动态轨迹。科斯基宁引入“机构化”（institutionalization）这一概念，认为任何一种特定的翻译实践活动都会在某一时刻受到机构化的影响。换句话说，对机构翻译活动的研究有助于理解机构化的过程，也会反映翻译活动对特定机构规范形成的影响。

其二，机构对翻译质量、译者培训规范的建构，以及对译者表现的影响。基于日本翻译机构发展的特殊性，若林（Judy Wakabayashi）对机构在译著质量管控和译者培训规范等方面的作用展开讨论。根据若林的调查，日本64%的译者和89%的口译员都有与翻译机构合作的经历。这些机构提供译者培训、学生翻译实践，以及译著出版的机会，因此机构意识形态对新手译者进入翻译行业的准入标准制定、译著出版要求、译者培训模式等有着重要影响，而在翻译教学中引入这些机构所代表的市场准入机制标准，对于翻译职业化培训适应市场需求，以及适应语言产业变化也有积极意义。莫索普（Brain Mossop）则以加拿大政府翻译服务为例，以译员日志为语料来源，讨论了政府机构因素对译者表现的影响。莫索普将积极表现定义为对从事翻译工作的积极态度和成就感，将消极表现定义为从事翻译工作的消极态度和不满足感。其研究发现，在大型机构，如译员在政府部委或者翻译机构总部中工作容易引发消极表现，如对翻译文本类型缺乏掌控，对翻译产品的读者群体缺乏准确预测等。另外，莫索普也发现，译者与机构内其他成员的人际关系也会影响翻译表现，如译者认同自己是专业译者中的一员等，这说明机构因素对翻译活动和翻译行为的影响颇为复杂，需要多方面考量。

其三，机构翻译中的话语实践。费尔克劳（Fairclough，2013：40）指出，机构是“言语互动的场所，代表了一种话语秩序，其特点是机构拥有一系列独有的言语事件，有自身具有区别性特征的场景、专属的参与群体，以及将这些元素融合在一起的特定的规范”。从这个意义上来说，机构是由话语构成的社会建构，机构中的翻译活动是一种跨机构、跨语言话语转换的话语实践活动；而由于跨机构的话语去语境化（decontextualization）和再语境化（recontextualization）过程中总是交织着意义、价值和功能的转换，因此和这种与机构密切相关的文本和话语的转换活动必然伴随着权力的流动。李（Pan Li）对中国新闻媒体《参考消息》汉译外媒新闻报道时的话语转换以及新闻译者的选择进行了探讨。基于采访和问卷调查结果，李发现《参考消息》的机构规范和工作惯例影响了译者的翻译实践和译文产出；对文本结构、翻译工作分配制度、译者角色和译者与机构内其他工作人员的关系等维度的考察进一步显示，译者和翻译产品在新闻生产的过程中扮演了重要角色。这一研究为新闻机构的“看门人”角色研究提供了新的实证。机构语境下译者做出的“忠实翻译”很大程度上是与机构目标和原则一致的有选择的翻译，传递的是新闻机构对报道什么、如何报道的态度。总之，这期专刊研究显示，机构和翻译的关系复杂而微妙，机构规则限制并影响了翻译实践，同时，在翻译研究中如果考虑机构因素则能更进一步理解翻译作为社会情景活动的属性。但就目前文献来看，机构对译者行为和翻译产品的影响方式和影响程度还需要在不同机构语境下进行更多的探索；另外，虽然现有文献对机构译者适应机构规则而产生的“惯习”以及机构对翻译实践和行为产生的影响做了一定的探索，但机构和翻译的复杂关系还需要进一步探究。

二、机构中的社区口译活动概述

口译是一种以口头方式进行的翻译活动。虽然整体来看，翻译活动中的机构因素在翻译研究文献中没有受到足够的重视，但值得注意的是，社区口译研究在探索法庭、医院、移民局等机构口译中的权力流动、角色和话语等方面做出了积极的探索，这些研究深化了对译员在机构中参与和调控的角色、译员站位和立场变化等的认识。以社区口译为代表的机构口译研究是口译研究“社会学转向”的重要组成部分，“社会学转向”为口译研究提供了更为宏大的背景，即改变着眼于口译工作模式和译员认知的传统研究视角，从更为宏大的社会视角对口译活动进行审视和思考。在转向的背景下，口译学者们发展了更多新的视角，如从社会互动的角度研究口译的动态的话语实践；考察口译活动中的译员调控，尤其是译员身份、角色，作为调控者的权力；以及从理论高度探讨口译活动中的“互动”和“文化”等（Pöchhacker，2006：229）。波赫哈克还认为，社会视角的口译研究还应包括探究“社会职业”和“机构”因素，讨论社会互动的过程，因而在特定的社会文化语境下如何组织口译活动、口译实践的职业化标准、口译伦理以及机构与口译活动的互动关系遂成为新的研究热点（Pöchhacker，2006）。

社区口译指公共部门或在公共机构领域（包括医疗机构、法庭、警察局、学校，以及其他社会服务机构等）进行的口译活动。与其他场合的口译活动相比，社区口译是面对面的对话活动，互动性更强，译员的作用也更加突出。社区口译通常采用交替传译形式，也包括手语翻译。典型的社区口译话轮通常为三方交际，包括机构方讲话人（如医生、警察、法官等），非机构方讲话人（如患者、嫌疑人、被告、证人等），以及口译员。有时也可能有更多讲话人参与其中，如医院场景下，医生、患者、译员形成三方交际，同时口译话轮可能随时加入患者亲属、护士等其他参与方的讲话。但不论具体参与口译活动的人员数量有多少，根据参与方的身份和地位主要可分为机构方、非机构方和译员三个类别。社区口译研究主要包括机构文化的复杂性以及参与各方身份、背景、地位、价值观等影响因素的共同作用，口译活动中的权力流动，以及译员在机构口译中的身份问题。

（一）机构文化的复杂性

机构文化的复杂性是社区口译研究的焦点，机构中参与各方的身份和背景严重影响口译活动的进展以及译员选择。在公共服务领域，机构内交流活动的复杂性至少受到三个方面的影响：一是机构的结构性差异，二是机构话语体系的差异，三是日常交流话语的差异。第一，社区口译涉及的公共部门或公共机构被认为具有显著的机构专属系统和文化特征（Rudvin，2006）。换句话说，这些机构有专属的行为模式和运行规则。在这样的机构中，机构成员的角色、工作模式和职业规范除了受社会制约，还受到机构体系和文化的影响和制约。比如，机构运行规范决定了一位医生的职责范围、身份、话语权等，也会影响医生的价值判断和态度。需要注意的是，由于公共部门或公共机构系统与其所处的历史、社会、文化紧密相连，不同文化、不同国家间的公共部门在功能和运行模式上就有所不同。移民者在与医院、政治庇护系统、法庭、社会福利系统进行交流时，很可能遇到与其母国完全不同的机构制度，移民者的诉求也可能与机构规则不相符，进而造成文化冲突，影响交流。第二，机构有其专属的特殊话语系统。不同机构的话语体系不同，同一机构内也可能存在不同的话语系统，在同一时间同一个场景，如医疗咨询场景中，也可能遭遇来自不同文化的交流和言语规则的碰撞。比如，西方政治庇护系统中的专用词汇可能在移民申请者的本国语中没有对应的词，这就需要译员进行解释，而译员的解释是否能通达到移民申请者，让其充分理解并做出反馈，就值得进一步探究。第三，除此之外，与机构和文化之间的普遍性差异相辅相成的还有具体日常交流话语的差异，对日常话语的不同理解也可能对参与各方的交流产生影响。刚倍举过一个标准伦敦英语和西印度英语在“please”（请）这个词音调上的差别造成对话双方的误解的例子（Gumperz，1982）。在这样的场景下，译员如何调解不同的文化和话语符号差异，让对话双方顺利沟通就显得十分重要。

（二）社区口译中的权力流动

权力是社区口译研究的重要话题之一。机构因素使得对话双方权力差异悬殊，一方讲话人，如警察、法官、医生等代表机构，通常处于强势地位，另一方讲话人，如嫌犯、被告、病人等则通常在地位和权力上处于弱势，译员则处于双方讲话人强弱权力交汇、冲突的位置。社区口译的权力话题主要涉及机构内参与对话各方的权力冲突以及译员在交流中的角色和作用。

公共部门或机构领域的社区口译研究中具有代表意义的文献有安吉莱利（Angelelli，2004）、英格莱利（Inghilleri，2005；2012）、皮姆（Pym，2006）、任文（2010；2013）等著作。其典型研究话题主要包括两个方面，一是探讨机构权力对口译活动的制约和影响。代表机构体制的一方在机构体制中拥有发起、控制和终止交流的权力，在三方交流中占据主要地位。比如，在医院场合，医生比病人拥有更大的权力；在法律场景，法官和律师比嫌疑人或证人更有权力。英格莱利对法官的采访材料显示，如果他察觉到译员的文化背景可能影响口译的客观性，可以直接终止口译任务（Inghilleri，2006：66）。

“Yes, well, I’m conscious of that, and I think in those circumstances it’s important to keep the questions straightforward and simple, but it’s very easy when you’re speaking English to, or any language I guess, to make a very convoluted question. And if you've got to the point where I felt that it was affecting, although your question is how would I know it was affecting, then I would just stop and adjourn and give them another interpreter. But I have, in the appeals system we have written statements, we have what they've said in the past, so provided nothing, if something totally different came out, and I thought the interpreter was misinterpreting, I would stop immediately."

"是的，我已经认识到这一点了。我想，在这些情况下，很重要的是保证提问的问题是直接且简单的。但很容易出现的情况是，当你说英语或者任何其他语言的时候，可能用非常复杂的语言来表述问题。而如果你的语言表述让我感觉它是有影响的，尽管你的问题是我如何知道这些语言表述会有影响，我也会立即休庭，然后另外派一名译员。同时，在审理系统中我们一般有书面文字记录，我们有之前审理过程的对话记录，而在这些文件或记录都没有的情况下，如果译员的翻译中出现了一些完全不同的东西，而我认为这些不同的东西是由于译员的误译所造成的，我会立即让译员停止口译。"

从法官在这段采访中对法庭审理过程中出现语言问题的处理可以看出，如果法官认为译员的翻译带有一定的主观性，他会对自己的语言进行有意识的调整，保证提问没有歧义；如果译员的翻译对判断的公正性有所影响，法官会停止译员的工作，另派译员，或根据之前审理过程的书面文字记录来进行判断；如果以上方法都不能解决问题，而法官认为是译员误译导致了理解障碍，也会立即停止译员的工作。这显示了法官作为机构代表的巨大权力，而来自机构的掌控力必然对译员立场、站位和语言选择产生影响。比如，译员在措辞上遵循机构规则，在语言表述上照顾机构规范或偏好等。

社区口译研究的另一重要话题是探讨译员在机构场景下作为机构“权力关系和意义共建”者（任文、徐寒，2013）的能动表现。译员作为机构体制下交流活动的参与者，虽然不拥有体制性权力，但拥有双语知识资本，因而拥有微观权力，或“交际性权力，即通过采取某种言语和非言语策略来协调交流进程，协商、制衡和重新平衡权力关系的能力，并可能对交际活动的走向和结果产生一定影响”（任文、伊安·梅森，2011：63）。国外学者在这方面进行了一定的探索，译员作为机构内语言交流活动的调控者，处于各方权力冲突的中心，其立场和调控作用表现在两个方面。其一，译员与机构代表形成同盟。译员带着来自双语文化实践场域的资本和惯习，对讲话人实施权力，表现了其立场偏向，而译员对机构代表的偏向，除了在机构内活动必须符合机构惯习这个原因，另外一个可能的原因是机构常常是译员的雇主。巴哈蒂尔在研究中指出，受机构雇用，或长期在同一机构工作的译员，与机构和机构代表结为同盟、站在同一立场和阵线的比例非常高（Bahadir，2011）。又如波拉鲍尔的实证语料显示，译员向机构代表赋权，让机构代表决定是否继续话轮（Pöllabauer，2006）。以下是波拉鲍尔研究中的一个典型案例。译员向德国警官征求意见，询问是否有必要对他的话进行翻译（中文直译用楷体表示）。

例1

警官：Ich glaub ihm sein Alter von siebzehn Jahren auch nicht.
Nor do I believe that he is seventeen. 我也不相信他只有17岁。
译员：Soll ich ihm das sagen oder nicht?
Should I tell him this or not? 我要把这句话告诉他吗？
警官：Ja.
Yes. 好的。

例1显示，警官对移民申请人所说的话有一定的质疑，在个人判断上不相信申请人只有17岁，而译员可能认为警官这句带有价值判断的话可能会影响双方的面子，因此征求警官的意见是否翻译这句话。这时译员将话语权重新交到警官一方，赋予警官信息传递的决定权。戴维森（Davidson，2011：171）也在研究中指出，医院的专职译员有时会代替医生回答病人的问题，或省略病人述说的与医生诊疗无关的内容以提高诊疗效率等。这些例子表明，受雇于机构的译员可能在口译过程中强化代表机构一方的权力。

译员立场调控的另一表现是偏向弱势一方。巴哈蒂尔指出，熟悉双语语言文化的译员通常与社区口译对话中的弱势一方来自同一国家，或至少某一段时期生活在同一地区或文化群体中，因此译员对弱势方有一定的认同感和共情心理，但也存在一定的疏离（Bahadir，2011）。由于社会个体的行为受到长期社会经验、社会经历等形成的社会和个人背景的影响，译员可能在口译过程中偏向弱势方，有意或无意地“暗中”帮助他们“放大他们的声音以保全他们的利益”（任文、徐寒，2013：20）。如例1的话轮转换中译员犹豫是否翻译警官的话，是因为这句话是警官的个人判断，可能会对警官和申请人的对话产生影响，威胁两人的面子，因此译员一方面是维护警官的利益，向警官赋权，另一方面也可以理解为是译员担心警官的话威胁申请人的面子。任文和伊安·梅森（2011：66）研究中的一个典型例子显示出译员对弱势一方的偏向。这个例子显示，译员在波兰移民官问题的口译话轮中，自己向申请人增加了一个问题，申请人对这个问题的肯定回答使其申请背景更为完整。

例2

移民官：Did you look round for a job in Poland? 你之前在波兰找过工作吗？
译员：Czy szukaleś pracy? Szukaleś pracy i nie bylo?
Did you look for work? You looked for work and there won't any? 你之前找过工作吗？你找了但是没找到？
申请人：Tak.
Yes. 是的。
译员：Yes，he was looking for work but there was no work. 是的，他找了但没找到。

例2中，移民官关于申请人在进入波兰前是否找过工作的问题，属于开放性的一般疑问句，希望了解申请人之前的工作情况。译员在翻译了移民官的问题之后，自己增加了一个具有导向性的问题，即通过引导性一般疑问句提示申请人是否在进入波兰前找过工作但是没找到，申请人给予了肯定的回答，这说明译员的新增问题效果良好，帮助申请人补充了有利的申请背景。任文和伊安·梅森（2011）将译员新增提问的这一行为解释为译员赋予申请人“表达权”，使申请人在被动的问话中有机会补充自己的情况。值得注意的是，这些研究显示，由于处于两种社会、文化背景的交汇处，同时也处于强势方和弱势方的权力冲突区，译员不可避免会受到双方讲话人惯习、社会、文化认知、权力等因素影响，但译员作为社会个体，在同一时段只能为一方代言而不可能同时站在双方的立场上，也就是说，在同一时刻，译员偏向其中一方讲话人，就意味着消除另一方讲话人的权力。于是我们看到，译员的立场变化可能呈现“钟摆式”（任文，2010：257）。换句话说，译员可能在某一个话轮偏向其中一方，而在下一个话轮又倾向另外一方，轮流向双方讲话人赋权或消权。比如在例1中，译员选择站在警官的立场，征求警官意见是否翻译他的话，这是赋予警官话语权，同时也消除了申请人的知情权，因为如果警官思考之后认为他的问题不恰当而选择让译员不翻译，那么申请人就无法听到这个问题了。可见，译员在同一时段通常只可能忠诚于其中一方讲话人，而不可能同时照顾到双方。这对于我们进一步理解机构因素对译员口译活动的影响，以及译员在机构中的显身性提供了更多阐释。另外，安吉莱利（Angelelli，2004）关于医疗机构口译活动的研究也显示，译员作为一个社会角色，受各种社会文化因素影响，不可能保持绝对中立，而其中译员的工作环境对译员表现的影响更大。安吉莱利指出，学界不应将译员从机构参与者群体中分离出来（Angelelli，2004：135）。在医疗机构口译这样的跨文化机构实践活动中，译员是机构成员群体不可分割的一部分，译员在两种语言之间搭建桥梁，为患者提供服务，同时，译员也作为机构成员扮演机构“看门人”的角色。

（三）社区口译员的身份困境

译员的身份一直是口译研究的重点之一，此前探讨的“权力流动”问题也涉及译员的身份和站位，如译员的立场调控以及微观权力的行使与其身份紧密相关。但鉴于身份的复杂性，不少学者专门对社区口译中的译员身份进行研究，聚焦机构因素、译员自身背景因素共同影响下的译员身份站位问题。鲁得威指出，身份可分为个体身份（personal identity）和文化身份（public identity）（Rudvin，2006）。个体身份或私人身份指与生活经历有关的个人层面的认知，文化身份则指以某一群体或社群为基础的对价值观、行为准则的认知。文化身份是个体获得归属感，找到自己在社会交往中个人位置的重要因素；同时个体身份与文化身份的界限并不分明，因为个体总是处于一定的文化群体中，个体身份中往往交织着一定的文化身份，因此文化身份通常具有“杂合性”（hybridity）（Rudvin，2016：180）。英格莱利在研究中对译员在口译活动中所处地位的复杂性有如下一段论述（Inghilleri，2004：4-5）：

> 人们对译员在法律制度不平等、文化/政治偏见以及其他机构限制中利用话语进行调控的认知，主要是基于这样一个观点，即译员处于不同文化/语言实践的中立地带。这种在翻译和口译研究中普遍存在的“译员居中”观点通常认为译者和译员所处的“跨文化空间”是一个意识形态的真空地带，而事实上，这个中间地带有其固有的霸权特征，是一个不同文化、价值和意义交织的混合地带（hybrid place）。

从英格莱利的论述可以看出，译员所处的不仅是两种文化的中间地带，其站位受各种文化、语境、情景影响，且带有强烈的主观性。鲁得威认为这种身份杂合性在社区口译员身上体现出多重冲突。比如，社区译员一方面是所在国公民，很多时候是一代或二代移民，在一定程度上被所在国的文化和价值观同化；另一方面与母国保有一定的情感联系，这使得社区译员的自我身份认同变得复杂。同时，社区译员的行为往往受其多重职业身份的制约。以医院口译为例，一方面，译员是医院机构方的合作者，另一方面，译员承载着患者及患者家庭对机构的理解和期待，同时译员还受其职业和伦理准则的制约。在多重因素的制约下，译员的身份着实非常复杂。更为复杂的是，译员的身份一直在不断商榷和变化中。正如所罗门所说，在同一个族群内都有可能出现一系列不同的个人偏好，更何况是在不同文化间，因此不能对文化身份进行格式化定义（Solomon，1997）。译员在母国和所在国文化之间游走，其身份的复杂性也在不断变化中。比如，译员不断与所在国文化融合，其身上的母国文化因素在发展的过程中也在不断发生变化。

前人关于社区译员的身份进行了多方探讨。其中一类研究特别关注非职业译员的身份影响，尤其是译员与其中一方讲话人的亲属关系对口译活动的影响。由于申请到西方发达国家的移民来自世界各地，对于小语种互译以及小语种与英语互译的需求很大，职业译员不能完全满足需求，因而在社区口译中经常见到非职业译员临时充当译员的案例。尤其是在医院，译员可能是患者的亲属、朋友，当然也可能是医院的工作人员等。梅耶等（Meyer et al., 2003）分析了一个典型的非职业译员参与医患对话的场景，译员是患者的侄子。作为患者侄子的译员显然明白患者需要听从医生指引，但患者表现出不能或者不愿配合医院规定的诊疗程序时，这种不配合会影响译员的口译策略和口译选择。梅耶认为这与译员的身份认同有一定关系，作为侄子的译员更多是站在"侄子"的角度而忽略了作为译员的身份。博特（Bot, 2003）研究了医院诊疗场景中译员通过改变人称代词来调节身份站位的案例。博特案例中的译员同样是患者的亲属，这类临时译员相对于职业译员而言，需要处理更为复杂的身份问题，如中立身份与积极的信息提供者身份之间的矛盾、个人身份与受机构因素制约的译员身份之间的矛盾等。格兰缇的研究（Galanti，1997）也提到一次非职业译员口译活动。这个案例中，一位西班牙女性在她儿子的翻译帮助下，签署了一份子宫切除手术同意书，但当她手术后发现自己的子宫被切除时非常生气并威胁要起诉医院。原来，西班牙男性认为在自己母亲面前谈论子宫这样的部位是不合适的，于是这位儿子只是指了一下子宫的大概位置，而向他母亲解释说肚子里面有一个肿瘤需要切除，术后这位母亲认为切除子宫损害了自己的母性地位。这个典型案例说明了非职业译员的身份困境在口译过程中和产生效果上的严重影响。特别是由于社区口译活动通常发生在一定的机构中，译员身份困境造成的交流失败可能使寻求帮助方和机构方面临更多困境，如格兰缇案例中患者起诉医院的后续事件。

凯赛曼等研究（Keselman，et al., 2010）中的一个典型案例进一步证实了非职业译员身份对其口译活动的影响。这个案例发生于瑞典的一场避难申请听证会的口译场景中，参与对话的各方包括瑞典办案员、来自俄国的申请人、瑞典律师，以及瑞典语和俄语口译员。在这段对话之前，办案员正在询问申请人的父亲，也是他唯一的亲人，现在身处什么地方。

例3

办案员：Mm... Men det alltså det skulle vara en uppgift för din godeman... att kontakta de frivilliga organisationerna diskutera frågan...jag tror att...

Mm but this could be an assignment for your guaridan to contact the voluntary organisations to discuss this question...I think that... 嗯，但这可以是你的看护者的一项任务，联系志愿者组织来讨论这个问题……我想……

律师：Ja, det vore bra.

Yes, that would have been good. 是的，如果能这样真好。

办案员：Mhm... 嗯……

律师：Jag tror att det är redan så att godemannen har redan startat den...

I think that this is so already that the guardian has already started this... 我想事情已经是这样了，看护者已经开始这个……

办案员：Mm... Jag vet att du och godemannen har redan pratat om detta men det är nog kanske vettigt att...

I know that you and the guardian have already talked about this but it could be reasonable to... 我知道你和看护者已经谈过这件事，但可能也有理由……

申请人：Переводите!

*Translate!*翻译！

译员：Они обсужают свои проблемы. Тебе это не обязательно знать. Она говорит, что связатся опекуну, задание связаться с какойнибудь организацией которая занимается поиском пропавших людей.

They discuss their own problems. That is not necessary for you to know. She says that they will contact, that the guardian will have an assignment to contact some organization that deals with finding missing persons. 他们在讨论他们自己的问题。你不需要知道。她说他们会联系，看护者将有一个联系某个组织的任务，这个组织是负责寻找失踪人士的。

例3的对话显示，瑞典办案员和律师用瑞典语讨论如何向某个志愿者组织寻求帮助，协助申请人寻找父亲，而在办案员和律师的几个话轮转换中，申请人由于不懂瑞典语而被排除在外。当申请人

明确提出抗议，要求译员为他翻译办案员和律师的对话内容之后，译员只是做了一个简单的摘要，概括说明两位瑞典人的对话内容是关于联系志愿者组织以帮助寻找失踪人士的。可以看出，虽然办案员和律师的对话并不是直接针对申请人，但两人谈论的寻找失踪人士和寻求志愿者组织帮助的内容则与申请人相关，而非译员在概要中所说的“你不需要知道”。从机构口译的权力网和权力流动关系来看，译员没有将办案员和律师的对话内容传递给申请人，消减了申请人的知情权，而申请人由于不了解对话内容而无法做出相应的反馈，因而申请人的话语权也被削减。从译员身份的角度来说，凯赛曼语料中的这位译员并不是经过认证的专业译员，他将不通瑞典语的申请人一方排除在办案员和律师对话之外，可能与其认为这段对话并非直接以申请人为听话对象有关，这显示出译员缺乏足够的专业训练，对译员的职业身份缺乏足够的认知。凯赛曼（2010）指出，在他搜集的口译语料中，译员常将语言不通的一方排除在其他讲话人谈话之外，由此，凯赛曼对非职业译员的专业性和职业规范提出质疑。比如凯赛曼的另一段避难申请听证会口译语料显示，申请人在陈述中提到“叔叔”“婶婶”，由于俄语中“叔叔”“婶婶”这两个单词不对父系和母系进行区分，而瑞典语则要细分，因而译员中断口译话轮，向申请人确认其所说的叔叔、婶婶是指父系还是母系，在这个过程中，办案员被排除在译员和申请人的谈话之外。显然，口译过程中如果高频度进行此类确认，整个对话进程会变得拖沓，且语言不通的一方很容易被排除在其他讲话人谈话之外。凯赛曼的案例进一步为非职业译员的身份困境提供佐证，同时，这两个案例有力地说明在社区口译中译员虽然受到机构因素制约，但不论是对机构方话语，还是对弱势方话语，都具有一定的调控能力和积极的话语权。这与译员拥有的双语语言和文化资本相关，但译员的非职业身份可能使其不恰当地运用这些语言和文化资源，造成对话双方新的交流障碍。

虽然由于小语种口译人才缺乏、社区口译市场及规范还需完善，非职业译员参与社区口译的场景比较常见，但具有专业水平和职业操守的持证译员还是社区口译的主流。一些社区口译发生的机构，如法庭、政治庇护系统等，通常聘用与机构关系密切的译员。在这些机构场景下，译员的角色和身份不仅受制于社会、文化、机构、政治和个体因素，也受制于其特定的机构身份。

英格莱利在这方面做出了比较有影响的系列研究。她在关于政府庇护系统内口译活动的研究中指出，译员的身份建构在宏观的社会问题之上，如移民政策、社会接纳与排斥度、全球政治、国家制度等（Inghilleri，2004）。这些问题为译员机构身份、具体口译策略的解释提供了重要的宏观指引。此外，基于图里的规范模型，英格莱利借用布迪厄的惯习和场域概念发展出一个适用于英国政治庇护申请答辩场景下口译活动的社会和意识形态模型（Inghilleri，2005），这一模型为机构因素影响下的口译活动提供了新的阐释。另一项研究中，英格莱利以政治庇护申请答辩中关于“创伤”（trauma）的口译为焦点，具体讨论了译员的身份和口译选择（Inghilleri，2012）。“创伤”指心理或精神上的异常，在本国遭受迫害导致心理或精神上的创伤是申请者寻求政治庇护的主要理由之一。基于对译员的访谈，英格莱利展示了译员在“创伤”答辩申请中的身份和立场困境。虽然在场的法官、律师、移民官以及译员都需要仔细聆听申请人讲述他们的创伤，如强奸、谋杀、虐待，但只有译员需要重述这些经历。一位伊拉克译员在访谈中这样说道：

> 我会尽最大的努力，不仅传递言语信息，也会尽力理解他的感受，让我自己也处于他所讲述的情景中，处于他所在的国家，独自一人。申请者因语言不通而成为哑巴和聋子，

他们需要有人作为他们的代表，传递准确的信息。

（Inghilleri，2012：84）

这段话语显示，译员不仅需要在语言层面上最大限度地传递申请人讲述的信息，同时也要与申请人共情。但很多时候，译员在理解申请人感受的同时也必须与申请人保持一定的距离。如一位联合国译员这样说道：

这很难。你不能对申请人表示出同情。他们会说一些他们认为能够影响你的话，这样你就不能得到真相。他们会试图对你施加压力。他们会试图操控你，让你负责。他们在那里大哭而你必须坐在那里。

（Inghilleri，2012：84）

英格莱利的这两段访谈展示了译员自我身份认识的困境。一方面，译员要尽力感受和理解申请人的经历，从而尽可能准确地传递信息，从这个角度来看，译员与申请人站在同一阵线；另一方面，译员必须把握与申请人共情的尺度，以避免受申请人操控，在这个意义上，译员要试图保持中立。而政治庇护机构因素增强了译员身份和立场的不确定性。译员很清楚申请人对“创伤”的陈述需要在其申请国家的移民政策框架下进行评价。“在政治庇护系统中，创伤毫无疑问属于道义范畴，但申请人故事及诉求是否典型，是否与政治庇护政策相符，却时常遭到质疑。移民官和法官愿意处理与政治迫害有关的申请，但对于受迫害者的个人经历则需要严格审查。”（Inghilleri，2012：80）换句话说，政治庇护机构是否批准申请人的申请与移民政策的指向紧密相关。译员一方面需要重构申请人的故事，使之适应机构话语体系和规则需求，另一方面需要配合机构对申请人的申请进行审查，这无疑对申请人也造成一定的压力。

目前社区口译研究关于机构因素的讨论已经比较深入而多样。机构霸权、译员的微观权力及其制约因素、译员的“杂合身份”等为机构与译员的互动关系提供了丰富的视角。在此基础上可进一步思考以下问题：作为机构同盟者的译员，如何在其“杂合身份”下保持稳定一致的译语产出？当译员需要做出选择的时候，会偏向哪一方，机构方还是弱势方？如果译员对机构方表示出更大的忠诚，那么译员与弱势方讲话人在文化、情感上的联系将在何时以何种方式介入？这些问题尚有待回答，需要研究者在更广泛、更丰富的语境和文化背景下展开进一步探索。

三、其他机构口译研究

除社区口译研究之外，前人文献还涉及其他机构内的口译活动，但相对于社区口译研究数量较少。比如，迪里凯尔在其博士论文中借用布迪厄的场域理论探究土耳其会议译员职业中的机构意识形态影响（Diriker，2004）。迪里凯尔是较早在口译研究中引入社会文化和机构因素的学者，他的研究语料为会议口译现场录音以及对讲话人、会议组织者、听众和译员的多维访谈。迪里凯尔指出，每一个机构都是一个自成体系的“言语社区”（speech community）（Diriker，2004：20），有自身的话语框架和言语事件特点，也制约着机构内成员的行为，但并不是所有的机构制约都会对成员产生影响，成员的能动性以及对机构制约的违反是普遍存在的。迪里凯尔的研究结果反驳了普遍存在的关于同声传译译员处于一个同质化的机构场域、场域内成员有着相同社会地位和学识背景的观点。研究发现，即使是在大学主办的学术会议中，主旨演讲人和参会代表的背景和兴趣都极其多样，而这些会议成员的背景和期待都会对他们使用和评价口译服务产生影响。因此，译员在机构活动的“站位”（positioning）无法预先确定，需要在现场参与者复杂的关系网、期待和评价中不断商榷。迪里凯尔研究的另一个主要发现是译员能动性与一系列社会文化和机构因素有密切关系。该研究认为口译研究仅关注原语形式的忠实传递以及“意义对等”的口译策略是远远不够的，口译研究应该将事业扩展到口译活动中的意义商榷，口译选择与社会、身份、文化因素，以及与机构操控因素之间更为复杂的联系和互动中。

沃马赫对南非真相与和解委员会（Truth and Reconciliation Commission）同声传译活动中译员受机构因素影响的复杂立场进行了讨论（Wallmach，2014）。她发现，虽然学界普遍认为译员应该扮演中立角色，其立场应该处于两种文化之间不偏不倚的位置，但实际上译员受到其口译任务的影响，无法保持中立而必然卷入复杂的机构因素博弈中。另一方面，由于机构运作机制通常制约其成员的行为规范，现有文献普遍认为机构雇用的译员与机构结为同盟，机构规则对口译活动施以限制，也使得译员行为与机构目标和机构话语体系一致。但沃马赫的实证研究表明，译员与机构的同盟关系和从属关系不是预先确定的（predetermined），或者说，不是一成不变的；机构内译员的行为是复杂、多维度、多层次的。这一点很大程度上呼应了迪里凯尔的研究（Diriker，2004），但两个研究均缺乏对机构成员之间互动影响的深入分析，译员的能动性、与机构形成同盟的角色也需要基于更多实证语料进行多角度阐释。另外，沃马赫语料中的机构因素限制体现在两个方面，一是委员会成员操有11种不同的语言，借由英语口译作为中转进行接力口译，因而口译过程中会受到英语意识形态的影响；另一方面是一些部落语言中没有关于种族隔离的术语，造成口译信息传递过程中的信息丢失。沃马赫认为，在这两种机构因素限制下，机构口译中的意识形态影响比实际口译过程中各方社会文化因素的影响更为显著。

另一具有代表意义的是比顿（Beaton，2008）基于欧盟专题讨论会同声传译语料，探究口译员个人价值观与机构意识形态关系的研究。比顿指出，同声传译减弱了对话的异质性，强化了欧盟的机构霸权（hegemony），其研究与沃马赫（Wallmach，2014）关于南非真相与和解委员会口译活动的研究相呼应，表明机构活动本身就是一种与意识形态紧密相关的活动。比如，译员将概念隐喻作为同声传译过程中的一个结构性工具，通过在译语中创造新的概念隐喻来强化欧盟的机构权力；在自我修正中降低主观因素影响，彰显机构权力，很多情况下导致“过度修正”（Beaton，2008：193）等。除此之外，比顿对译员在口译活动中采用过度补偿策略从而强化机构权力的发现为译员在口译活动中的能动性提供了新证据。译员在机构口译场景下很难保持中立，因为译员也具有一定的主观能动性甚至是“微观权力”（任文、伊安·梅森，2011：63）。这为反驳学界长期以来的译员“管道说”和“中立说”提供又一案例，同时也说明会议口译的职业伦理标准（Codes of Ethics）需要进一步修订完善，不仅应在伦理上要求译员保持中立，也应考虑在实际会议场景中译员立场偏移的可能性。

另外，一些学者意识到，口译研究不仅局限于口译过程的社会、文化和机构影响，而且可以将目光投向口译活动之外，关注口译活动和口译研究的社会影响。如波拉鲍尔（Pöllabauer，2006）的研究证明，关于口译活动的研究一定程度上影响了澳大利亚避难听证会口译员使用条例的起草，这有力地呼应了翻译/口译研究的行动主义转向。需要注意的是，机构因素影响下的口译活动研究与社会、机构、意识形态、职业伦理紧密相关，解构了译员中立的神话，也不再局限于关注口译过程中的认知因素，但在这类研究中，研究者的阐释成为深入分析数据的重要组成部分。随着研究者将其自身身份、立场和意识形态标记带入数据搜集和解读，如何平衡研究者的主观因素和数据的客观性也为机构口译研究带来了新的挑战。

在机构语境中探究翻译/口译活动复杂的权力和角色关系，以及翻译/口译活动作为社会角色的社会影响，是对翻译研究“文化转向”的呼应。同时，由于机构翻译的特殊性，机构在翻译/口译活动中施加了重要影响，译者/译员在适应机构霸权，平衡语言、文化、社会和机构因素对翻译决策的影响过程中，往往表现出明显的身份困境。比如，国际新闻翻译中，通讯社笔译编辑（translator-editor）对译文的增删、修改等受所在机构和所在国家/地区意识形态影响；社区口译中，译员一方面代表机构，另一方面与患者、移民申请者等弱势群体共情，其身份的钟摆式变化严重影响对话双方的交流。可以看出，学界对机构翻译/口译活动中的机构制约因素，以及译者/译员的身份和行动者角色已有较为深入的探讨，但在研究的系统性和多样性上还有待进一步深入，尤其应该在更广泛的国家和地区范围内搜集更多翻译/口译实践语料。中国并非移民国家，与西方国家相比，社区口译在中国的实践及相关研究较少。但中国政府历来非常重视翻译和口译队伍的培养，政府翻译是一个在中国社会、媒体、公众视野中非常重要的群体。下一节将聚焦中国政府机构翻译部门的组织架构、对政府翻译的要求以及政府机构语境下译员的双重身份。

第二节　中国政府机构译员的双重身份

身份影响译员意识形态、立场，进而影响译员的具体口译决策。中国政府译员拥有公职人员和译员双重身份。作为公职人员的译员与政府机构关系紧密，政治立场坚定，在很多场合甚至直接参与政府文件和会议的起草和筹备工作，这使得政治正确性成为译员在措辞、内容传递过程中需要考虑的首要因素。另一方面，政府译员在中国政府对外传播过程中发挥重要作用，保证政治外交场合各方交流通畅，充当国外受众了解中国和中国政府的重要桥梁。这与一般意义上译员守则对译员角色的基本要求一致，在这个意义上，译员决策与交际各方，尤其是受众需求紧密相关。本节主要通过对中国政府翻译司和各级地方政府翻译室组织架构、政府译员实际口译活动经历的描述和分析，聚焦政府译员作为公职人员和译员的双重身份。

需要说明的是，中国政府外事部门没有严格区分笔译和口译工作，在外事活动中也常常无法将笔译和口译割裂开来。比如，政府领导人讲话一般会提前准备讲稿并笔译，而领导人临场发挥部分则通过现场口译来完成。又如，政治话语新词汇可能率先出现在国家出台的新文件中，现场口译沿用经过笔译讨论定稿的译文；新词汇也可能在国家领导人的现场讲话中首次出现，由现场译员初译，而后再由翻译部门讨论定稿；还有一种情况是新词汇在笔译和口译共同讨论下产生译文。如2008年12月18日胡锦涛在改革开放纪念大会讲话中谈到在发展的进程中要“不折腾”，几天以后国新办主任王晨在记者招待会上再次提到胡锦涛主席的“不折腾”。记者招待会现场译员、外交部网站、新华社、《中国日报》、《人民日报》英文版、国外媒体等为“不折腾”提供了十几个英译版本。由于本章主要关注口译活动的实际案例，在提及口译活动时按照译界惯例主要使用“译员”这一提法以区分口译和笔译活动；但在对译员个体和群体进行描述时会替换使用“译员”和“翻译”提法。原因有二：一是本书对政府译员的描述包括其所从事的口译和笔译工作，二是“译员”和“翻译”提法在普通公众眼中并没有严格区别，中国政府外事场合也交替使用“译员”和“翻译”提法，如“两会”记者招待会上译员位置前摆放名牌上有“翻译”和“译员”两种写法。

一、政府译员的公职人员身份

根据詹成（2013）的研究，中国口译活动的从业译员大致分为四类，即政府部门的口译员、企业或非政府组织的职业译员、在高等院校任教的兼职译员，以及自由职业译员。其中政府部门口译员是口译从业者中的一个重要群体，中国政府外事活动尤其是高级别官员互访、会晤，均由政府译员承担口译工作。

中国政府历来非常重视政府口译队伍的建设，这与中国的国情有很大关系。中华人民共和国成立后面临严峻的外交形势和外交压力，一方面要争取各国的支持，与各国建立健康友好的外交关系，另一方面又要在西方各国的霸权下争取自己的权益。因此，中国对翻译人才的需求很大，同时，对翻译人才的要求也很严格。参与中国外交工作的翻译需要有良好的翻译素质和翻译能力，同时，需要有“政治敏感性”（施燕华，2007：57），熟悉中国的外交政策，有坚定的立场和严格的纪律性，这就使得中国政府对人才的选拔既要考察翻译水平，又要考察政治立场。外交部翻译孙娟说，外交翻译最重要的是对祖国的赤胆忠心，要有坚定的政治立场，外交人员的核心价值观是“忠诚、使命、奉献”，这是外交翻译工作的基础和准则（《外交梦》，2013）。外交部国家公务员考录网站首页的王毅部长寄语中也有这样一句话：“外交工作是一项神圣崇高的事业，肩负着祖国和人民的重托，承担着维护国家主权、安全和发展利益，促进人类和平与发展的重要使命。”这是对每一位外交人员的期望和要求，也是对每一位外交翻译的要求。在外交战线上，站在中国的立场，代表中国，维护国家利益是外交翻译的首要素质。

外交部在中华人民共和国成立伊始就专门成立翻译室，选拔、培养、培训各语种翻译人才。当时人才匮乏，第一批翻译中有很多人的专业选择都是响应组织的号召。比如，长期在中日外交一线工作并曾担任周恩来总理翻译的老一辈日语翻译周斌曾回忆道，自己本来报考的是北京大学东语系学习印度语，但上学一天后就被组织约谈希望改学日本语，支持日语翻译队伍建设；还有一些翻译原本学习的是其他专业，由于国家急需翻译人才而转学语言专业。这些优秀的翻译后来进入外交部，成为新中国外交事业的中坚力量，外交部翻译室因此也成为中国政府对外传播事业的重要支持力量。除外交部，拥有专职翻译人员的政府部门还包括国务院各部委，如商务部外事司、中央下属各机构外事部门、中央编译局，以及各省市地方政府的外事部门（如各省市外事办公室、外事侨务办公室等）。中国政府机构专设外事部门，这样的机构组织架构和人事聘用政策沿用至今，因此，中国政府翻译一般都是公职人员。在考录机制上，外交部翻译司考录需经过国家公务员考试，各省地方政府的外事部门根据岗位不同，有公务员和事业两种编制，但无论是哪一种编制，均属于公职人员。这一点与西方国家的情况有一定的不同。英美国家政府没有像中国这样完善的翻译人才培训、培养和聘用机制，在高级别的外交会晤中经常可以见到非政府身份译员的身影。比如，长期为中英政府高层会晤担任翻译的英方首席译员林超伦就不是英国政府官员，他拥有翻译公司创办人和管理人、大学客座教授等多重身份。

2015年，外交部翻译室改称“外交部翻译司”，在机构级别和建制上有了很大的提升和完善。外交部翻译司作为国家级政府外事部门，拥有数量众多的翻译人员，仅英、法两个语种的口笔译人员就有七八十人。外交部官网关于外交部翻译司的职责介绍一直在不断更新。2015年的介绍是“为国家外交活动和政治外交文件提供英语、法语、西班牙语和葡萄牙语的笔译服务，以及为重要国际会议提供多语种的同声传译和其他形式的口译服务”，2017年的介绍调整为“负责国家重要外事活动、外交文件和文书的英、法、西、葡文翻译工作；承担重大国际会议的同声传译和多语种翻译协调；承担机关英、法、西、葡文高级翻译人员的专业培训工作”（《外交部》，时间不详）。对比两段不同的介绍文字，除了使措辞更为准确、简洁外，很重要的是增加了翻译司的培训功能。这一方面说明翻译司为中国各级政府机构翻译人员提供指导，对翻译业务进行规范，另一方面也说明中国政府翻译队伍建设拥有较为完善的培训平台和培养机制。

关于中国政府译员的政治身份，外交战线的资深翻译做过很多明确的描述。外交部前大使、翻译室主任（外交部翻译司当时称翻译室）过家鼎曾撰文指出，中国的外事翻译人员既是外交工作者，又是政府代表，同时，“翻译还是传达我方立场和主张的载体”（过家鼎，2004：14）。过家鼎还提及周恩来总理对外交战线译员的要求，即“立场坚定、熟悉业务、掌握政策、严守纪律”（过家鼎，2004：13），这十六字要求都与译员的政治觉悟有关。具体来说，就是译员必须站稳立场，在外交事务中要代表中国发声；要熟悉基本翻译技巧和翻译过程，熟悉最新政治词汇和政治思想的翻译，同时不断精进翻译技能，用词准确无误，符合政策导向，还要懂得翻译规律、灵活应变；要熟悉外交政策导向，保证翻译的正确性和准确性；同时，还要有高度的组织纪律性，服从工作安排，做好本职工作。在这四组要求中，“立场坚定、掌握政策、严守纪律”显然与对译员的政治性要求有关，“熟悉业务”这一条看似不那么突出，但实际上政府译员“熟悉业务”，也包括必须熟悉政治政策对翻译措辞的影响。

同样担任过外交部大使、翻译室主任的施燕华（2007）曾举例进一步诠释业务能力与外交的重要关系。施燕华认为，外交翻译要特别注意用词，不仅要理解外语词汇的准确含义和用法，还要准确把握中文词汇的意思。比如，中文里有很多一词多义的词，如“关注”，英语可以表达为“pay attention to”“care about”或“be concerned about”，在某些情况下，这些英语表达可以替换使用，但在一些情况下则可能造成严重的外交失误。施燕华以一次外交部发言人话语为例来说明。针对某一友好国家发生的政变事件，外交部发言人说中国对其局势十分关注，现场译员使用“be concerned about”，译为“China is very much concerned about the developments...”（施燕华，2007：58），这就使对方国家产生误解，认为我国对其国内的政变事件很担忧。这一误解来源于翻译环节出错，因为“be concerned about”所表达的“关注”倾向于对所关心事件的忧虑、担心，这一措辞与中国一贯的不干涉别国内政的立场不符。施燕华（2007）在论及外交口译工作时，强调译员要对政治事件、政治话语有较强的敏感性，熟悉双边关系和国际问题，并在翻译的过程中注意避免政治错误。比如，中国大陆应该翻译为“the Chinese mainland”或“China’s mainland”，而不能译为“mainland China”。从地理位置角度，这几种译法都是正确的，但从政治角度来看，由于中华人民和国成立初期，西方政治话语将“mainland China”“Red China”“Communist China”用于区别“Nationalist China”（代表台湾当局），因此“mainland China”在西方政治话语中不但有地理属性，还有政治意义，是为西方政治概念中所谓的“two Chinas”而存在的，在中国的对外传播中不能使用。再如，施燕华还提到一个典型案例。我国与越南、菲律宾在南沙群岛问题上有领土争议，我国称南沙群岛为“Nansha Islands”，西方国家则称“Spratly Islands”，译员在这种情况下应熟悉两种译名，同时根据需要进行选择。如在传达中方讲话人观点时，应坚持使用中国译名“Nansha Islands”，但如果“为了让对方听懂，可以补充说What you call Spratly Isalnds”（施燕华，2007：57）。从施燕华的例子中可以看出，外交场合翻译活动与其他场合有着重要不同，一些看似小的错误都可能导致两国关系出现问题，导致中国的国家形象受损，或影响中国声音和中国立场在国际上的准确传递。同时，译名的选择说明译员在口译过程中具有一定的能动性，体现了外交场域译员的政治素质和翻译业务素养，因此中国政府非常重视外交翻译的政治立场和政治敏感度。

任小平（2000）关于外交口译灵活度分级的研究也在一定程度上说明了政府译员的政治身份。任小平根据口译场合和内容性质将外交口译的灵活度分为低度、中度和高度几个级别，其中会见会谈、演讲讲话、记者招待会、媒体采访、新闻发布会、谈判等属于“低灵活性口译”（任小平，2000：43）范畴。任小平认为这些活动主题严肃，内容政策性强，语言较敏感，而参观访问、游览、娱乐购物等属于非正式场合，口译灵活度为中度或高度。这与我们关于外交口译的认知相符。陪同领导人进行参观、游览等属于文化和文娱活动，涉及的政治内容相对较少，因而口译灵活度较高，而在会见、新闻发布会等涉及较强政治性内容的场合，译员在翻译过程中需要以政治性和政策性为先，因而口译灵活度低。高级别会见、新闻发布会等场合主要安排较有经验的政府译员担任翻译，这也说明译员的政治身份与其所分配的口译任务和口译产出有一定关系。

中国政府译员机构身份的另一个重要体现是译员直接参与中国政府的政治活动。过家鼎曾回忆周恩来总理经常与译员一起商讨政策和文件的措辞，讨论某一个用词的利弊（过家鼎，2004：13）。中国政府政治文件、发言的起草，政治会谈的准备工作、政策讨论、决策制定等也都有政府译员参与，这一方面体现了中国政府译员作为政府机构体制组成部分的机构身份，带有浓厚的政治色彩和政府机构色彩，另一方面也说明中国政府对翻译人员和翻译质量的重视，参与文件起草能帮助译员更熟悉政策制定的初衷，把握政策内涵，避免在翻译过程中出现错误。另外，大量参与中国政府文件起草和制定的机构人员来自中央编译局中央文献翻译部。这是中国政府重要文献编译的主要部门，成立于1961年，主要承担国家重要文献和术语译文的翻译和审定工作，其翻译成果包括历年《政府工作报告》《国民经济和社会发展计划执行情况报告》等。在中央文件翻译部的工作中，一份文件的翻译要经过十多道工序，其中最重要的工序就是把好“政治关”，即审定译文是否准确理解并表达了政府文件的内涵，因此文献编译部门人员均需不同程度地参与政府文件学习，甚至参加或旁听文件修改和讨论，以保证做到对文件精神的准确领会和理解。

二、政府译员的译员身份

除公职人员身份外，政府译员的另一个身份是译员身份。译员最根本的任务是保证持不同语言各方能够顺畅交流，或是不同语言文字之间的达意传递。因此作为译员，政府译员与其他场域译员有很多共性，如需要有过硬的理解力、表达力、双语语言能力、双语转换能力、快速学习能力以及应变能力，要熟悉翻译主题等。同时，政治场域，尤其是高级别政治场域口译活动还对译员提出了一些与政治场合相适应的要求。比如，由于政府译员的工作环境经常是在聚光灯下面对记者的长枪短炮甚至电视机前的广大观众，政府译员应具备更强的心理素质和抗压能力。外交部译员戴庆利（2004）曾回顾她自己担任2003年“非典”期间中国政府记者招待会翻译的经历，从她的回顾中可以总结出译者身份下政府译员应具备的几个重要技能。第一，译员需要有快速学习的能力。戴庆利回忆，她接到任务时距离“非典”记者招待会召开仅有半天，准备时间非常短，而且由于当时“非典”疫情刚刚暴发，甚至卫生部专家对于疫情都还不太了解，准备起来很困难，这就需要译员快速收集、学习、整理相关词汇知识。“非典”在当时是一种新型疾病，涉及大量医学词汇，如衣原体、冠状病毒、血清学检查等，同时词汇背后也涉及大量医学知识，这些都需要在译前准备中了解、熟悉和记忆。而随着疫情的发展，新的词汇和知识层出不穷，公众感兴趣的话题也在不断变化，如发病人数、治疗方法、政府防控措施等，这就需要译员关注疫情发展，不断快速学习，不断积累。第二，译员需要有过硬的双语理解能力和语言处理能力。比如，关于疫情病例统计，中国政府官方报道经常使用“治愈出院”，译员开始译为“cured and discharged from hospital”，这一译文与原文在意义上是对应的，但由于出现“cured”，就有记者询问是如何治愈的，使用了什么样的药物。而当时并没有治疗非典的有效药物，于是译员在此后的翻译中改为“recovered”，在词性上偏向中性，不强调“被治愈”。另一个例子是中国官方报道在疫情初期经常使用“确诊病例”这样的说法，译员起初译为“confirmed case”，后来受WHO（世界卫生组织）启发，使用“probable case”（可能病例）这一表达，对病例的描述更为严谨、谨慎。值得一提的是，后来中国官方报道在措辞上改为“诊断病例”，英译就统一为“probable case”；第三，译员需要有良好的抗压能力。频繁的新闻发布和直播对现场译员来说挑战极大。另外，由于记者招待会现场听众人数多，不时有人走动，记者在席间提问，坐在台上或者被安排在主席台侧面翻译席的译员有时无法听清记者的话，这就需要译员有良好的心理素质，静下心来尽最大努力捕捉主要信息。

快速学习能力、双语理解和处理能力以及抗压能力都是译员必备的能力，所有译员在政治场域或是其他场域工作都会遇到类似的问题，如学习新词汇、理解词汇内涵、克服客观环境干扰等。但有一点在政府译员身上表现得尤为显著，即政府译员作为信息发布桥梁的荣誉感和使命感。2003年“非典”疫情暴发，中国政府非常重视信息的及时发布与公众沟通，北京市和卫生部共举行14场记者招待会（其中5场由戴庆利翻译），且均由电视台现场直播，这极大地保证了政府信息的公开透明，让国内外公众能及时了解疫情进展。戴庆利回忆自己在北京宣布疫情“双解除”的这场记者招待会上担任翻译时谈道，“能够在这种重大事件中担任信息发布的桥梁”，让世界了解中国在抗击“非典”战役中的不懈努力，她感到非常幸运（戴庆利，2004：63）。翻译是两种语言、两种文化交流的桥梁，具有熟悉双语语言和文化的资本，译者身份决定了其在信息传递中是最先得到新信息的人，也是唯一用另一种语言为新信息发声的人。政治场域译者身份的特殊性在于，政府重大事件的发布一般是受到媒体、公众和世界强烈关注的，而在有译员参与的政治活动中，政府发布的信息都是通过译员进行传播的。因此，译者作为国家重大事件的参与者和发声者，作为重要决策信息的第一接收者和第二发布者，其荣誉感、自豪感和使命感会更强。正是这种荣誉感和使命感促使译员不断精进业务，以保证翻译工作的顺利完成。

学界在“身份”框架下一直探讨的一个问题是译者/译员的显身/隐身性。传统观点认为，口译活动中译员是隐身的，是双方交流的“管道”或是“传声筒”。随着研究的不断深入，诸多研究指出译员在口译过程中不是机械地进行两种语言的转换，而是具有一定能动性，能利用熟悉双语语言文化的微观权力，一定程度上影响对话双方交流的进程和走向，具有一定的显身性（Angelleli，2004；Inghilleri，2005；2012；Beaton，2008；任文，2010；任文、徐寒，2013）。但学界对口译活动中译员的显身性研究主要是在社区口译框架下进行，对政治场域译员显身/隐身性的研究较少，一般政治外交活动的主题较严肃，政策性强，译员进行调控的空间较小。中国学者詹成（2013）搜集整理广东省政府高级别领导人外事会谈现场口译录音，重点对译员的调控角色进行分析。研究表明，即使在正式的外事活动、会谈场合，译员仍然具有一定的调控能力，译员决策会对双方话轮转换和信息传递产生一定影响。詹成的研究主要为描述性研究，即通过真实语料，关注政府译员在口译现场的表现，其研究较为全面地展示和诠释了政治场域译员的调控角色。同时，詹成使用省级领导外事会见语料，主要为三方交际、对话口译模式，这类语料在政治场域口译活动研究中较为少见，为相关研究提供了新的视角。詹成的研究焦点是政府译员口译过程中的“偏移”现象，即通过分析语言层面的转换方式，分析政府译员在外事会谈口译中如何调控话语内容和交流方向。根据詹成（2013）的研究，政府译员的调控角色主要表现在两个方面，第一，译员通过人称转换建构不同的身份，调控话语视角；第二，政府译员一方面表现出与机构的同盟关系，另一方面也充当双方交流的中介角色，调控话语和文化意义，避免双方产生误解（见例4）：

例4

原语：所以这个问题啊，已经引起了执政党的高度重视。	译语：And we have paid great attention to these challenges.

在这个例子中，中方官员正在谈论中国个别腐败问题，并说明这一问题已经引起了执政党，即中国共产党的重视。詹成认为，译员并没有将“执政党”译为“the ruling party”或“the CPC”（中国共产党），而是译为“we”；换句话说，译员将第三人称转换为第一人称，表现出与执政党同样的身份站位，从执政党的角度出发进行译语产出。

例5

原语：你们在宏观经济管理，发展高新技术和教育等方面有很多值得我们学习和借鉴的地方。	译语：There are a lot we can learn from Finland, in areas of macro-control of economy and higher education and high-technology development.

例5中，中方政府领导与芬兰总理会谈，使用第二人称复数“你们”称呼对方，译员则将“你们”译为人称代词所代表的国家“芬兰”，从第二人称转换为第三人称。詹成认为，译员不直接将“你们”译为“you”可能是由于“你们”指代不清，它可以指芬兰总理，也可以指芬兰代表团或芬兰人民，而“芬兰”则清晰表明讲话人所指的是芬兰这个国家。同时，詹成认为，“芬兰”在这个语境中是隐身的第三方，译员使用“芬兰”替代讲话人口中的“你们”，一定程度上反映了译员知识和意识形态系统中对“他者”的定义和表达方式。但在詹成的语料分析中，也有将第三人称（国家名称）转化为第二人称的案例（见例6）：

例6

原语：我们非常愿意借鉴和运用新加坡在住房发展方面的经验。	译语：We definitely look forward to learning from your expertise in public housing.

在这个中方领导与新加坡企业高层会谈的例子中，中方表达了希望在住房发展方面向新加坡学习的想法。译员将“新加坡”译为“your”，由第三人称转换为第二人称，将参与对话的新加坡官员作为代表新加坡的对象。詹成认为，这样的替换有待商榷，因为企业高层并不能代表新加坡，而“your”的使用也存在歧义，所指是对方所在的企业还是所在的国家并不清晰。值得注意的是，在原语中，“新加坡”的所指是非常清晰的。因此，詹成认为，译员通过第一人称、第二人称以及第三人称之间的转换，可建构不同的他者身份。身份的社会文化建构不是一成不变的，而是在不同语境中经由语言手段不断重构和调整的，同样，译员也是基于自己的知识经验系统以及所接收到的信息，对话语对象的身份进行建构。“由于同一句话可以有不同的叙述方式，口译过程总是与各种决策密不可分，译员在不同人称视角之间的转换建构了不同的‘自己’和‘他者’，这也是译者声音的反映。”（詹成，2013：123）

从詹成语料中译员对人称转换的不同处理以及人称转换所反映的不同的身份建构可以看出，在正式的外交场合，译员仍然具有一定的调控能力，译员对“自己”和“他者”的建构反映了译员对知识、意识形态以及语言的认识。在这一点上，译员是“显身”的，口译译语的产出带有译员身份的烙印，是经过译员重构和再语境化的语篇。另一方面，詹成研究中的语料也显示，译员在口译过程中既表现出与政府机构结为同盟，也表现出译员的基本职责，即沟通两种不同的语言文化差异，保证双方交流的顺利进行（见例7）：

例7

原语：而我呢也有这样强烈的愿望，但是呢，由于这个工作太忙，而我的工作水平又不高，所以一直到现在才安排这样的时间。	译语：And I also, I personally, have the strong wish to meet all of you. However I have to say because I have a very tight work schedule, and to be honest, uh, Mr. Wang is just modest to say, to say that he is not so efficient so I haven't arranged this meeting too early.

这个例子中，中方官员向外方解释虽然自己有强烈的愿望和对方会面，但一直未能安排出时间，一方面是由于自己来到新岗位后工作很忙，另一方面“工作水平又不高”。詹成认为，原语中关于工作水平不高的说法带有轻松幽默的语气，是中方讲话人自谦的说法。但同时，由于外方很清楚地知道中方官员的工作能力是很强的，所以直译显然不妥。译员的处理表现出明显的人称转换。译员以第一人称“I”开始，说到“我的工作水平不高”的时候，出现明显停顿，之后转换为第三人称，且增译关于讲话人自谦的解释性语句，译为“Mr. Wang is just modest to say, to say that he is not so efficient”（王先生只是谦虚地说，说他效率不高），然后又恢复使用第一人称“I”，说明直到现在才安排会面。值得注意的是，译员进行人称转换的时候，不仅使用第三人称，而且使用带有称呼语的表达“Mr. Wang”，同时增译引导词“say”。詹成认为这一做法显示出译员试图与讲话人保持距离，表明这句话是中方讲话人说的，而非译员自己的声音。

这个例子的分析对研究政府译员身份有以下三点启示。第一，正式外交场合中，政府译员在身份的选择和转换上是有一定的灵活空间的，译员与政府机构讲话人结为同盟，也可能根据需要与机构讲话人保持距离。在一定程度上，评论某人“工作水平不高”带有一点批评意味，译员在这个语境下为避免外方误以为是译员在做评论，因此通过转换人称代词，非常明确地表明这是讲话人自己在做评论。这充分体现出政府译员在口译过程中的能动性。第二，译员在这个例子中的做法充分考虑到不同文化差异可能造成误解，同时也照顾到中方讲话人的面子，具体表现为增译“just modest to say”（自谦地说）。中国人常常使用自谦表达，如做了一桌子好菜宴请朋友，却说“没什么好菜”，准备了好久的发言稿，开篇却说“准备不充分”，这在中国文化的交往中很常见，但外国朋友不一定能理解。因此，译员增加解释说明，清晰表明讲话人说自己工作水平不高是一种自谦，避免外方误解，同时这也维护了中方讲话人的面子，说明这不是在做批评，而是中国文化的常见表达方式。这表明政府译员在实际口译过程中，充分发挥了作为译员的中介作用，通过增补必要的解释，保证双方交流的顺利进行。第三，译员在完成必要的解释之后，迅速恢复第一人称，将最后半句话译为“I haven’t arranged this meeting too early”（我没能早些安排会面）。这说明译员受过严格的口译规范训练，非常清楚在口译过程中应保持中立这一规范，因此译员在完成他认为必要的人称转换后，恢复第一人称，重新将自己隐藏起来，站在讲话人的视角继续话轮。

除有声语料之外，我们也注意到，媒体拍摄的重要领导人会晤照片很少出现译员的身影，换句话说，在媒体的镜头中，译员在大部分情况下是“隐身”的。这不难理解，在重要外交场合，译员一方面要保证领导人交流的顺利进行，另一方面需要尽量避开媒体镜头，把焦点让给国家和政府领导人，尤其是两位领导人见面握手，或是共同面对媒体展现两国外交关系等场合中。不过，我们还是可以在一些镜头中见到译员，比如两国领导人会谈时，译员通常坐在本国领导人身后，这是因为在镜头中无法避免。译员在外交活动中回避媒体镜头的常规做法为政治外交场域口译活动中译员的话语调控角色，以及译员显身/隐身性研究提供了不同视角，也进一步说明译员身份的复杂性。

下一节将具体描述和分析中国新闻发布制度，尤其是政府记者招待会发展的历史和现状，聚焦中国政府译员群体特征以及翻译司译员鲜明的个体特征。

第三节　中国政府新闻发布制度及政府译员群体

中国政府译员作为政府机构对外传播的主要参与者，承担了政府对外交流活动中的大部分翻译和口译工作，其中较为引人注目的是中国政府新闻发布会和记者招待会中的口译活动。这些高级别记者招待会的口译工作主要由外交部翻译司译员承担，翻译司译员作为中国最出色的政府译员，曝光率较高，其身份和口译活动受到国内外受众的广泛关注。本节通过对中国政府新闻发布制度、政府记者招待会，尤其是“两会”记者招待会的历史沿革、翻译司组织架构，以及翻译司译员群体和个体特征的描述和分析，讨论中国政府记者招待会口译活动的制度背景，以及中国政府译员群体的组成，为进一步探究政府机构译员身份及其对口译活动的影响提供参照。

一、中国政府新闻发布及政府记者招待会口译活动

新闻发布制度是中国对外宣传工作中的一个重要组成部分。透明、及时的新闻发布有助于让世界更好地了解真实的中国，为中国的发展创造稳定、良好的国内国际舆论环境。中国政府的新闻发布工作始于20世纪五六十年代，自1982年初开始稳步推进，外交部率先于1983年确立新闻发言人制度，同年，“两会”（即全国人民代表大会和全国政协委员会议）首次召开新闻发布会。1989年，七届全国人大二次会议明确提出，全国人民代表大会期间举行新闻发布会。之后，中央各部委逐步建立新闻发布制度，但在制度推行初期，只有少数部委，如外交部、国家统计局、国务院台办等开展了较为频繁和常态化

的新闻发布活动。“十六大”之后，国家各部委和地方政府越来越重视新闻发布制度，各部委和各级地方政府均逐步建立了新闻发言人制度，政府新闻发布逐渐常态化。2003年“非典”疫情暴发，国内外迫切需要及时了解疫情的相关进展，国务院新闻办、北京市、卫生部等部门在疫情发展期间举行了多场新闻发布会，展示了新闻发布制度的重要性，此后，新闻发布工作进入快速发展的阶段。如今，中国政府新闻发布从重宣传转向重传播，充分利用媒体传播规律塑造积极、透明的政府形象。新闻发布制度已经成为中国政治传播的重要平台，成为国内外媒体了解中国政府信息的重要渠道。

目前中国的新闻发布制度主要分为三个层次，即国务院新闻办，国务院各部委，以及地方政府的新闻发布。国务院新闻办的主要职责是通过组织中国媒体向世界传播中国政治、文化、人民生活等各方面的发展现状，召开新闻发布会为外国媒体了解、报道中国提供平台，促进中国与世界各国之间的了解和沟通。国新办新闻发布会始于1993年，为目前涉及面最广的政府新闻发布平台，“每次发布会参加的记者约在百人上下”（赵启正，2006：37）。国新办新闻发布会通常还得到国内媒体，如中央电视台、香港凤凰卫视、中国国际广播电台的直播和转播，中国网、新华网等主流新闻媒体网站的文字直播和现场录播，国内外媒体和公众关注度很高。据国新办新闻局原局长郭卫民（2006）介绍，国务院新闻办组织的新闻发布会主要有五种形式：一是例行新闻发布会，即定期举行的经常性新闻发布会，由国新办发言人或部委领导出席，介绍阶段工作情况或未来工作计划等；二是配合中央政府或有关部门的相关政策出台而举行的发布会，如解读中央文件精神，回答媒体就政府相关举措提出的问题等；三是重大事件产生后举行发布会，如载人航天飞行成功后举行发布会；四是突发事件发布会，如2003年抗击“非典”疫情期间举办发布会，2004年发生禽流感疫情期间举办发布会，就防治疫情、通报疫情进展向媒体和公众做说明；五是通过组织发布会驳斥谣言，如1999年国新办举行新闻发布会批驳“考克斯报告”的不实报道。

国务院新闻办同时也是国家部委和地方政府新闻发布的统一平台。除少数部委，如国台办、外交部等由部委自己主办新闻发布会以外，大多数部委借助国务院新闻办平台进行新闻发布，即各部委或有关部门的发言人接受国务院新闻办邀请进行新闻发布。其中，外交部新闻发布会广受关注，具有较大的国际影响力。各国政府都很重视外交部新闻发布和记者招待会。赵鸿燕（2007）在研究中提到，法国外交部定期举行例行新闻发布会，并由新闻司根据国际报道预测记者可能提出的问题，写出外交部表态并呈交外交部部长或总统审阅。中国外交部新闻发布制度建立之初只发布新闻而不回答记者提问，后来增设记者提问环节，外交部新闻发布和记者招待会频次也由每周一次增加到每周两次，增加了与国内外媒体接触的机会。每次记者招待会结束之后，外交部都会将发布会内容和记者问答整理成文字，并发布在外交部网站上。除了例行记者招待会，发言人还通过电话回答记者提问。可见，中国外交部新闻发布在外交和国际事务中扮演着重要的角色，在宣传、阐释、维护中国政府政策，主张和维护中国人民利益中发挥了重要作用。地方政府新闻发布虽然在各省市所在地举行，但同时会在国务院新闻办网站上发布相关信息。登录国务院新闻办网页可以看到，新闻发布栏目下有四个子栏目，分别为“国务院新闻办发布会”“部委新闻发布”“国务院政策例行吹风会”“地方新闻发布”。从子栏目的具体发布会列表来看，国务院和各部委组织新闻发布会和吹风会的频率很高，地方新闻发布包括中国的各个省份，西藏、甘肃等偏远省市自治区的发布会也很频繁，说明中国的新闻发布活动比较活跃，各级政府参与的积极性较高。

新闻发布制度下，通常有新闻发布会、媒体吹风会、记者招待会等不同说法，一般认为，媒体吹风会和记者招待会都属于新闻发布范畴，只是在侧重点和是否设置记者提问环节等方面有所不同。记者招待会一般会设置记者提问环节，新闻发布会可以不设置提问环节，吹风会则主要是为媒体提供某一问题的背景介绍，媒体在写稿的时候“一般不能引用发言人的姓名”（赵启正，2006：39）。除此之外，新闻发布的形式还包括个别记者采访、记者集体采访，或采用电话采访、回答记者提问等多种方式。其中，政府记者招待会通常被认为是有效的政府新闻发布常见方式之一。政府记者招待会是政府部门邀请记者参加的公开会议，是高规格、大规模且具有较大新闻价值的记者招待会。一方面，政府记者招待会为政府提供了与媒体面对面的机会，政府通过记者招待会向媒体宣传政府理念，回答媒体问题；另一方面，记者招待会也为媒体提供了与政府领导人、发言人直接对话的机会，成为媒体获取信息的重要平台。公众则通过媒体直播、转播或报道了解政府工作，因此，政府记者招待会是政府、媒体和公众三方互动交流的非常重要的方式。

除国务院新闻办、国务院各部委、地方政府的新闻发布会，中国政府媒体传播的一个重要平台是“两会”记者招待会。“两会”指全国人民代表大会和全国政协委员会议，每年召开一次。“两会”召开期间新闻发布制度的常态化始于1983年，其中有多场记者招待会，主要为政府总理、发言人及各部门负责官员向记者和公众介绍国家发展情况和政府政策，并回答记者提出的问题。其中最为引人注目的是总理记者招待会，其他包括人大发言人记者会、政协发言人记者会和国家各部委发言人记者会等。“两会”记者招待会是“两会”对外开放的重要标志，也是了解中国政府的重要窗口，一直是国内外媒体共同高度关注的事件。“两会”期间举行记者招待会的数量也经历了由少到多的过程。1980年“两会”记者招待会只举办一次，后来慢慢增加，到现在“两会”召开期间一般举行七八次中型或大型记者招待会。“两会”期间也举行一些特殊的记者招待会，如“十五大”期间邀请五位劳动模范召开记者会，吸引了众多中外记者的注意。“两会”记者招待会向所有注册媒体机构开放，包括国内媒体和境外媒体。孙婷婷（2013）在研究中提及，记者需要获得国务院新闻办颁发的媒体证才能进入记者会现场。有资格获得媒体证的记者分三种类型，分别为获得中国新闻出版总署和中国外交部认证的中外记者，以及中国政府支持的驻国外新闻机构记者，但只有前两类获得认证的记者才能在记者招待会上提问。

“两会”记者招待会是中国政府领导人集中面对国内外媒体和公众的平台，由于参与“两会”的记者来自世界各国，为便于沟通，“两会”设有口译环节，但仅提供中英两种语言的口译。“两会”口译的形式一般采用交替传译，如总理记者招待会。近年来“两会”期间人大发言人记者招待会和部分其他记者招待会开始使用同声传译。学界对高级别政府记者招待会上译员口译的现场性存在一定争议。有观点认为政府记者招待会上的记者提问和发言人回答均是事先准备好的，现场译员也有准备好的翻译稿，现场性不强。事实上，虽然高级别政府记者招待会事先会有所准备，但现场记者即时提问、政府发言人即时作答的情况更为普遍。根据“中国网”发布的政府新闻发布和发言人制度中的记者须知，记者招待会鼓励与会记者提前将问题提交给国务院新闻办，这是为了提高记者提问效率，也便于发言人做好记者招待会准备工作。但这一点并不是必需的，记者不一定要事先与国务院新闻办沟通所提问题，记者招待会也欢迎国内外记者现场即兴提问。同时，由于每位记者通常只有一次提问机会，所以大部分记者会抓住这次机会多提几个问题。另外，据郭卫民（2006）介绍，虽然在政府记者招待会上会安排少量记者提问，其主要目的是发布重点信息、活跃场内气氛，但郭为民强调，这种安排的提问一定是特别重要的、有意义的提问，而且事先安排的提问要尽量少。因为这种安排减少了其他记者提问的机会，且容易造成发布会的形式化，也会造成记者招待会上记者提问的挑战性和现场回答的精彩性这些特质的缺失。可见，译员在记者招待会召开之前可以做一定的准备，而且这样的准备也是必要的，因为高级别政府记者招待会受到国内外媒体高度关注，政府发言人和译员都要保证话语的正确性，同时最大限度地描述事实传递中国政府的态度。但现场译员仍然要处理诸多符合口译活动特征的即时问题，在语言、文化、意识形态等诸多方面的转换上进行必要的决策。而从译员的这些决策上，我们可以看到译员身份对译语选择、译语语篇建构的多方面影响。

二、外交部翻译司译员群体

外交部翻译司（2015年之前称“翻译室”）拥有规模最大的政府翻译团队，是中国翻译队伍的“国家队”，且担负全国政府系统翻译队伍培训和培养的任务。中国政府重要政治场合的口译活动主要由外交部翻译司的口译团队承担，包括中国政府高层互访、政治会谈、高级别政府记者招待会，如“两会”记者招待会、国家元首联合记者招待会，以及大部分国务院新闻办发布会等。因此，外交部翻译司译员作为一个群体，受到国内外公众和媒体的高度关注。每年“两会”召开期间，记者招待会译员都会成为媒体报道的焦点之一。《国际先驱导报》2014年12月19日的文章曾评论道，“两会”是“翻译室‘明星’集中曝光的平台”。

通过媒体报道展现在公众面前的翻译司译员群体特征如下：第一，严格的入选制度和“魔鬼”训练。外交部翻译司副司长费胜潮在2007年接受新浪网采访时曾表示，应届毕业生报考外交部，首先要经过国家公务员考试和外交部的专门考试，而后还要通过两轮复试，层层选拔才能进入翻译司。进入翻译司之后，一般不会直接分配实际工作，而是要经过半年到一年的训练、拓展、磨炼，不断积累经验，精进翻译业务，并锻炼出在高强度压力下的工作能力和应变能力，形成严谨、从容的工作作风，通过训练考核之后才能正式开展外交翻译工作。翻译司的“魔鬼”训练强度大，淘汰率高，持续时间也比较长，这对于译员的身体、心理素质都是很大的考验。经过这个阶段的训练，译员的组织纪律性、基本功、理解力、语言表达能力都会有很大的提高，这也为译员在正式外交活动中的出色表现打下了坚实的基础。

第二，翻译司对译员素质的要求。费胜潮在采访中将政府译员工作的要点总结为靠得住、有本事、守纪律、沉住气、好身体，较为全面地勾勒出政府译员的工作形象。首先费胜潮的总结呼应了学界对政府译员机构角色的研究，即译员的政治立场在口译工作中是第一位的，要“靠得住、守纪律”。外交部译员也是外交官，会接触机密文件和信息，因此对纪律性要求很高，国家利益必须放在第一位。其次，译员要有过硬的翻译能力，“有本事”。最后，译员还要有好身体，要能顶住环境、心理的各种压力。正是在这样的要求下，翻译司译员群体成为一支靠得住的“国家队”，在中国政府外交事务中发挥了重要作用。

第三，翻译司译员团队建设和梯队建设。戴庆利（2004）总结自己为卫生部“非典”记者招待会口译做译前准备时提及，从接到任务到记者招待会召开，准备时间只有半天，而当时大家对“非典”疫情都还不太了解，所以译前准备是依靠团队通力合作完成的。费胜潮在访谈中也多次提及，“两会”总理记者会看似只有一位译员坐在台上，但译员背后是翻译司团队几十名同志的共同支持和努力。在记者会前一两个月接到任务后，译员会在团队的帮助下共同进行译前准备，如搜集材料，总结总理讲话的风格、要点、难点，预测记者会中记者可能提到的问题以及总理回答的大致方向等。翻译司团队还会专门安排人员与接受任务的译员一起进行实战演练，如将总理平时的讲话作为练习材料，模拟记者招待会现场记者提问及回答，准备总理近期讲话中提及的古语、经典名句的翻译等。我们最终在现场和电视中看到的记者会口译，正是翻译司团队经过长期准备、大量积累，以及千百次模拟实战之后的表现。除此之外，翻译司还注重梯队建设，费胜潮在新浪网访谈中谈到，翻译司有一批成熟的译员，另外还有多批年轻的后备队伍。可见，翻译司译员团队的梯队建设较为完善，团队精神和集体智慧也使得中国政府翻译团队在国家重要文件、重要出访、各类会谈访谈中表现出色。

第四，翻译司译员群体在媒体和公众眼中一直是一支精英部队。这支部队中的精英人物，也成为媒体和公众关注的话题，他们的风采诠释了翻译司译员群体的魅力。比如，成立初期的领导人翻译冀朝铸、章含之等展现了老一辈译员的敬业精神和业务水平。在当时中国刚刚与其他国家建交，外交关系尚不稳定，在外交事务方面缺乏足够经验的情况下，他们坚持立场，不断学习，见证了许多重要的历史时刻。

外界对翻译司译员和政府口译活动的关注从1998年之后慢慢增多，随着中国的对外开放，政府和公众越来越意识到翻译在对外交流中的重要性。这个时期比较引人注目的译员有朱彤、张建敏等。在朱镕基首次记者招待会上，朱彤对“不管前面是地雷阵还是万丈深渊，我将勇往直前，义无反顾，鞠躬尽瘁，死而后已”这句话的翻译精准到位，一直为人们津津乐道。这反映了朱彤良好的翻译功底和临场处理能力。同时，朱彤精彩的翻译通过电视直播和转播呈现在千家万户面前，也让大众注意到口译员这样一个重要的岗位，开始关注口译在中国对外政治传播过程中扮演的角色。朱彤曾在外交学院的一次讲座上谈到，翻译室经常组织政治学习，学习中央文件和政策，这对于培养外交翻译的素质非常重要。在政治外交场域，译员对政策的深刻理解有助于应对口译现场的复杂情况。比如，朱彤提到江泽民提出的中美关系的16字方针，在一段时间的中美交往时经常提到，有些领导人有时不小心说漏了其中一部分，这时候就需要译员具有高度的政治敏感性，及时补上。还有一个例子是时任副总理的钱其琛在访问纽约时说港英政府的选举是“量体裁衣”，这和一般意义上的“量体裁衣”不同，是在批评港英政府根据利益需求，划分有利于自己的选区，在这样的情况下，译员只有了解政策背景才能准确达意地传译。朱彤还在讲座中提到心理素质对于外交翻译的重要性。站在领导人身边就意味着面对镜头，这时要克服紧张情绪，摆正自己作为译员的位置，尽力做好领导人与外方的沟通工作。从朱彤的翻译中，我们可以看到外交翻译深厚的政治和翻译知识积累，娴熟的翻译技巧，以及机敏、谦逊的人格魅力。张建敏也是国家领导人翻译队伍中的佼佼者，曾为江泽民、胡锦涛等领导人担任英文翻译，也多次参加“两会”记者招待会，为时任外交部部长的钱其琛，时任国家总理的朱镕基、温家宝等领导人担任翻译。张建敏曾在采访中表示，外交翻译的任务是向世界明白无误地传递中国声音，更要最大限度地传递原语的内涵和神韵，从政治高度把握讲话人的意思，准确达意地向世界传播中国的方针和政策。张建敏在采访中总结自己的口译经验说，长期不间断积累，译前充分准备，以及译后认真总结是提高口译能力的重要环节。比如，江泽民曾在访问中引用李白《早发白帝城》中的诗句，张建敏依靠长期的诗词和翻译积累提供了达意的译文，受到广泛好评。这是平时对领导人说话风格深入跟踪研究、长期积累的成果。又如，朱镕基曾在新加坡回答提问时，说他将把提问者反映的问题告诉法院，让法院来处理。张建敏用了“instruct”这个动词，朱镕基当场指出不应使用“instruct”，因为总理不能对法院下指令，张建敏表示自己事后认真总结了口译失误，并在此后的工作中更加注意词语的恰当使用，这展现了译员不断精进、不断学习进取的态度。张建敏向公众展示的经历一方面对口译学习和实践有很大的启示作用，另一方面也让我们看到了积极、勤奋、严谨、努力的中国外交翻译形象，正是通过不断的学习、积累，以及一次次总结、提高，中国声音才能被更好、更完整地传播到世界的各个角落。

近年来，网络的普及和新媒体的出现使得媒体和公众可以更为全面而深入地了解翻译司译员群体，费胜潮、张璐、孙宁、张蕾、张京等名字成为一张张名片，在媒体的文字和镜头下展示中国外交翻译的风采。

费胜潮曾陪同国家领导人出访几十个国家，连续四年担任“两会”总理记者招待会口译，在各种国际重大活动中常常能看到他的身影。费胜潮曾在采访中表示，领导人思维活跃，在政治外交场合常常临场发挥，引经据典，妙语连珠，译员不可能对领导人的每一句话都提前准备，这时就需要依靠临场发挥。现场口译诗词古语，且译得准确得体并不容易。作为译员，费胜潮平时注意研究领导人的话语风格，搜集、整理领导人喜欢引用的诗句、古语等进行翻译练习，并总结诗词、古语的结构要点和翻译规律，在现场口译的时候，尽量准确地译出诗句的意思。比如，温家宝曾在记者会上谈到，“知难不难，迎难而上”，这句话在记者会前一周的总理讲话中提到过，但在记者招待会现场又有新的变化、延伸，费胜潮在译前准备的基础上加上临场变通，译出了这句话的含义，即“虽然知道这件事很困难，但只要不畏惧困难，直面困难，就可以解决问题”。口译即时转换的特殊性使得译员思考的时间很短，因此现场口译最重要的是译出主要意思，然后才是更高层次的修饰、琢磨，用词的讲究和漂亮。翻译司译员张璐在2010年温家宝总理记者招待会上对几句古诗词的翻译广受好评，不久后曾任外交部翻译室主任的过家鼎在《中国翻译》杂志上发表文章，肯定了张璐的翻译，认为现场翻译基本传递了诗词的意思，同时也提出改进译法，在译语简洁性、准确性、优雅性上更上一层楼。翻译是一门遗憾的艺术，口译尤其如此，总有更好的译本出现，总是值得讨论。但政府译员在口译现场时间短、压力大的情况下为我们呈现出较高质量的译文，展现了中国翻译“国家队”的高水平，这也是媒体和大众关注政府译员、关注政治场域口译活动的原因之一。

翻译司译员张璐曾多次担任“两会”总理记者会翻译、外交部部长记者招待会翻译，并陪同总理和其他国家领导人出访，受到媒体和公众关注。张璐在总理记者会上的精彩翻译使她成为网络热搜，她对温总理信手拈来的古诗词的精彩翻译为大家所乐道。在媒体报道中，张璐的形象是干练、聪敏、优雅、从容、译文精湛，被称为“蘑菇头女神”。多家媒体将焦点放在张璐智慧、知性的女性精英形象上，认为张璐展示了国家高翻队伍的高水准。一方面，媒体和网友对张璐的评价体现了公众对国家翻译团队和外交翻译事业的关注；另一方面，国家翻译团队通过媒体报道展现在公众面前，也督促翻译团队对翻译和口译质量提出更高的要求，更进一步提高各方面的翻译水平。张璐曾在2015年翻译人才发展论坛上发表演讲，总结自己多年的翻译经验，其中令人印象深刻的是：译员要保持好奇心，要积极学习不同领域的知识。张璐提到自己在外交工作中遇到过身为经济学家的外宾大谈哲学话题的情况，也遇到过行业术语很多的政治会谈情景，这都要求译员不断学习，拓展视野，对每一次活动都认真准备。译员还应根据不同场合、对象和会谈内容调整翻译方式和方法。比如，张璐在演讲中提到，自己在一次外事活动中，由于外方代表口音比较重而不时看向外方代表，以更好地理解外方代表所说的内容，但事后中方代表提出意见，认为译员多次直视外方代表导致外方代表与译员的眼神交流过多，缺乏与中方代表的沟通。一般来说，译员在口译现场需与讲话人保持足够的眼神交流，但也要根据具体情况采取不同的策略。如张璐就在后续工作中调整了眼神交流，最终顺利完成了任务。这两个都是非常生动的例子，展现了外交翻译勤于学习、不断提高的工作态度以及对翻译工作的敬畏之心。这为各级政府翻译树立了榜样，也为中国青年树立了榜样，带给公众正能量。

译员孙宁曾多次在习近平总书记出席出访、与国外元首会晤，李克强总理“两会”记者会上，以及其他领导人出访或记者招待会上担任口译工作，如杨洁篪外长出访、李肇星作为全国人大发言人的记者招待会等。在媒体和公众眼中，孙宁是一位沉稳、踏实、求真、严谨的外交翻译。孙宁在南京外国语学校的老师接受媒体采访时表示，孙宁在学习上具有钻研精神，一个英语知识点的原始出处都要反复查找、追根究底，对待分配给他的翻译任务总是尽职尽责，认真且高质量地完成。正是由于孙宁出色的业务能力和稳健的工作作风，他在本科学习阶段就已经接到外交部的邀请。孙宁的现场口译质量很高，老师对他译文的评价是“精彩”“到位”。曾有资深译员评价孙宁在重大场合的同传质量堪比笔译质量，这在一定程度上反映了孙宁在意义精准传递、语言流畅表达，以及整体语篇建构上的能力。孙宁曾在讲座中谈及英语学习，强调大量输入、持之以恒、勤于琢磨、不断反思的重要性。孙宁在口译工作中表现出来的高水准与他的勤奋分不开，这也进一步展示了在业务学习和提升上不懈奋斗、努力前行的外交翻译形象。

译员张京也曾多次在“两会”记者招待会上担任翻译，因形象神似赵薇而走红。由于新时代网络和新媒体的强势发展，张京迅速受到媒体和网民的关注。张京高中毕业于杭州外国语学校，本科就读于外交学院，从媒体的相关报道可以看出，张京在学校里就表现出色，不仅成绩优秀，运动、文艺方面也出类拔萃，还善于思考。与记者招待会上的“冷”形象不同，生活中的张京喜欢旅游、下厨，性格活泼、开朗。透过媒体报道，我们看到了一个更为鲜活、生动的中国外交翻译形象，这与中华人民共和国建立初期政府译员的“神秘”形象截然不同。这反映了外交部翻译司译员群体正以一种新的更为亲近的方式呈现在大众面前，也反映了中国政府更为开放、透明的形象。

在第四节笔者将以中国政府记者招待会，尤其是“两会”记者招待会现场口译为案例语料，以译员身份为切入点，通过对记者招待会口译实践的具体分析，讨论政府译员作为公职人员和译员的双重身份对口译活动尤其是对译语选择的具体影响。

第四节　中国政府译员的双重身份对口译活动的影响

机构语境下的翻译/口译活动有一定的特殊性，译者/译员受机构因素的制约和影响，常常与机构结为同盟，同时译者/译员能够利用自己的微观语言权力，对讲话人双方交流产生一定的影响。中国政府译员群体就具有这样的双重身份。有研究表明，即使是在正式的高级别外交场合，一方面作为政府公职人员，具有向政府靠近的倾向，另一方面作为译员，又在口译活动中承担保证双方顺畅交流的任务，需考虑语言传递的准确性、完整性、易懂性，以及受众的语言、文化需求。本节以中国政府记者招待会为语料，从公职人员身份和译员身份两个角度分析中国政府译员群体的口译活动，尤其关注译员在事件背景信息、情感信息、语用信息、语言结构信息、语义信息和文化背景信息等方面的语言转换和口译决策。

一、公职人员身份对中国政府译员口译活动的影响

中国政府译员通常是政府机构人员，通过国家、省级公务员考试或事业单位统一招考进入国家部委及各级地方政府。作为公职人员，政府译员与政府机构站在同一立场，表现出坚定的政治信念、高度的政治敏感性和对国家、政府、人民利益的维护。这也是中国政府译员队伍的重要素质之一，即代表国家对外传播中国声音。同时，政府译员长期跟随领导人出访、会见外宾，不仅熟悉政府的方针政策，对领导人的思想和话语风格也有一定了解，因而对领导人讲话的信息背景、话语意图等都有比较准确的把握，进而在口译时会通过增译、减

译或改译等方式补充或修正译员认为不太恰当的原语信息，以达到更好地传递领导人话语信息的目的。

（一）事件背景信息

事件背景信息指与事件有关，说明、衬托或补充事件使其更易于理解的政策或其他事实性信息。政府译员作为政府机构成员，是政策和政府相关信息的知情人，理解并知晓领导人话语的具体所指及相关背景，因而可以通过增补事实性信息及解释性信息、修正信息等方式对政府领导人话语进行补充、修正、明晰化，以更好地传递领导人的话语意图。例8是2010年温家宝“两会”记者会上英国《金融时报》记者的提问，译员基于对政府工作报告的了解，在翻译中适时对总理讲话进行了补充。

例8

原语：I’d like to ask a question about China’s currency policy. The economy is now growing very strongly in China. You’ve recovered very quickly. And the inflation is now rising almost close to the 3% target <u>you set for the year.</u> So regardless of pressure and comments from other countries, isn’t it now in China’s interest to begin appreciating your currency?	译语：我想问一个有关中国货币政策的问题。现在中国经济发展速度很快，中国经济迅速实现企稳回升，中国的通货膨胀也在上涨，几乎已经达到了<u>您在《政府工作报告》中定下</u>的今年通胀保持在3%左右的目标。不管外界给中国什么样的压力或者对中国的货币政策作出什么评论，我想问，让人民币升值难道不是符合中国自身利益的一件事吗？

这段提问中，记者希望总理对中国经济通胀及货币政策给出评论，其中谈到中国政府的通胀目标时说中国的通胀几乎达到“the 3% target you set for the year”（您今年定下的3%的目标），译员翻译为“您在政府工作报告中定下的今年通胀保持在3%左右的目标”。显然，译员的背景知识显示，记者所说的3%的目标指的是当年政府工作报告中公开的数据，因此增译“政府工作报告”，明确3%通胀目标提

出的具体背景。这个案例表明了译员作为机构的一分子，对政府和中央文件要有比较全面的了解，这样可以在适当的时候增补讲话人话语中缺失或不太清晰的信息，为听众提供更为准确的译语。例9是2004年温家宝“两会”记者招待会上新华通讯社记者的提问，译员通过补充和解释，使其回答进一步明晰。

例9

原语：另外我们同时还注意到，您对“三农”问题的关注，比如说去年您为农民熊德明讨公道的事经新华社报道后，掀起了追讨民工工资的高潮，但是全国并没有很多的人像熊德明那样有这么好的运气。所以我们说如果群众有了困难得不到解决，就可能选择上访和信访，请问您怎么看群众上访的问题？	译语：I also noted your personal interest on the (er...) questions relating to agriculture, the rural areas and farmers and also last year, you helped a particular farmer worker named Xiong Deming to get back her wage arrears and this has led to (er...) a real boom of getting back unpaid wages for farmer workers throughout the country, but I have to say that many people are not as lucky as Ms. Xiong Deming. Sometimes they encounter problems and grievances that they cannot resolve by themselves. Their last recourse is (er...) to petition to higher authorities or visit (er...) these authorities. I wonder how do you look at this social phenomenon.

这个例子中，新华通讯社记者的问题涉及农民工讨薪事件和总理对群众上访的看法，译员借助自己对总理亲历事件的了解，进行了多处增译，通过扩充和解释将原语中的背景信息更为清晰地表达出来。其一，“三农问题”译为“agriculture, the rural areas and farmers”（农业、农村和农民）。汉语中“农业”、“农村”和“农民”这三个词都带有“农”字，因而简称“三农”，英语则没有这样的说法，因此不宜直译。译员用“三农”的具体指称对象进行解释，为听众提供了完整信息。这与译员对“三农”问题的了解有关。作为政府机构成员，译员熟悉政府文件，清楚讲话人提及“三农”问题的具体所指。其二，原语中“农民熊德明讨公道的事”指2003年重庆农民熊德明在

地里干活时遇见温家宝总理下基层考察，大胆向总理反映其丈夫被拖欠工钱之事，得到了总理的帮助，从而引发全社会对拖欠农民工工资的关注。记者预设听众事先了解了熊德明事件的来龙去脉，因而只是模糊提及“熊德明讨公道的事”，而没有具体说讨什么公道，如何讨公道。译员在有限的时间内将熊德明事件描述得更加细致，说明这件事具体是指温总理帮助熊德明一家讨要拖欠工资。其三，记者在提问中提及熊德明时，没有明确说明熊德明的性别，译员将“熊德明”译为“Ms. Xiong Deming”（熊德明女士），明确了熊德明的性别身份，让熊德明的形象更清晰地展现在听众面前。其四，译员将原语中的“困难”译为“problems and grievances”（问题和冤情），更进一步体现出群众选择上访的情绪出发点。这与译员的机构身份有很大关系，译员作为政府信息知情人，能迅速对讲话人所说的群众因无法解决的困难而上访的事情做出反应，并选择合适的表达方式传递原语意图。例10是朱镕基总理在2000年“两会”记者会上针对丹麦记者提问的回答，译员口译时对总理任期时间进行了处理。

例10

原语：至于我的任期，确实已经过半了。	译语：As for my term of office, it is true I have already finished nearly half of my term.

这场朱镕基记者招待会上，丹麦记者在问了一个关于中国基层民主选举的问题之后，向朱镕基个人提问，询问总理其任期已经过半，希望给中国人民留下怎样的印象。朱镕基在回答中肯定丹麦记者关于任期过半的说法，表示在今后不到三年时间里将恪尽职守，清正廉洁，为人民办实事。履历显示，朱镕基于1998年3月任国务院总理，2003年3月卸任，因此2000年“两会”召开之时，朱镕基总理的任期实际上并未过半。记者和总理认为任期过半，可能是因为“两会”一年

仅召开一次，总理五年任期的一半刚好在两次总理记者招待会之间，因此下一年记者招待会之时已经大大超过了任期的一半。译员处理为“nearly half of my term”（接近任期的一半）更容易被理解，可视为是对原语的修正。这个例子表明，译员作为政府信息的知情人，能够利用自己的背景知识对讲话人话语进行判断，并做适当修正。译员的修正也进一步显示出其作为政府代言人的机构身份，译员作为信息的“把关人”，担负着政府发言人信息准确传播的责任。例11也是一个适当修正原语事件背景信息的例子，译员通过增译修正了原语中较为模糊的信息，更为清晰地阐述了总理提及的亲身经历。

例11

原语	译语
原语：你的问题让我回想起去年访问东盟国家，比如到越南，我和越南领导人达成海上共同开发、陆上合作、金融合作三头并进的原则共识以后，<u>也想听听民间的反映</u>。<u>我就晚上趁工作之余</u>，到了一家小店，那个女店主当时就认出我了，她说<u>欢迎中国客人来</u>，我想这也是给她带来生意啊。我就问她，你怎么看邻国的关系？她说还是和平友好吧。	译语：Your question reminds me of my visit to some ASEAN countries last year. During my visit in Vietnam, I reached principled consensus with the Vietnamese leaders about China-Vietnam cooperation in maritime joint development, on the land and in the financial sector. <u>I was curious about</u> how the ordinary people would think about this. <u>So later in the evening, I took some time out of the schedule</u> and visited a small local shop. The shop owner instantly recognized me and she said that she would like to have <u>more Chinese customers.</u> They would bring more businesses to her shop. I asked her how she thought about China's relationship with its neighbors. She said there should be peace and friendship.

这个案例是2014年李克强“两会”记者招待会期间回答新加坡《联合早报》记者提问的回答。新加坡记者希望总理对中国和周边国家关系的发展前景做出评价，李克强指出中国要与邻国互相尊重、互利互惠。总理在回答中举了一个他访问东盟国家时与普通百姓对话的例子，说明睦邻友好的重要性和民心所向。翻译这段经历时，译员进行了几处改译和增译。其一，原语引用女店主的话“欢迎中国客人

来”，这里的“中国客人”指代并不清晰，可以理解为是李克强总理本人，也可以理解为泛指来自中国的客人。译员修正为“more Chinese customers”，清晰表明是欢迎更多的中国客人，这也与下文“带来生意”“和平友好”相呼应。作为普通百姓，女店主期望拥有更多来自中国的客源，因此对两国的友好关系更为期待，这也是睦邻友好为普通民众带来的最切实的利益。除此之外，总理说他与越南领导人就两国合作和开发达成原则共识之后，“也想听听民间的反映”。这里总理没有明确说明他为何以及如何听取民间声音，译员增译“I was curious about”，一定程度上修正了原语的模糊表达，减小了听众理解的负担，明确表明是总理自己在主观上“很好奇”，想知道民间对两国友好合作的反馈，因而利用空余时间考察百姓的生活和想法。另外，译员将“我就晚上趁工作之余”译为“So later in the evening, I took some time out of the schedule”（所以晚上晚些时候，我在工作日程之外找了一些时间），对原语进行了必要的扩充，将“晚上”“工作”等概念解释得更为清楚。李克强总理记者招待会译员孙宁长期随总理出访，因而对总理的日程、话语风格都极为熟悉，孙宁在口译中的这几处改译体现出翻译司译员长期跟随领导工作的优势，译员在理解政府领导人话语背景、话语意图和内涵上都更加到位。

（二）情感信息

情感信息指话语中表现出的对事物的态度、体验等情绪。讲话人在话语产出时总是夹杂着个人对客观事物的感性体验，译员在传递信息的过程中也不可避免地带有来自译员视角的情感判断。通过对政府译员在选词、措辞、语篇建构等方面的分析可以看出，政府译员在情感上与中国政府、人民的利益和愿望相一致。例12是2003年时任卫生部常务副部长高强在卫生部举办的一场记者招待会上回答记者提问的讲话，译员对讲话中“台湾人民”的翻译体现出机构身份对口译选词和措辞的影响。

例12

原语：这些都表达了中央政府和大陆人民对台湾人民的关心。我希望台湾当局真正能够从关心台湾人民福祉和健康出发，增强两地的交流和合作，尽快地在两岸消灭疫情。	译语：All these are expressions of concern and care of the Chinese government and people for the outbreak situation in Taiwan. We very much hope that the Taiwan authorities will increase the exchanges, and will promote more exchanges and cooperation across the Taiwan Straits out of the care for the well-being and health of our Taiwan compatriots. So that by working together we can eliminate SARS on both sides of the Taiwan Straits as soon as possible.

例12中新社记者在提问中希望高强副部长对台湾的“非典”疫情发展进行评论。高强在回答中表示，两岸人民都是炎黄子孙，中国政府对两岸人民同样关心，采取了一系列增强两岸交流合作以消灭疫情的措施，如组织台湾、香港、内地专家会诊，组织专家交流会等。同时，中国政府也将一些供医务人员使用的物资，如手套、鞋套、口罩等运往台湾。例12中，讲话人两次提到“台湾人民”，一次谈到中国政府对“台湾人民”的关心，另一次谈到“台湾人民”的福祉和健康。译员没有直译第一处“台湾人民”，而是根据语义需要译为“the outbreak situation in Taiwan”（台湾疫情情况），将第二处“台湾人民”译为“our Taiwan compatriots”（我们的台湾同胞）。台湾自古以来是中国的领土，台湾同胞与大陆同胞血浓于水，因此中国政府在外交场合常常有“台湾同胞”这表达。译员在翻译“台湾人民”时，没有直译为“Taiwan people”，而是使用“compatriot”（同胞）一词，表现出很强的政治敏锐性，进一步加强了讲话人话语中透露出的中国政府对台湾疫情和台湾人民的关心。译员更增译物主代词“our”，显然是站在中国政府立场，表现出译员作为政府机构成员的机构身份。

除此之外，孙婷婷（2013）在关于2003年“非典”期间召开的记者招待会口译研究中注意到译员通过增加强调词（intensifier）将自身的情感融入译语，影响译语的情感内涵，而译员的情感偏向表现出与政府机构的同盟关系。如例13：

例13

原语：在这场斗争中，有几十万医务工作者投入了这项工作。	译语：In this battle, hundreds of thousands of our medical workers are really fighting on the frontlines.

这个例子中，讲话人对几十万医务工作者在“非典”疫情期间所做的工作予以肯定。译员在“fighting on the frontlines”（在前线战斗）之前增译了表达感情的副词“really”，强调在抗击“非典”的战役中，医务工作者奋战在前线，做出了极大的贡献。“really”可以视作是译员在亲历“非典”疫情发展的过程中对医务工作者的感情倾向。在“非典”暴发初期，大众甚至医生都对这个新型疾病不甚了解的时候，很多医务工作者在不知情的情况下感染病毒。后来随着对疫情的进一步了解，医院采取了有效的隔离措施，减少了医务工作者感染病毒的情况，但在整个“非典”战役中，医务工作者都承担着繁重的收治、救治任务，夜以继日奋战在第一线。译员将自己对事件的情感判断加入译语，说明政治场域口译活动仍然具有一定的主观性，译员作为能动的个体，在口译过程中加入了自己的主观判断，而这种主观判断一定程度上强化了机构发言人的意图。又如例14：

例14

原语：我想中国经过二十多年的改革开放，已经有比较雄厚的经济基础。当前整个的财政经济形势比较好，一季度中国的财政收入增长26%，我想不会因为资金的问题影响防疫工作的开展。	译语：So thanks to more than 20 years of reform and opening up in this country, China has accumulated a very solid economic foundation, and naturally our economic and fiscal performance for this year has been very good. In the first quarter, the fiscal revenue grew by 26%. So I don't think the shortage of funding will be a problem for coping with this disease…

例14中，讲话人在向记者说明中国的财政能够保证“非典”防疫工作的开展时，提供了两个论据，一是中国的经济基础比较雄厚，二是中国当前的财政形势比较好。现场译员在两处论据的翻译中都改译了表示程度的副词，将两处“比较”译为“very”（非常）。在“非典”暴发初期，国外媒体和公众对中国的防治工作不了解，有不少疑问，政府发言人在记者招待会上针对记者提出的译文进行说明，译员的翻译则在程度上强化了发言人对中国经济基础的描述，体现出译员的主观判断，更进一步强调中国在防治“非典”工作中具有足够的财政保障。

（三）语用信息

语用信息指语言交际过程中反映文化契约和社交文化规则的信息，与语言使用者对特定语境中话语意义的理解和具体行为有关。对译语分析发现，政府译员通过增译、改译、调整逻辑链、使用赘语等方式调控译语的语用含义，维护政府及政府发言人的面子。如例15：

例15

原语：我是人民日报的记者，我想问一个有关“三农”的问题，因为这也是您一直关注的问题。我注意到，您在今年的政府工作报告中指出，解决“三农”问题，仍然是全部工作的重中之重，并提出了明年全部取消农业税等具体措施。二，因为我们《人民日报》每天都有涉及“三农”问题的报道，有时间您可以上去看看，我想问您的一个问题是，怎样，您认为怎样才能根本解决“三农”问题？有什么长远的打算？	译语：I am from *People's Daily*. My question is about (er...) agriculture, rural area and farmers. I've noticed that in your annual report on the government's work you said these three issues remain top priority of all our work and you have proposed specific measures to address these issues including abolishing agricultural taxes (er...) by the end of next year. Actually the *People's Daily* carries reports concerning agriculture, rural area and farmers on a daily basis. If you have time you could read some of our reports. My question is what do you think is the fundamental solution to these problems? Any long-term plan in your mind?

例15是2005年温家宝“两会”记者招待会上人民日报记者的提问。人民日报记者的提问是关于“三农”问题，译员在两处地方做了变动。一是记者在引入“三农”问题时，给出了提问的相关原因，“因为这也是您一直关注的问题”。译员省略了这个原因，译为“My question is about（er...）agriculture, rural area and farmers”（我的问题是关于农业、农村和农民）。显然，译员解释了“三农”的具体意思，便于不了解“三农”这一说法的听众理解。但记者在引入问题时提及讲话人也一直在关注这个问题，可以视为是一种表示礼貌并试图拉近与讲话人距离的策略，表明自己所提的问题与总理平时关心的问题一致，这一原因却没有传递给听众。其次，记者在提出希望总理有时间看一看《人民日报》中关于“三农”问题的报道之前，阐明了提出这一希望的原因，“因为我们《人民日报》每天都有涉及‘三农’问题的报道”，这也可以视为是一种礼貌的引入方式，隐晦地表明记者并不是在干涉总理的自由，而是有一定的客观原因。译员在处理这句话

时，将“因为”译为“actually”（事实上），将表示原因的语句变为陈述语句，将提问语气变得更为直接，减弱了提问记者的这一礼貌表述。当然，这两处改译也与译员对于译语语篇组织的决策有关，译员可能出于减少冗余话语或让语篇上下文衔接连贯等考虑做出以上决策，但这两处决策在客观上降低了提问记者的礼貌性。

例16

原语：I work for Kyodo News. (er...) I think many people appreciate the efforts thc (er...) governments at local and national level have been (er...) making to stop the spread of SARS. But there has been some criticism that the efforts have been in some way concentrated, more (er...) directed at being seen to be done (er...) doing something, rather than being directed at small practical measures. For instance, (er...) there is (er...) a big meeting of SARS next week. And the requirement for the journalists to attend is that they've medical checks. This involves not only checking temperatures (er...), but also (er...) taking blood tests and doing X-ray examination. And WHO actually said these measures are not necessary, but it will be appropriate enough just to (er...) have temperature checked on the day. And just comparing this with the situation at the Beijing train station where I went last week. And you know the toilet there has no soap and that means people are unable to wash their hands. And just considering that, I believe SARS is spreading very easily through human contact, and that seems to be (er...) (er...) something you've missed there. Ok, thank you.	译语：呃，我是日本新闻社的一个记者。我想现在很多人都非常赞赏中国中央政府以及地方各级政府为了防治非典所做出的大……大量的这个工作和努力，但是呢，也有一些人呢也在批评，说中国政府呢，这个努力呢，可能工作没有到点子上去。而是说呢，在有很多实际的这个工作呢，当然有时候比较小，但是呢没有到位。呃，比如说呢，下一个星期呢，将会召开一个很大的关于非典的一个研讨会，会有很多的这个记者参与。我们就听说呢，这些要参与会议采访的这些记者要经过很多的这个检查，不光是要查体温，而且还要查血，还要照X光。世界卫生组织也说呢，像这样的这个措施呢其实是没有必要的，就当天查体温就够了。呃，我现在还想跟您再对比一下另外一个情况，就是我前不久在北京火车站所看到的情况。在北京火车站的厕所里面没有肥皂，然后也就是说的，这个，人们就无法洗手。要这样的话呢，通过人跟人之间的接触呢，非典就比较容易传染。像这些小的和实际的地方是不是工作做得还有不够之处？

例16是2003年“非典”期间卫生部副部长高强主持的记者招待会上日本新闻社记者的提问。日本记者先是肯定了中国政府在抗击“非典”疫情战役中所做的努力，然后提出一些质疑，认为中国政府主要在做一些能被媒体看见的事情，而忽略一些小的细节。记者随后举了两个例子对比：一是中国主办方要求参加“非典”会议的记者做多项检查，包括抽血和X光检查，而世界卫生组织一般仅建议当天量体温；二是北京火车站的厕所没有提供肥皂，洗手时不容易洗净。可以看出，记者提出质疑的逻辑是非常清晰的，逻辑链可以表述为“concentrated”—“seen to be doing something”—“small practical measures”—“something you've missed”，即中国政府的努力在某种程度上是过于集中的——集中于能被看见的事情——没有注意到实际的措施——政府工作存在不足。这显然是一个敏感的、威胁中方讲话人面子的提问，记者通过“concentrated”“more directed at”“rather than”“missed”这些词汇的语用意义指向对中国政府防疫工作细节不到位的质疑。译员在译语逻辑链的处理上做了调整，从译语语篇来看，记者的提问逻辑变为“工作没有到点子上”——“实际的这个工作”——“当然有时候比较小”——“没有到位”——“是不是工作做得还有不够之处”。换句话说，在译员建构的逻辑网络中，记者注意到政府工作的一些比较小的细节，委婉地表示这些细节工作没有到位，因而提醒中国政府应采取更有效的措施来改进工作。从语用学的“面子”理论来看，译员的处理照顾到中方讲话人的感受，通过对词汇和表述方式的修订，弱化了原语中较为尖锐的语气，是对中方讲话人面子的维护。这个例子从语用信息处理方面体现出译员倾向于调节冲突气氛、维护机构立场的机构身份。

例17

原语：合众国际社UPI. I have a request and a question for you. Could you give us daily briefings on each province in China, listing suspected cases and known cases and the name of the health official responsible for the accuracy of the report? And then my question is there seems to be some difference between the Ministry of Health figures for the number of cases of SARS in Beijing and a recent report that came out from the People's Liberation Army. And I'm hoping that you can explain and elaborate the difference between the two. Thank you.	译语：我是合众国际社的记者。我想问一个问题，首先呢，就是说，关于每一个省的这个非典型肺炎的病例，包括疑似病例和已经发现的、确认的这个病例，能不能每天做一个通报？另外一个方面呢，也能不能同时呢告诉我们负责任的这个卫生部有关官员的名字，因为呢，他应该为他所报的数字的准确性呢来负责。那么另一个问题呢，就是说呢，关于这个卫生部所给出来的，关于在北京的这个非典型肺炎发病的病例的这个数字呢，跟我们这个几天前呢从一家解放军医院里面所了解到的这个北京的这个病例的这个数字呢有一定的出入，那么您如何解释这数据上的不同？

例17中，合众国际社的记者向政府发言人提问，问题主要包括两个方面，一是希望卫生部每天通报疫情，同时明确有关官员的通报责任，二是希望发言人解释一下北京通报的疫情数据与记者从解放军医院了解到的数据有所不同的原因。如第二节所述，从中国政府新闻发布和记者招待会发展的历史来看，2003年是一个重要的转折。“非典”疫情之前，虽然中国政府已经建立起新闻发布制度，但除了外交部、国家统计局等少数部委，大部分政府部门对新闻发布制度的响应并不积极，而“非典”疫情的大规模暴发极大地提高了对政府新闻发布的需求。中国政府部门也意识到，新闻发布和记者招待会是保证信息有效流动，塑造政府公开、透明形象的重要途径。因此“非典”疫情期间，中国政府召开记者招待会的频次和数量显著增加，“非典”疫情结束之后，参与新闻发布的政府部门越来越多，新闻发布也越来越频繁，中国政府新闻发布制度日趋完善。从例17可以看出，合众国际社记者提出的问题比较尖锐，直接对政府的工作部署提出质疑

并要求解释，译员在译语处理上增加了多处赘语，如“呢”“就是说”“这个”。孙婷婷（2013）的研究也提及了这个例子，她在对原语和译语进行对比分析时指出，译员使用这些赘语与其语言能力无关，记者招待会上的译员都是政府翻译团队中的精英。总体来看，译员在记者招待会上的翻译比较流畅，重复使用赘语可以视作是译员对于较为敏感话语所采取的口译策略。使用赘语一方面可以为译员争取更多时间组织译语，另一方面也降低了记者提问的尖锐性，调整语气使之较为平缓。这一做法在某种程度上照顾了中方发言人的面子，其实是译员机构身份的一种表现。

二、译员身份对中国政府译员口译活动的影响

一方面，作为机构成员，政府译员在译语传递中表现出站在政府机构立场、维护机构利益的倾向，另一方面，作为译员，政府译员也承担着沟通交际各方的任务。换句话说，在译员身份上，政府译员与其他场合译员有着共同的特征，都需遵守翻译/口译规范，这体现在译员对语言结构信息、语义信息、文化背景信息的处理上。译语分析显示，政府译员倾向于弥补汉英语言结构的差异，通过补充必要的语义和文化背景信息，删除冗余信息，以达到更为清晰地传递原语意图的目的。

（一）语言结构信息

王斌华（2013）在图里（Toury，1995）对翻译活动规范描写的基础上提出了口译规范的描写模式。图里认为，翻译活动规范可分为预先规范、初始规范和操作规范，分别指向译前决策过程、译者态度以及翻译过程中的决策。王斌华在此基础上提出了口译活动中的原语-目的语关系规范、目的语交际规范和口译伦理规范，其中，原语-目的语规范主要考察口译过程中语言转换层面的“偏移”规范。王斌华关

于“偏移”规范的研究对于语言结构信息的转换有很大的启发意义，中国政府记者招待会口译语料分析显示，译员在逻辑衔接关系、明晰化、简洁化等方面的增译、减译和改译都体现出对“偏移”规范的遵守。如例18：

例18

原语：我想回答记者女士的问题，中国有五千年的历史，有过辉煌的过去，也有过屈辱的往事。中国的崛起是中国多少代人的梦想，中国和平崛起的要义在什么地方？ 第一，中国和平崛起就是要充分利用世界和平的大好时机，努力发展和壮大自己。同时又用自己的发展维护世界和平。第二，中国的崛起，基点主要放在自己的力量上。独立自主、自力更生、艰苦奋斗，依靠广阔的国内市场、充足的劳动资源和雄厚的资金储备，以及改革带来的机制创新……	译语：So to answer your question, let me say that China has a history of 5,000 years. We had a glory past, but we have also suffered from humiliation and subjugation. The rise of China and its rejuvenation is the dream of the Chinese people of many generations. What are the connotations of China's peaceful rise? Let me make the following points. Firstly, to promote China's peaceful rise, we must take full advantage of the very good opportunity of world peace to endeavor to develop and strengthen ourselves and at the same time safeguard world peace with our own development. Secondly, the rise of China can only be based on own strength, based on independent and self-reliance and hard efforts, and based on the broad market in China, the abundant human resources and capital reserves and also the innovation of our systems as a result of reform...

例18是2004年温家宝在“两会”记者会上回答新加坡联合早报记者提问时的回答。联合早报记者的提问涉及中国崛起问题，关注中国在和平崛起之后将对东盟国家采取什么样的态度。温家宝总理针对中国和平崛起的要义具体展开，在原语中，这几点具体看法与前句之间并没有衔接。译员增译衔接语句“Let me make the following points”（我谈以下几点），使语义衔接更紧密，逻辑性更强，清晰提示听众讲话人接下来要开始展开对中国和平崛起要义的评论。译员增译表示逻辑衔接关系的句子，符合王斌华（2012）提出的口译规范，是译员

在语言转换层面照顾汉英语言逻辑结构差异的必要策略。

例19

原语：今后几年，道路依然不平坦，甚至充满荆棘。我们应该记着这样一条古训：行百里者半九十。不可有任何松懈、麻痹和动摇。	译语：The road ahead is not a smooth one. It may be full of twists and turns. But we should always remember this important thing. That is “Half of the people who have embarked on the 100 journey may fall by the wayside”. This means we must not slacken our efforts in the slightest. And we must not waver in our resolve.

例19是温家宝在2010年“两会”记者招待会开场白中的一段话。温家宝引用一条古训，说明中国虽然在过去一年取得了瞩目的成绩，但仍面临严峻的形势，中国人民和中国政府会继续以严肃、谨慎、努力的态度面对各种考验。在温家宝的原语中，意群之间没有衔接词，这符合中文意合的结构特点。译员增译两处衔接关系，一是增译“but”，用来衔接讲话人对未来道路充满荆棘的描述和古训的引用，二是增译“this means”（这意味着），衔接古训内容和讲话人的相关评论。这两处增译将原语隐含的逻辑关系明晰化，“but”说明上下文的转折关系，“this means”则将古训内容和讲话人观点明确区分开来，这使得讲话人的口语语篇更易被理解。有研究表明，译文存在明晰化倾向（Baker，1996），例19中译员的做法呼应了这一研究结果。译员在汉译英时增加逻辑衔接词，符合中文意合和英文形合的结构差异，也体现了政府译员对口译规范的遵守，易于英语受众理解和解读。

例20是王斌华（2013）在研究中举的一个典型案例。冗余是口语语篇的一个常见现象，尤其是在没有发言稿情况下的即兴演讲，讲话人在语流产出过程中更容易出现重复、自我修正等冗余标记。相对于原语，译语则倾向于产出干净、简洁的语篇，删除或修正原语中的冗余话语。

例20

原语：……而白皮书不过是比较全面地、详尽地概括了中国关于台湾问题的原则、立场和政策，包括从邓小平关于“和平统一、一国两制”的思想，到江泽民主席的八项政策，呃……八项改革……八项措施……八项原则，都包括在里面，没有新的东西。	译语：And in fact, what the white paper does is to give a comprehensive and detailed exposition on all the principled positions and policies of China on the question of Taiwan, and actually this included the formulation of “peaceful reunification” and “one country two systems” put forward by Deng Xiaoping, as well as the “eight-point proposals” put forward by General Secretary Jiang Zemin. So there is no new proposition in the white paper.

这是2000年朱镕基在“两会”记者招待会上对香港凤凰卫视记者提问的回答。香港记者的问题是关于中国政府对《一个中国的原则与台湾问题》白皮书的解读。朱镕基认为白皮书的出台是基于中国政府提出的一国两制思想以及江泽民的“八项主张”，表明了中国政府的原则和立场。在谈到江泽民的“八项主张”时，讲话人在口语表达中出现一些重复，可能是一时没有找到合适的词语，只是重复使用“政策”“改革”“措施”“原则”来表述。讲话人话语中的冗余在口语语篇中十分常见，在一时没有找到合适表达方式的时候，讲话人通常使用重复来填充思考的时间。译员删除这部分重复表述，译为“the eight-point proposals”（八项主张），清晰达意。这也说明译员非常清楚讲话人话语的意图，在译语产出时进行必要的删减，使译语更加简练、准确。

又如例21，译员通过重述和重构，简化了原语中的冗余信息，使译语更为清晰、简洁。

例21

原语：我记得前不久看有外媒报道，说是到中国的某个重化工企业，感到经济不景气，而到科技城看，那里的场面火爆，好像经济还在两位数增长，这跟我们下去调研的一些感受是类似的。实质上它说明了中国经济是困难和希望并存，如果从底盘和大势来看，希望大于困难。	译语：The other day I read a foreign media report saying that one visit to a heavy industry left the impression of depression, while the next stop to a technology park left the impression that the economy is growing at a double-digit rate. This is in line with my last year's field trip conclusion: hope and challenges coexist. If we look at the "fundamental" and "big trend", hope outweighs challenges.

例21是2016年李克强“两会”记者招待会上回答新华社记者提问的回答。新华社记者就中国经济面临的下行压力向总理提问，李克强肯定了中国经济确实存在下行压力，但同时强调中国经济目前困难与希望并存，且希望更大。在回答中，李克强引用外媒报道，在中国考察调研遇到两种截然不同的情况，一方面重化工企业经济不景气，另一方面科技城的经济发展态势强劲。对比原语和译语，我们发现原语中几处冗余和模糊的表达都在译语中得到了重述。讲话人在对比重化工企业和科技城的不同情况时，表现出临场即兴发言的口语语篇特征。比如重复使用“经济”一词，使用“某个”“好像”“还”等模糊表达，另外，原语中关于科技城“场面火爆”的表述也显得比较模糊，对“什么样的场面”“哪里的场面”并无明确说明。译员删除“某个”“好像”“还”等模糊表达，删除“那里的场面火爆”这一表述方式，因为这段描述并无实际意义，其作用只是与其他话语共同指向科技城的良好经济发展态势。同时，译员利用两个“impression”建构起两个场景的对比，即对重化工企业的访问给人留下中国经济衰退的印象，而对科技城的访问则给人留下经济正以两位数速度增长的印象。这一改译简化了信息传递过程中的冗余话语，使得译语更为简洁，所要表达的对比意图也更为清晰。

一般认为，译员在正式外交场合的灵活度很低，为维护政府领导人话语的权威性，在大部分情况下，译员倾向于对讲话人亦步亦趋，保持原语信息的完整性和话语风格特点。但以上案例表明，由于汉英语言结构差异、口语语篇通常存在冗余等现象，译员在进行语言层面的转换时仍然会增译、减译和改译信息。这符合王斌华（2013）提出的口译“偏移”规范，同时也有力地说明，即使在高级别的政治外交场合，译员也不是“传声筒”，不是机械地在两种语言之间进行转换，而是根据需要做出有利于目的语受众语言习惯和理解需求的决策。

（二）语义信息

语义信息指语言、文字、符号的意义，与信息发送者和接收者对语言、事件和相关情感的知识、经验和认知有关。语料分析显示，政府译员运用增补和修改等手段，在译语中建构既符合原语意图又适应译语语篇语境的语义信息链，最大限度传递原语讲话人的语义信息内涵。如例22：

例22

原语：总理您好，我是中央电视台的记者。也就是在去年的这个时候，“非典”疫情的肆虐让人们忧心忡忡。作为刚刚上任的新一届政府的总理，您所承担的压力是我们常人都难以体会到的。那个时候您常说，一个民族在灾难中失去的必将在民族的进步中获得补偿。您如何评价过去的一年？另外您还说道，一个民族在灾难中形成了凝聚力，定将推动民族的团结和进步。您认为今年我们在发展中面临最重要的问题是什么？最困难的问题又是什么？谢谢您。	译语：I am with CCTV. It was roughly about this time last year that the raging SARS epidemic had many people seriously worries. The pressure you felt then as the new premier of China was probably unimaginably intense to the people in the street. I remembered you often said, what a nation lost to disasters would be compensated for in its progress. So my question is, how would you comment on the year that has just passed? You also remarked that a nation's cohesion formed in the course of disastrous experiences would undoubtedly boost the unity and progress of that nation. Then what do you see are the most outstanding problems we will face in China's development this year, and what do you anticipate are the most difficult issues? Thank you!

例22是2004年温家宝“两会”记者招待会上中央电视台记者的提问，希望总理对自己过去一年的工作，以及中国发展过程中的困难进行总结和评价。从整体译语语篇来看，译员增译了多处逻辑关系词。其一，译员增译两处“then”（那时），一是“the pressure you felt then as the new premier of China”（您那时作为中国的新一任总理所感受到的压力），二是“Then what do you see are the most outstanding problems”（那么您认为最突出的问题），前者与前文提到的“非典”疫情形成语义链，明确原语所说的压力是指“非典”疫情期间总理所承受的压力，后者通过“then”的使用明确区分了记者的引入话语和想要总理回答的具体问题，也将引入话语和具体提问联系起来，使语篇逻辑关系更为明晰。其二，译员在处理“民族的团结和进步”时增译“that”，译为“the unity and progress of that nation”（那个民族的团结和进步），这一增译也使得“民族”这一概念在前后语句中形成语义

链，便于读者理解。其三，译员在记者的陈述铺垫和具体问题之间增译“so my question is”（所以我的问题是），明确提示听众注意记者的具体提问点。其四，译员将“最困难的问题又是什么”译为“what do you anticipate are the most difficult issues”（您认为最困难的问题是什么），使提问对象更为明确，与前文提及的“总理”形成语义链。可以看出，译员通过增译逻辑关系词或短语，在译语语篇中建构了清晰的语义链，这符合英语语篇结构特点，降低了读者理解难度，体现了政府译员的基本翻译素养和翻译规范。又如，例23是2014年李克强在“两会”记者招待会上对人民日报、人民网记者提问的回答，译员根据语义和语言结构转换需要进行多处断句，并通过建构、延续或重构语义链，实现了原语语义信息在译语语篇中的再语境化。

例23

原语：中国党和政府反对腐败的意志和决心是一贯的。“十八大”以来，以习近平同志为总书记的党中央坚持有贪必反、有腐必惩，取得新成效，我们会坚持不懈地做下去。对于腐败分子和腐败行为，我们实行的是“零容忍”。中国是法治国家，不论是谁，不论职位高低，法律面前人人平等，只要是触犯了党纪国法，就要依法依纪严肃查处、惩治。	译语：The Communist Party of China and the Chinese government have a firm will and resolve to fight corruption. This is our consistent position. Since the 18th National Congress of the Communist Party of China, the CPC Central Committee with Comrade Xi Jinping as General Secretary has been steadfast in combating corruption and holding corrupt officials accountable. New progress has been made in this regard and we will carry forward this campaign with perseverance. For corrupt behaviors and corrupt officials, we will show zero tolerance. China is a country under the rule of law. No matter who he is and how senior his position is, if he violates Party discipline and law of the country, he will be seriously dealt with and punished to the full extent of the law, because everybody is equal before the law.

例23显示，人民日报、人民网记者就中国政府反腐败问题向总理提问，希望总理介绍中国反腐败行动的持续性及未来发展动向。李克强坚定地表示了中国政府反腐败的决心和信心，强调党纪国法以及法

律面前人人平等的重要性。在原语的表述中，讲话人很少使用转折或衔接词，主要依靠“腐败”这一主题衔接上下文语义关系。译语进行了多处断句，通过增译、改译、调整语序等方式建构、延续或重构语义链。比如，译语使用“this is”“in this regard”，回指上文的反腐败工作，这是通过增译逻辑关系词来建构语义链，弥补对原语进行断句造成的语义衔接缺失。又如，译员将“只要是触犯了党纪国法”译为“if he violates Party discipline and law of the country”（如果他触犯了党的纪律和国家法律），可以视为是对译语语义链的延续。“只要……就”表示充分条件，“就”后面跟着的句子表示在前提条件下产生的一种结果，即只要有A条件，就能产生B结果，但不排除其他条件。“只要……就”表达了李克强总理和中国政府严肃处理腐败分子的决心，与前文“零容忍”“法治”等词语形成语义链。译员将“只要”改译为“if”，在语义链关系上没有变化，腐败分子将依法严肃处理依然与前文中国政府的反腐态度形成语义链，但由于将条件从句变为假设从句，一定程度上弱化了讲话人的语气。笔者认为这与英语语言的使用习惯有关，英语行文少用强烈的判断语气，因而译员在正式外交场合中使用更为严谨、更符合目的语习惯的措辞。译员的处理体现出其对两种语言结构和语用特点的敏锐性，也体现出对目的语受众需求的照顾。但这样的改译虽然保留了原语语义链，却在客观上对原语语气造成一定程度的弱化。再如，译语调整了“法律面前人人平等”的语序，厘清原语语篇逻辑关系，重构译语语义链。“法律面前人人平等”在原语中处于句中位置，但仔细分析即可发现，前文“不论……不论”与后文“只要……就”构成清晰的语义逻辑，“法律面前人人平等”插入其中，与前后句主语均不一致。讲话人在说完“不论是谁，不论职位高低”之后，语流自然过渡到法律的公平性，将其作为依法严肃处理腐败分子的客观条件，这符合汉语意合的语言特征。译员则要考虑英语形合的特征以及主谓一致的语法规则，而不能机械顺译。从译语来看，“法律面前人人平等”被调整到句末，同时作为原因从句补充严惩腐败分子的依据，与前文自然衔接。从这三处改译可以看出，译员通过对语义链的建构或重构达到顺应目的语语言习惯、照顾目的语听众需求、增强译语语篇逻辑等目的，反映出政府译员在语言转换上的娴熟技巧。

（三）文化背景信息

文化背景信息指包括信仰、知识、道德，以及作为社会成员所习得的风俗等在内的一切影响说话人主体思维模式、知识积淀、价值取向的信息总和。文化背景信息涉及民族传统文化、政治文化、社会文化、宗教文化、语言文化等，范围很广，本章主要指中国传统文化。中国有着五千年灿烂的文明，在正式的政治外交场合，政府领导人也经常引用古语来表达或论证自己的观点。语料分析显示，口译的即时性特点留给译员思考的时间非常有限，译员通常采用直译的方式表达出古语或诗句的主要意思。同时，译员在诗句与讲话人其他话语的衔接、诗句翻译的措辞和用词等方面的处理，也体现出中国政府译员所具有的传统文化素质。

例24是2010年温家宝在“两会”记者招待会上针对法新社记者提问的回答，译员在诗句与上下文语篇的衔接上做了较好的处理，突出诗词古语的同时也照顾了中西方文化的差异。

例24

原语：中美关系是我们最重要的外交关系，它不仅关系两国和两国人民的根本利益，在一定意义上也超出了两国的范围。“不畏浮云遮望眼，只缘身在最高层。”我们应该从这样的高度来把握两国关系。	译语：For China, its relationship with United States is the most important bilateral relationship. This relationship not only concerns the fundamental interests of the two countries and the two peoples. In a sense, China-US relationship has already gone beyond a bilateral scope. As a Chinese poem reads, “We have no fear of the clouds that may block our sight, as we are already at the top of the height.” It is from such a prospective that we should manage China-US relationship.

在这个例子中，法新社记者希望总理对中美关系中出现的问题和未来发展趋势进行评价。温家宝总理的回答引用了两句诗词“不畏浮云遮望眼，只缘身在最高层”，这两句诗出自王安石的《登飞来峰》，意思是站在峰顶就不畏惧浮云遮蔽双眼，因为站得高就能看得远，视野更广阔。温家宝总理借此说明应该从更高的高度来处理两国关系，而不应拘泥于细节。可以看出，温家宝在引用这两句诗词的时候，没有将诗词和自己的观点严格区分开来，而是很自然地从对中美关系的评论过渡到诗词引用。这不难理解，因为在中国文化语境下，听众很容易区分讲话人话语和诗词引用。但在英语语境下则不然，因此，译员在翻译这两句诗时增译引导语“as a Chinese poem reads”（正如一首中国古诗所说），明确区分了讲话人的评论和古诗词，提示英语听众讲话人接下来的话是对中国古诗的引用。这体现了译员对中西文化差异的敏感以及对翻译规范的遵守。译员在适当的时候通过增译弥补了文化差异，让不同文化的听众能顺利、快速理解讲话人意图，扮演好文化沟通桥梁的角色。又如例25：

例25

原语：但是，我看到台湾的报纸，很大的篇幅报道温总理关于让利的论述。可是我在在线访谈时讲了两句话，后面还有一句话“因为我们是兄弟”，这句话就鲜有报道。我知道商签协议是一个复杂的过程，但是正因为我们是兄弟，“兄弟虽有小忿，不废懿亲”，问题总是可以解决的。	译语：I have seen much coverage about my remark of letting Taiwan benefit more from ECFA in the news media of Taiwan. But I saw little coverage of the remark that followed this previous remark that I made in my online discussion with the Internet users, that is “because we are brothers”. I understand the negotiation may be a complex process. But “differences between brothers cannot sever their blood ties”. And I believe that problem will eventually be solved.

例25是温家宝在同一场记者招待会上针对台湾联合报记者提问的回答。台湾记者的问题是关于中国政府对两岸签署经济合作框架协议的态度和具体措施，温家宝在回答时引用了《左传》中的一句话：“兄弟虽有小忿，不废懿亲。”这句话的意思是，兄弟之间虽然有一些小矛盾、小摩擦，但总是血脉相连的至亲，这种血缘关系是不变的。温家宝引用这句话是为了说明虽然在两岸签署合作框架协议的过程中出现过各种复杂的问题，但两岸人民血脉相连，同属于中国，兄弟之间的矛盾总是有办法解决的。译员翻译为“differences between brothers cannot sever their blood ties”（兄弟之间的不同不能隔断血缘关系）。过家鼎（2010）曾指出，译员在这个引语的翻译中将“小忿”处理为“difference”，而不是“minor indignations”，即处理为“不同”而非“一点不服气或愤怒之情”，更好地体现出讲话人对台湾人民的亲情。这说明译员一方面熟悉中国古典文化，了解总理引文的字面含义及内涵，同时，译员也对两岸关系有深刻的理解，在语言转换中能够根据具体语境将引文的文化信息、文化背景和现实意义恰当地传递到译语中。

总之，本章研究表明，机构语境下的翻译/口译活动受到机构霸权和意识形态的严重制约，但同时译者/译员对交际各方的话语走向也有一定的能动性影响，在机构网络的权力流动中拥有一定的微观权力。本章聚焦学界较少涉及的政治机构口译活动。一般认为，译员在政治场域受政治机构和意识形态的影响更大，因此能动性和灵活度较低。但相关研究表明，政治场域口译活动中仍存在语言、语义、语用等层面的增删和修改，因此政治场域译员不仅仅是机械地进行语言转换，而是同样具有一定的能动性。以中国政府译员为例，中国政府译员拥有公职人员和译员双重身份，一方面在政治立场上要与政府机构结为同盟，做出维护政府机构的利益的决策，另一方面承担着沟通交际各方语言交流的任务，弥补中西方在语言、语义和文化等方面的差异，做出有利于交际各方交流，尤其是照顾受众需求的决策。对中国政府记者招待会语料的具体文本分析显示，公职人员身份对口译活动的影响主要表现在对事件背景信息、情感信息和语用信息的处理上，译员使用增译、减译或改译等策略补充、修正事件背景信息，添加情感信息，调整语用信息，以达到维护政府机构利益和政府领导人面子、使领导人话语意图更为明晰化的目的；译员身份对口译活动的影响主要表现在对语言结构信息、语义信息和文化背景信息的处理上，译员通过调整语言结构和语义链、删除冗余信息、添加必要的衔接连贯关系以及选择恰当的表达文化内涵的词汇等方式，弥补中西方语言和文化差异，搭建交际双方交流的桥梁。

第五章

双重身份：译者主体意识的再诠释

译者的主体地位和主体意识在20世纪七八十年代开始的翻译研究“文化转向”浪潮的推动下，逐渐受到学界重视。解构主义、后殖民主义、女权主义等一系列“后现代”翻译理论解构了以原文和作者为中心的传统权威，将目光从原文和译文对等的翻译过程研究、翻译产品的语言文本对比研究，转向更为广阔的社会和文化语境因素研究，尤其是译者作为社会角色的能动性研究。译者的地位从“被遮蔽”上升为以“人”为核心的主体性研究对象，进而又发展成为作者、译者和读者之间的主体间性研究对象之一，体现了翻译研究的不断发展和深入。

译者在翻译活动中的身份也是近年来翻译研究的焦点之一，但主要集中于译者在翻译过程中表现出的身份，如本书第一章提到的多重身份——读者、作者、创造者、研究者、阐释者、适应者、选择者等。我们认为，将译者及其翻译活动置于复杂的语言、文化、社会、意识形态活动中，译者主体性研究所涉及的影响因素不单单局限于译者作为一个单纯的“人”所具有的能动性，而是包括译者所受到的全部文化和社会语境压力。任文指出，“译者主体性就是指译者在创作主体、接受主体、各种外部环境（赞助人、意识形态、诗学、接受环境等）以及自身视域等因素的影响制约下”（2010：87），为满足目的语语言文化需要表现出的一种翻译活动的主观能动性。显然，这是将译者主体与翻译活动的其他主体，以及社会环境中的其他影响因素联系起来。本书的“身份”指译者在翻译活动之外的社会角色和“次身份”（见第一章第二节），如作家、戏剧家、演员、文学家、政府机构公职人员，这些社会身份影响译者的知识结构、意识形态、语言风格和翻译目的，进而影响译者主体意识在翻译词汇选择中的呈现。

本书正是从译者的社会角色出发对译者主体意识进行再诠释，探究译者在翻译活动之外的身份对译文语言、风格、策略以及翻译过程调控的影响。

本书的研究对象为具有双重身份的译者及其翻译活动。本书从笔译活动和口译活动两个维度，考察不同身份对译者/译员翻译/口译活动产生的影响，从个体译者、群体译者和机构译者三个方面展开讨论：聚焦儿童文学作家和译者双重身份的个体译者任溶溶，拥有戏剧家和译者、作家和译者、学者和译者双重身份的尤金·奥尼尔戏剧翻译译者群体，拥有公职人员和译员双重身份的政府机构口译员群体。

一、双重身份与任溶溶翻译活动中的主体意识

任溶溶原名任以奇，是中国著名的儿童文学作家、翻译家，曾获中国翻译协会授予的“资深翻译家”称号，任溶溶是其儿童文学创作和翻译时使用的笔名。任溶溶的创作和翻译大致可以被划分为三个时期。第一个时期是1949年前到“文化大革命”之前，以创作儿童诗歌和译介苏联的儿童文学作品为主；第二个时期是20世纪70年代末到从译文出版社退休这段时间，以创作儿童诗、散文、小说，译介“安徒生文学奖”获奖作家的作品为主；第三个时期是20世纪90年代初到2014年《奇先生妙小姐》出版这段时间，这段时间呈现出儿童诗歌创作与童话、诗歌、小说、低幼亲子共读绘本翻译多元发展的特点。可以看出，在任溶溶长达70年的创作和翻译生涯中，文学创作和儿童文学翻译基本上是双线并行的。任溶溶的儿童文学创作观和翻译观互相影响，互相渗透，在持续不断的“互文”中形成了一以贯之的独特风格，在翻译作品的选择和创作语言的鲜明特色上体现出明显的主体意识。同时，任溶溶作家和翻译家的双重身份也成为他抓住历史机遇，主动转型，促使其作品走向经典化，并推动中国儿童文学发展的重要因素。

我们认为，任溶溶儿童文学创作与翻译作品的互文关系，是以他半个多世纪以来在创作中翻译、在翻译中创作的职业生涯为基础的。任溶溶的创作和翻译不断在交流、借鉴和融合，其作为作家的文学偏好、创作灵感、审美情趣和语言技巧与其翻译作品的题材选择、语言风格存在明显的互文关系。其创作者和译者双重身份下的儿童文学观集中体现在他创作和翻译的作品中，而这种独特的语言风格和审美倾向具有高度的稳定性和一致性。任溶溶善于捕捉儿童生活细节，笔触温暖又不失俏皮，充满稚拙和童趣。他坚持儿童文学创作的“游戏精神”，作品中有很多淘气的儿童形象，因而被认为是中国幽默儿童文学的代表作家之一。任溶溶作为作家的审美和创作倾向很大程度上影响了其对翻译作品的选择。比如任溶溶在20世纪80年代集中译介瑞典儿童文学作家林格伦的作品，这与林格伦充满离奇想象、幽默情趣和狂野幻想的“热闹派”文学风格有很大关系。而任溶溶的部分儿童文学创作，如《我是个黑人孩子，我住在美国》《亨夫雷家一个“快活”的日子》等带有一定的异域元素，读起来会产生这是翻译作品的错觉，体现了翻译家身份对其创作作品的影响。

我们也发现，任溶溶翻译活动中主体意识的呈现除了表现为主动译介与自己风格相近的外国儿童文学作品，在译作中彰显其幽默、夸张、奇幻的语言风格之外，还体现在其主动从俄语作品译者转型为英语作品译者的历史选择上。这是为了适应历史发展趋势、市场需求和文化需求，也促成了任译儿童文学作品的经典化。另外，任溶溶的创作作品在大量儿童文学作品翻译实践的浸润下呈现出别具一格的面貌，表现出本土儿童文学的多元化特点，这是任溶溶作为译者的主体意识在儿童文学创作中的投射。

二、双重身份与尤金·奥尼尔译者群体翻译活动中的主体意识

研究发现，尤金·奥尼尔戏剧译者群最突出的特点是许多译者都拥有双重身份：在译者身份之外还扮演其他社会角色，如戏剧家、作家、学者。社会身份对奥尼尔戏剧译者翻译活动的影响具有阶段性特征。

奥尼尔是享誉世界的著名剧作家。奥尼尔戏剧的百年译介历程对中国的文学和戏剧界产生了深远影响，诸多中国译者，如马彦祥、洪深、顾仲彝等都参与到尤金·奥尼尔戏剧的翻译活动中。我们主要将奥尼尔戏剧的汉译分为三个阶段，这三个阶段的译者群体分别拥有戏剧家和译者、作家和译者、学者和译者三类不同的双重身份，这些不同的身份与历史和时代特征有关，影响译者对戏剧的理解、解读，而随着译者主体意识在翻译活动中发挥所用，这些身份又进一步影响译者群体在三个不同阶段创造出的具有鲜明特色的戏剧译本。

第一阶段为20世纪三四十年代。这一阶段对奥尼尔戏剧的译介与知识分子在新文化运动之后对新的戏剧类型的需求紧密相关，主要译者为剧作家，有些译者还是戏剧演员。戏剧家身份为译者熟悉剧本特征和舞台演出流程提供了前提条件，同时也影响了译者为实现舞台演出目的而做出的主体性选择。比如，研究发现，作为戏剧家的译者顾仲彝在《琼斯皇》这一剧本的翻译中特别注重人物语言、舞台提示语言的口语化、清晰度和明确指示标记，体现出鲜明的舞台演出特征。第二阶段为20世纪六七十年代。这一阶段奥尼尔戏剧的译介与美国在世界范围内推行文化殖民有关，两个译本均在香港今日世界社出版发行，体现了美国宣传其戏剧创作艺术的目的。两位译者王敬羲和乔治高均是作家兼译者，作为作家的译者具有深厚的文学功底和语言驾驭能力，因而这一阶段的译本语言具有较高的文学审美情趣。比如，

乔治高的译本《长夜漫漫路迢迢》较为完整地再现了原作中的诗性语言，尤其是在意象、情感、韵律等方面表现出高雅、浪漫的诗性美。第三个阶段为20世纪八九十年代。这一阶段学界对奥尼尔本人及其戏剧作品内涵、创作体裁和主题等各方面展开深入探讨，一些学者也开始翻译奥尼尔戏剧。具有学者身份的译者将自己对作者经历、作品主题、人物特点等方面的理解和认识融入文字表达中，使得这一阶段的译本普遍具有较高的文学价值，也具有一定的学术特点。比如，汪义群的译本《榆树下的欲望》通过保留和再现原作的修辞手段，较为完整地保存了原作的文学价值，同时，汪义群用详细的注释帮助读者理解人物对白的深层含义。

可以看出，不同阶段的历史和社会背景影响了尤金·奥尼尔译者群体身份的阶段性特征，拥有戏剧家、作家和学者等不同身份的译者将自己对戏剧表演、作品语言和作品学术价值的不同体验和认知投射在翻译活动中，构建了不同阶段译本的特色，这体现了译者主体意识对翻译作品特征的直接影响。

三、双重身份与中国政府译员群体口译活动中的主体意识

一方面，中国政府译员通常是政府机构公职人员，熟悉政府方针政策，在高级别外交场合代表国家和政府发声，具有高度的政治敏感性和坚定的政治立场。另一方面，译者身份促使政府译员在外交口译活动中考虑受众的语言、文化需求，保证双方顺利沟通和交流。因此，政府译员在机构框架下的公职人员身份和译员自身的翻译身份共同作用，在口译活动中既表现出对政府发言人立场的维护，也表现出对现场交流双方需求的观照。这说明，即使在正式的高级别外交场合，译员也不仅仅是“传声筒”，而是具有一定的主观能动性，能够在双重身份压力的共同影响下对口译过程进行适当的调控。

研究发现，机构因素在口译活动中有很大影响。译员机构身份

对口译活动的影响主要表现在事件背景信息、情感信息和语用信息三个方面。首先，政府译员作为机构成员，理解并知晓领导人话语的背景，因而可以通过增补、解释、修正等方式对领导人话语进行补充、修正、明细化，使领导人话语意图得到更好的传递；其次，机构身份使得译员在情感上偏向其所属的国家和政府，在口译选词和措辞上表现出一定的情感判断；第三，语料分析表明，译员通过增译、改译、调整逻辑链、使用赘语等方式调控译语的语用含义，维护政府及政府发言人的面子。另一方面，政府译员与其他场合译员具有相同的使命，即保证对话双方交流的顺利进行，政府译员遵守翻译/口译规范，这体现在译员对语言结构信息、语义信息、文化背景信息的处理上。语言结构信息方面，译员通过增译、减译和改译明确译语逻辑衔接关系，删除或修正原语中的冗余信息，使译语语篇明晰化、简洁化；语义信息方面，译员通过增补和修改等手段，在译语中建构既符合原语意图又适应译语语篇语境的语义信息链，最大限度传递原语讲话人的语义信息内涵；文化背景信息方面，译员最大限度地传递中国传统文化、诗句的核心意义，恰当处理诗句与上下文语篇的衔接，较为完整地传递诗词古语的文化内涵，同时也照顾中西方文化差异。

可见，机构语境下政府译员的公职人员身份和译员身份共同作用于口译的即时交流过程。虽然大量研究表明，机构语境下的口译活动受到来自机构霸权的严重制约，且译员在高级别政治外交场合的灵活度较低，但译员作为能动的主体，在机构网络的权力流动中拥有一定的双语资本和微观权力，能在一定程度上发挥主体意识，影响交际双方的话语走向和话语意图表达。

四、研究不足与后续研究展望

本书从个体译者、群体译者和机构译者三个视角展开讨论，探究作家和译者、戏剧家和译者、学者和译者、公职人员和译员双重身份对译者/译员翻译活动的影响。这一定程度上回应了学界对翻译研究“文化转向”“社会转向”的呼吁，从译者/译员、翻译/口译活动的社会角色出发，对译者主体意识进行再诠释，为译者在翻译活动中的能动作用提供新证据。

本书研究也存在以下不足。

首先，“身份”是翻译研究中的一个复杂的问题，涉及翻译与民族、翻译与文化、翻译与性别等多个方面，在体验哲学、人类学、认知语言学、认知诗学、文化诗学等多个研究视野中都能找到理论源泉，译者的身份认同、译者伦理与翻译伦理的关系等也成为近年来翻译研究的焦点。本研究仅从译者的社会角色出发对译者身份进行定义，一定程度上将复杂的“身份”问题简单化。这对于本研究集中精力探究译者社会身份对翻译活动的影响有现实意义，但在“身份”问题的深度挖掘上还有所欠缺。

其次，本研究从个体、群体和机构三个类型对双重身份在翻译活动中的影响展开讨论，但主要局限于三种类型框架，未对个体、群体和机构译者进行对比，也未深入探讨三种类型译者双重身份影响之间的联系，以及与其他类型译者身份影响的联系，这使得本研究结果在深度和广度上存在一定的局限性。

基于本书研究的不足，后续研究可以从以下两个方面展开。

第一，进一步深入和细化对译者双重或多重身份的研究，拓展译者身份认同和译者身份对翻译活动影响研究的视角。后续研究可以立论于更广阔的理论背景，结合翻译研究在“文化转向”和“社会转向”后的新视野，尝试从哲学、人类学、社会学、认知心理学、管理学等跨学科视角对译者的“身份”展开多维度探讨。

第二，进一步对比分析译者个体、译者群体和机构译者身份对翻译活动影响的联系。比如，作为社会中的人，个体译者必然寻求一定的社会地位和社会群体身份认同，那么个体译者在翻译活动中是否也在寻求集体身份认同？寻求的是哪一类型集体的认同？又如，译者群体在相似的双重身份影响下，表现出相似的主体意识，那么群体中的译者个体是否会由于历史、语言、文化语境的个体差异而在更细微的层面表现出主体意识的不同？这些不同主要体现在哪些方面？

总之，本书是从译者的社会身份和社会角色出发，对译者主体意识影响翻译过程和翻译产品的一次尝试性探索，即从个体译者、群体译者、机构译者三个视角，探讨儿童文学翻译、戏剧翻译、政府记者招待会三类翻译活动中译者的能动性作用，总结译者双重身份在不同类型的翻译活动中的不同影响，也引发了关于译者身份的更为深入的思考。展望未来的译者身份研究，笔者认为，在关注译者身份在翻译过程和翻译产品中作用的基础上，关于译者身份的跨学科视角和不同身份类型间的交叉对比分析也值得进一步探究。相信随着理论视野的不断拓展，研究手段的不断改进，译者身份、译者主体意识等话题将得到更为细致、深入的分析，为翻译研究的学科发展带来更多启示。

文末注

[1] 倪海曙（1918—1988），我国著名的文字改革活动家、语言学家。几十年致力于文字改革工作，为汉字的改革、文字改革史的研究及语文现代化的事业做出了突出的贡献，是中国拉丁化新文字运动的杰出代表。倪海曙历任中国文字改革委员会研究员、汉语拼音方案委员会委员、文字改革出版社副总编辑、中国文字改革委员会秘书长、中国语言学会理事、国家语言文字工作委员会委员。任溶溶在20世纪50年代初期的拉丁化新文字运动中也曾是中坚力量。其编著的《北方话新文字基础读本：拼音写法读物练习》《中国拉丁化拼音文字读本》等教材都附有倪海曙撰写的前言。任溶溶曾坦言自己一生都是一个“文字改革工作者”，参与中国拉丁化新文运动和拼音改革的经历对他走上儿童文学创作与翻译的道路有重大影响。

[2] 此处“岭南中学”指成立于1928年的“岭南大学上海分校附属中学”，学生生源主要是粤籍人士子女，也包括许多华侨、富商和国民党高官子女。

[3] “雷士德中学”指雷士德工学院（The Lester School and Henry Lester Institute of Technical Education）中学部，是遵照曾侨居上海的英国建筑师、地产商和慈善家雷士德（Henry Lester）的遗嘱，用雷士德留下的巨额财富创办的雷士德基金会中划拨资金成立的一所私立大学的附属学校。

[4] 资料源自中国作家网官方网站文学评论专栏转载庞兆麟发表于《新民晚报》的文章《忘年交任溶溶》（http://www.chinawriter.com.cn/2009/2009-04-09/70213.html）。庞兆麟这篇回忆录中所提及的《语文丛刊》实为地下党主办的《每日译报》推出的专刊之一《语文周刊》，由我国语言学家、中国共产党创始人之一陈望道主编。

[5] 大夏大学（The Great China University）是1924年因学潮从厦门大学脱离出来的三百余名师生在上海发起建立的一所综合性私立大学。初名“大厦大

学”，“大厦”即“厦大”，后来取“光大华夏”之意，定名“大夏大学”。大夏大学抗战期间先后内迁至庐山、贵阳、赤水，一度与复旦大学合并为中国历史上第一所联合大学，后迁回上海。1951年10月，在大夏大学原址上，大夏大学文、理、教育学科与光华大学相关系科合并成立华东师范大学，成为中华人民共和国创办的第一所师范大学。

[6] 这一小节任溶溶“往事纪略”引用部分的资料主要来源于2007年3月7日《南方都市报》的《任溶溶：“我现在满脑子都是广州，怀旧”》，华东师范大学新闻中心转载自《文汇报》的文章《任溶溶：梅龙镇酒家楼上的大学》（http://news.ecnu.edu.cn/ef/aa/c1835a61354/page.htm）。

[7] 郭绍虞（1893—1984），我国著名语言学家、文学家、文学史批评家。代表理论著述有《中国文学批评史》《沧浪诗话校笺》《宋诗话考》《宋诗话辑佚》，涉及语言学、音韵学、训诂学等领域。1949年前历任上海大夏大学、之江大学、光华大学、同济大学中文系教授兼主任，中华人民共和国成立后曾任同济大学法学院院长。

[8] 刘大杰（1904—1977），我国著名文史学家、作家、翻译家，1926年毕业于武昌师范大学中文系，1930年毕业于日本早稻田大学研究院，回国后初任上海大东书局编辑。1935年7月，受聘担任四川大学教授和中文系系主任。1937年，刘大杰回上海探亲，抗战爆发后交通中断，住上海8年期间，在专心写作、著书的同时，在之江大学、圣约翰大学和大夏大学上课，以维持生计。刘大杰在大夏大学兼课期间，任溶溶得到刘大杰指导。

[9] 别发洋行（又名别发行、别发印书馆、别发书店等）英文名称是“Kelly & Walsh, Limited”，由Kelly & Co.（中文行名作“别发”）和F. & C. Walsh & Co.（中文行名作“华而师”）合组而成。别发洋行1864年在中国推出第一本出版物，清末民初的许多知识分子都有在别发洋行购买各种各样参考书籍的经历。别发洋行的主要业务是销售西洋书籍，以英语为主，法语为辅，间有德语。自创立以来，别发洋行一直为外国人或外国在华机构出版书刊。直至20世纪30年代，别发洋行打破惯例，也开始为中国知识分子出版英文书籍。林语堂的名作《京华烟云》（*Moment in Peking: A Novel of Contemporary Chinese Life*）中国版就是在纽约John Day出版公司出版之后由别发洋行出版。20世纪60年代别发洋行被香港一家书店收购。

[10] 据《纵横》杂志2013年第10期《“我的儿童文学之路”——访任溶溶先生》

一文中任溶溶自述。

[11] http://find.nlc.cn/search/doSearch?query=%E4%BB%BB%E6%BA%B6%E6%BA%B6&secQuery=&actualQuery=%E4%BB%BB%E6%BA%B6%E6%BA%B6&searchType=2&docType=%E5%85%A8%E9%83%A8&isGroup=isGroup&targetFieldLog=%E5%85%A8%E9%83%A8%E5%AD%97%E6%AE%B5&fromHome=true#chkItemIdx-5b82fd5b376fe9132acf510591e231f5%2C03e7d2ebec1e820ac34d054df7e68f48%7C%7Cquery-%E4%BB%BB%E6%BA%B6%E6%BA%B6%7C%7CsecQuery-%7C%7CactualQuery-%E4%BB%BB%E6%BA%B6%E6%BA%B6%20mediatype%3A(0)%20%20yearint%3A(1950)%20%20%7C%7CorderBy-RELATIVE%7C%7CfldText-%E5%85%A8%E9%83%A8%E6%A3%80%E7%B4%A2%E5%AD%97%E6%AE%B5%7C%7CcurArea-year%7C%7Cshowcount-0%7C%7CdocType-%E5%85%A8%E9%83%A8%7C%7CtargetField-%7C%7CtargetFieldLog-%E5%85%A8%E9%83%A8%E5%AD%97%E6%AE%B5%7C%7CorginQuery-%E4%BB%BB%E6%BA%B6%E6%BA%B6%7C%7CisGroup-isGroup

[12] 任溶溶在《我的贵人姜椿芳》一文中曾表达了对提携自己走上儿童文学翻译道路的姜椿芳、倪海曙等人的感恩之情。

[13] 上海少年儿童出版社成立于1952年，现已更名为“少年儿童出版社”。

[14] “在解放后的17年中，全国的翻译工作者对外国儿童文学作品的译介共426种，而任溶溶一个人的翻译就达30多种，约占翻译总量的8%。”笔者认为，马力的统计中合并了译作种类，这是导致马力的统计数量和何伊丽以及中国国家图书馆·中国数字图书馆的检索结果出现较大出入的原因。但就占比来说，马力的这一统计是客观和准确的。

[15] 《古丽雅的道路》（又名《第四高度》），（苏）伊琳娜著、任溶溶译，时代出版社，1953年。

[16] 官方资料显示，习近平于2013年9月和10月在出访中亚和东南亚国家期间，先后提出共建“丝绸之路经济带”和“21世纪海上丝绸之路”倡议。

[17] 详见《“我的儿童文学之路”——访任溶溶先生》一文，载《纵横》，2013年第10期。

[18] 林格伦这三部作品后来于1983年以《小飞人三部曲》之名由湖南少年儿童出版社合集出版。

[19] 《奥芝国的翡翠城》是鲍姆《绿野仙踪》系列童话的第六部作品，任溶溶译本为首译，1991年上海译文出版社出版。

[20] 《奥兹玛公主》是鲍姆《绿野仙踪》系列童话的第三部作品。任溶溶译本2003年由新蕾出版社推出。

[21] 任溶溶早在1989年翻译出版的《蛤蟆传奇》一书就是肯尼斯·格雷厄姆的名作*The Wind in the Willows*，后来改名为《柳树间的风》或《柳林风声》出版。这部作品的最早译本可以追溯到20世纪30年代由北新书局出版的女翻译家薛琪瑛的《杨柳风》译本和几乎同期出版的由丰子恺插画的尤炳圻译本。

[22] 详见博文《安徒生童话三大翻译家：叶君健、林桦、任溶溶》（http://blog.sina.com.cn/s/blog_4953fadb0100fyt9.html）。

[23] 详见韩进的《安徒生童话在中国的百年版本之旅》一文，载《中华读书报》，2005-03-23。

[24] *Mr. Men & Miss Little*的王馨悦译本2010年由未来出版社出版。

[25] http://product.dangdang.com/23422457.html

[26] 同年和任溶溶获奖的翻译家有中国同声传译事业的开创者唐笙、中国法律法学翻译的奠基者潘汉典、日本文学翻译家文洁若三位资深翻译家（http://www.tac-online.org.cn/index.php?m=content&c=index&a=show&catid=489&id=1872）。

[27] 中国翻译协会网站把2001至2004年获得“资深翻译家”称号的所有获奖人员列在一个名单中，和任溶溶同年获得该称号的翻译家具体名单不详（http://www.tac-online.org.cn/index.php?m=content&c=index&a=show&catid=490&id=1891）。

[28] “热闹派”的最早提法被认为是任溶溶在“东北、华北儿童文学讲习班”上以“外国童话漫谈”为题对外国童话作家风格的划分，一类为“热闹派”，另一类为“抒情派”。

[29] 卞之琳著《十年诗草》以及之后的增订本《雕虫纪历》，是其创作生涯中的里程碑式著作；1983年湖南人民出版社出版的卞之琳著《英国诗》一书，收录了他半个世纪以来在诗歌翻译方面，尤其是英国诗歌翻译中的经典之作。除了从莎士比亚时期至奥顿时期的英国诗歌，此书还收录了从波德莱尔时期到苏佩维埃尔时期的法国诗12首。

[30] 托马斯·特朗斯特罗默（1931—），瑞典诗人，2011年获诺贝尔文学奖。

[31] 北岛在荷兰、瑞典等北欧国家旅居多年，90年代中期以后在美国定居。

[32] 罗选民在该文中把“intertexuality”一词译作“章际性”。

[33] Jack David Zipes（1937—），美国明尼苏达大学德国裔退休教授，主要研究童话故事的历史演进和版本流传。杰克·赛普斯沿袭法兰克福学派的理论立场，在社会政治语境中对童话进行批判性研究。

[34] 以上引文参见叶君健作于1978年6月25日的《安徒生童话》译序。

[35] 叶君健（1914—1999），翻译家，儿童文学家。叶君健译本《安徒生童话》（人民文学出版社，1950年）和《安徒生童话选集》（1951—1954年，平明出版社；1955年以后，人民文学出版社、新文艺出版社、上海文艺出版社、上海译文出版社等）是新时期出现的最早译本，印行出版的时间跨度最大。

[36] 林桦（1927—），翻译家，毕业于清华大学外国语言文学系，曾长期在我国驻丹麦使馆供职。林桦译本《安徒生童话》是在其1988年退休以后用整整三年时间翻译完成的。该译本1995年由中国少年儿童出版社出版。

[37] 石琴娥（1936—），翻译家，曾供职于我国驻瑞典和冰岛使馆、中国社科院外国文学研究所。石琴娥译本《安徒生童话》2002年由浙江少年儿童出版社出版。

[38] 以下分别简称为叶译本、林译本、石译本和任译本。

[39] 柴门霍夫，全名拉扎鲁·路德维克·柴门霍夫（Łazarz Ludwik Zamenhof, 1859—1917），波兰籍犹太人，世界语创始人。后人根据柴门霍夫公布这种语言方案时所用笔名“Doktoro Esperanto”（意为“希望者博士”）称这种语言为“Esperanto”。20世纪初，当世界语刚传入中国时，有人曾把它音译为“爱斯不难读”语，也有叫“万国新语”。后来有人借用日本人的意译名“世界语”，并一直沿用至今。

[40] 这部分资料来源于叶君健之子叶先念发表的缅怀父亲的《叶君健与安徒生童话》一文。参见“中国的‘安徒生’——叶君健纪念馆‘档案资料’专栏”（http://www.eeloves.com/memorial/archive-show?id=3382）。

[41] 参见人民网官方网站“人民论坛”栏目的《林桦——与安徒生的五十年情缘》一文（http://www.people.com.cn/GB/paper85/14292/1271757.html）。

[42] 资料显示，1994年4月20日，国家电信总局和美国某公司签订合同，约定开

通中国首条国际专线，中国被国际上承认为有互联网的国家。

[43] 参见2014年8月由天津人民出版社出版，叶君健译《安徒生童话全集·译者介绍》。http://product.dangdang.com/23456479.html

[44] https://www.baidu.com/s?wd=%E5%8F%AA%E8%A6%81%E4%BD%A0%E6%98%AF%E4%B8%80%E5%8F%AA%E5%A4%A9%E9%B9%85%E8%9B%8B&rsv_spt=1&rsv_iqid=0x9bf16dfd00024cef&issp=1&f=8&rsv_bp=1&rsv_idx=2&ie=utf-8&rqlang=cn&tn=98012088_5_dg&ch=15&rsv_enter=0&oq=%25E5%258F%25AA%25E8%25A6%2581%25E4%25BD%25A0%25E6%2598%25AF%25E4%25B8%2580%25E5%258F%25AA%25E5%25A4%25A9%25E9%25B9%2585%25E8%259B%258B&rsv_t=9226vTkIQGzJeu4gY1K8FOaDYlYAw%2FuAaPo6OLPXobQ%2BRsC6DHbwHmlW58AkIwuFAnUiMA&rsv_pq=a7fa92910002ab5e

[45] “一带一路”经济文化构想可追溯到习近平主席于2013年9月7日在哈萨克斯坦扎尔巴耶夫大学的演讲，在演讲中习主席首次提出共建“丝绸之路经济带”；之后在2013年10月，习主席在出访东南亚国家期间，提出共建“21世纪海上丝绸之路”的重大倡议，引起国际社会高度关注。

[46] http://product.dangdang.com/23658904.html

[47] 资料来源人民网http://world.people.com.cn/GB/8212/104201/104367/10168565.html；中国网http://www.china.com.cn/international/txt/2005-06/27/content_5900404.htm

[48] http://search.dangdang.com/?key=%C2%ED%B6%FB%CF%C4%BF%CB%20%C8%CE%C8%DC%C8%DC&act=input

[49] 剑桥学派“三剑客”中的另外两位是约翰·达恩（John Dunn）和约翰·波科克（John Pocock）。

[50] 参见马力著《任溶溶评传》第293-300页。

[51] 据何伊丽硕士学位论文《儿童文学翻译家任溶溶——对当前“任溶溶研究”不足的补充》译作年表的统计，任溶溶第一部儿童文学翻译作品是土耳其儿童文学作品《粘土做成的炸肉片》。

[52] 阿琪，本名黄少云。祖籍江苏，专栏作家，中国作家协会会员。

[53] 首次为1954年。

[54] 宋庆龄樟树奖由中国福利会于1985年设立。该奖项每两年颁发一次，表彰

和鼓励中国长期从事妇幼保健卫生和儿童文化教育事业并作出卓越贡献的人士。

[55] 翻译文化终身成就奖由中国翻译协会授予。据中国翻译协会官方网站统计，此前获奖的著名翻译家有季羡林（2006）、杨宪益（2009）、沙博理、许渊冲、草婴、屠岸、李士俊（2010）；和任溶溶2012年一同获奖的翻译家有唐笙、潘汉典和文洁若。

[56] http://product.dangdang.com/23647842.html

[57] 此处的“家”应该为拼写输入错误，正确的描述应该是“国际安徒生插画奖得主”。

[58] 此处“理会”应该为“领会”。

[59] 《柳林风声》最早的译本可以追溯到1936年北新书局出版的朱琪英译本。非常值得一提的是，鲁迅为该译本做了译序。但是该译本已经不在图书出版、营销和流通的序列之中，笔者通过网络渠道购得该书的影印复制版本。

[60] 杨静远（1923—2015），已故翻译家，中国社会科学院外国文学研究所编审。代表译作有《马克思传》《哈丽特·塔布曼》《夏洛蒂·勃朗特书信》《勃朗特一家的故事》《勃朗特姐妹全集》等。

[61] 孙法理（1927—），翻译家，西南师范大学（现西南大学）退休教授。代表译作有《苔丝》《双城记》《马丁·伊甸》等。

[62] 张炽恒（1963—），自由撰稿人，外国文学译者，上海翻译家协会会员。译有《布莱克诗集》《泰戈尔诗选》《水孩子》《焦点略偏》《埃斯库罗斯悲剧全集》等。

[63] 李永毅（1975—），重庆大学教授，博士生导师。代表译者有《马基雅维里》《贺拉斯诗选拉中对照详注本》。

[64] 《安徒生童话》被纳入任溶溶汉译英语儿童文学作品的范畴，原因有二：一是任溶溶译本是以《安徒生童话》的英语译本为源本进行翻译的；二是《安徒生童话》的丹麦文原版，在全世界传播和接受的程度远不及英文版本。

[65] 上海世纪出版集团成立于1999年2月24日，是经中宣部、新闻出版署批准成立的全国第一家出版集团。目前有出版单位26家，上海译文出版社、少年儿童出版社、辞海编纂处、上海古籍出版社、学林出版社等全国知名出版

机构均为集团成员单位。

[66] 引自上海译文出版社官方网站http://www.stph.com.cn/about.asp?cid=0

[67] 详见中国翻译协会官方网站《视点访谈》栏目的文章《任溶溶：我的贵人姜椿芳》一文。

[68] 该书共收录了古有成翻译的奥尼尔独幕剧7个——《加力比斯之月》（*The Moon of the Caribbees*）、《航路上》（*Bound East for Cardiff*）、《归不得》（*The Long Voyage Home*）、《战线内》（*In the Zone*）、《油》（*Ile*）、《划十字处》（*Where the Cross is Made*）、《一条索》（*The Rope*）。

[69] 曾于1932年发表在《新月》第4卷第4期上，又于1934年刊登在《文艺月刊》第5卷第5期上。《琼斯皇》曾于1934年发表于《文学（上海1933）》第2卷第3期上，注明“（美）Neill, E. O.（著），洪深（译），顾仲彝（译）”。但《天边外》经商务印书馆出版时译者的名字却只有顾仲彝，笔者对署名为洪深、顾仲彝的译文与书中《琼斯皇》的译文进行比较，没有发现任何不同。

[70] “欧洲安全与合作会议”最早是冷战时期西方为加强对话而召集的会议，于20世纪90年代设立了组织机构和秘书处，于1995年更名为“欧洲安全与合作组织”（OSCE）。

参考文献

阿琪，1998. 古丽雅的道路[J]. 群言（12）.

阿英，2009. 晚清小说史[M]. 南京：江苏文艺出版社.

奥尼尔，1973. 长夜漫漫路迢迢 [M]. 乔志高，译. 香港：今日世界出版社.

包亚明，2016. 迪士尼与迪士尼化[J]. 探索与争鸣（2）.

鲍恩，1988. 尤金·奥尼尔传[M]. 杭州：浙江文艺出版社.

布迪厄，1997. 文化资本与社会炼金术[M]. 上海：上海人民出版社.

布哈瓦，1956. 布哈瓦谈戏剧艺术的特点[M]. 文艺理论参考资料. 北京：高等教育出版社，1956.

陈大亮，2005. 翻译研究：从主体性向主体间性转向[J]. 中国翻译（2）：4-6.

陈独秀，1993. 陈独秀著作选：第1卷[M]. 上海：上海人民出版社.

陈刚，2016. 直面升级版之新闻翻译标准与新闻争议——从语篇分析法看保持大国风范的案例[J]. 上海翻译（2）：37-42.

陈晶，史占彪，张建新，2007. 共情概念的演变[J].中国临床心理学杂志（6）：665.

陈倩倩，2014. 制度环境、社会资本与家族企业——一个长历史时段的商人社会资本角色[D]. 杭州：浙江大学.

戴庆利，2004. 做“非典”记者招待会的一点感受[J]. 中国翻译（1）：63-64.

杜卫，陈鹰，1995. 儿童美育概论[M]. 武汉：华中理工大学出版社.

方卫平，2008. 近年来的外国儿童文学译介[N]. 中华读书报，05-28.

付品晶，杨武能，2008. 格林童话在中国的译介与接受[J]. 中国比较文学，2008（2）.

弗洛伊德，1993. 尤金·奥尼尔的剧本——种新的评价[M]. 上海：上海译文出版社.

高玉兰，1999. 历史语境与翻译选词[J]. 山东外语教学（3）.

葛一虹，1990. 中国话剧通史[M]. 北京：文化艺术出版社.

顾悦，2011. 西方传统中的原型批评与安徒生童话的圣经原型[J]. 江苏社会科学（3）.

郭卫民，2006. 中国政府新闻发布工作概况[C]//汪兴明，李希光. 政府发言人15讲. 北京：清华大学出版社：63-76.

郭兴华，2009. 从接受理论角度看文学作品重译的必要性和意义[D]. 北京：首都师范大学.

过家鼎，2004. 岁月不曾流逝的记忆：外交翻译生涯三十余年点滴谈[J]. 对外大传播（9）：12-14.

韩进，2005. 安徒生童话在中国的百年版本之旅[N]. 中华读书报，03-23.

韩晴，2014.《格林童话》中的德国文化[J]. 戏剧之家（上半月）（6）.

何振科，2012. 布丢文化资本理论与文化创业实践研究[D]. 济南：山东大学.

侯靖靖，2009. 17年间（1949—1966）奥尼尔戏剧在中国译界的“缺席”研究[J]. 东华大学学报（社会科学版）（3）：191-195.

胡庚申，2004. 翻译适应选择论 [M]. 武汉：湖北教育出版社.

黄海涛，2011. 清末民初的西书店别发洋行 [J]. 文史知识（12）：35.

黄亭，2012. 主题乐园建设规模研究 [J]. 黑龙江科技信息（26）.

季广茂，2005. 经典的黄昏与庶民的戏谑 [J]. 山东师范大学学报（人文社会科学版）（6）.

贾正传，2008. 融合与超越：走向翻译辨证系统论 [M]. 上海：上海译文出版社：139.

江枫，1991. 浅谈卞之琳的译诗艺术[J]. 外国文学研究（2）.

颉瑛琦，2014. 儿童文学视野下的《义务教育语文课程标准》研究 [D]. 青岛：中国海洋大学.

李红叶，2005. 安徒生童话的中国阐释[M]. 北京：中国和平出版社.

李利芳，2016. 儿童文学评论的价值学视角[N]. 中国社会科学报，12-05.

李昕，2008. 符号消费——文化资本与非物质文化遗产[J]. 西南民族大学学报（人文社科版）（8）.

李玉萍，2010. 伦理话语与社会变迁——论《小红帽》童话故事的改写 [J]. 外国文学研究（3）：45-48.

李泽厚，2008. 华夏美学 · 美学四讲 [M]. 北京：生活 · 读书 · 新知三联书店.
李贽，2000. 李贽文集 [M].北京：社会科学文献出版社.
连燕堂，1987. 试论林纾的创作小说 [J]. 文学遗产（5）.
林桦，2014. 安徒生童话精选[M]. 北京：中国少年儿童出版社.
林语堂，2005. 京华烟云[M]. 张振玉，译. 西安：陕西师范大学出版社.
刘海平，朱栋霖，1988. 中美文化在戏剧中交流——奥尼尔与中国[M]. 南京：南京大学出版社.
刘佳，2009. 当快消品遇上互联网[J]. 互联网周刊（1）.
刘军平，2005. 论中西文化的起源与早期翻译史之渊源[C]//国际译联第四届亚洲翻译家论坛论文集. 北京：外文出版社：246-255.
刘立，2012. 跨文化视角的新闻翻译的标准和策略——以《今日中国》（2011）的英译为例[J]. 新闻界（13）：19-21.
刘林，2010. 郭沫若创作与译作的相似性探讨 [J].长江大学学报（社会科学版）（3）.
刘旭源，1997. 儿童文学的三大母题 [M]. 上海：少年儿童出版社.
刘意青，2010. 从赏析到阐释——英美文学经典及其在我国教学与研究60年 [J]. 石河子大学学报（哲学与社会科学版）（5）.
刘悦笛，2017. 当代文学：去经典化还是再经典化 [J]. 文艺争鸣（3）.
刘重德，2000. 威尔斯 · 巴恩斯通论译诗的优先选择[M]//杨自俭. 英汉比较与翻译. 上海：上海外语教育出版社：383.
楼乘震，魏宇，2013. 翻译了300多种童话，改变了中国儿童文学——任溶溶，半小时写出一部经典[J]. 环球人物（15）.
陆平，2011. 品牌溢价研究综述[J]. 企业导报（15）.
吕俊，候向群，2005. 翻译学——一个建构主义的视角 [M]. 上海：上海外语教育出版社.
吕俊，2008. 意识形态与翻译批评 [J]. 外语与外语教学（2）.
罗选民，1990. 话语层翻译标准初探 [J]. 中国翻译（2）：2-8.
马力，2009. 任溶溶评传 [M]. 太原：希望出版社.
马祖毅，1981. 林纾与文学翻译 [J]. 翻译通讯（6）.
孟祥栋，2011. 严复的旧体诗创作——兼评中国近代诗学史的叙述策略 [J]. 福建论坛（社科教育版）（12）.

钱中丽，2011. 20世纪中叶中国语境下的安徒生童话 [J]. 外国文学研究（1）.

任溶溶，2012. 浮生五记 [M]. 上海：上海译文出版社.

任溶溶，2005. 安徒生童话全集（200周年超级典藏本）[M]. 杭州：浙江少年儿童出版社.

任文，徐寒，2013. 社区口译中的场域、惯习和资本——口译研究的社会学视角 [J]. 中国翻译（5）：16–22.

任文，伊安·梅森，2011. 对话口译中的权力——口译社会学解读 [J]. 四川大学学报（6）：61–69.

任文，2010. 联络口译过程中译员的主体性意识研究 [M]. 北京：外语教学与研究出版社.

任小平，2000. 外交口译的灵活度 [J]. 中国翻译（5）：40–44.

瑞仕，1938. 观《早点前》后[J]. 戏剧杂志，1（3）：26–27.

施燕华，2007. 怎样做好外交口译 [J]. 中国翻译（3）：57–60.

石洁，1988. 汉语语言的一次大变革——“白话文运动”回顾 [J]. 逻辑与语言学习（5）.

舒晋瑜，2013. 90岁老头任溶溶：随心所欲不逾矩 [N]. 中华读书报，09–18：1–2.

司显柱，2016. 论我国对外英语新闻翻译及传播效果研究 [J]. 外国语文（3）：109–115.

孙婷婷，2013. *Interpreting China: Interpreters' Mediation of Government Press Conferences in China* [M]. 北京：外语教学与研究出版社.

孙秀丽，2009. 克里斯蒂娃广义互文性初探 [J]. 黑龙江社会科学（5）：106.

谭载喜，2011. 译者比喻与译者身份 [J]. 暨南学报（哲学社会科学版）（3）：116–123，209.

唐美莲，2007. “林译小说”及其“误译”的描述性研究 [D]. 上海：上海外国语大学.

田德蓓，2000. 译者的身份[C]//谢天振. 翻译的理论建构与文化透视. 上海：上海外语教育出版社.

外交部翻译司. [时间不详]. 获取于http://www.fmprc.gov.cn/web/wjb_673085/zzjg_673183/fys_674697/.

外交梦 译者心——翻译司青年翻译访谈侧记. [时间不详]. 获取于http://www.

fmprc.gov.cn/mfa_chn/wjb_602314/gbclc_603848/wjsy_660703/t1080231.shtml.
汪义群，1988. 由“奥尼尔热”引起的思考 [J]. 戏剧艺术（4）：63-65.
王斌华，2013. 口译规范的描写研究——基于现场口译较大规模语料的分析 [M]. 北京：外语教学与研究出版社.
王瑾，2005. 互文性 [M]. 桂林：广西师范大学出版社.
王蕾，2009. 安徒生童话的翻译与中国现代儿童观的建立[J]. 中国现代文学研究（3）.
王凌，2014. 三国演义叙事结构中的“互文”美学[J]. 浙江学刊（5）.
王宁，2002. 现代性、翻译文学与中国现代文学经典重构 [J]. 文艺研究（6）.
王泉根，2004. 新世纪中国儿童文学学科建设面临的机遇和挑战 [J]. 学术界（5）.
王泉根，2016. 百年中国儿童文学的三次转型与五代作家 [J]. 长江文艺评论（3）.
王晔，石琴娥，2015.《北欧文学论》：有关北欧文学，一幅三十年编织的锦缎 [N]. 文艺报，09-18.
王玉梁，1995. 论主体性的基本内涵与特点 [J]. 天府新论（6）.
韦苇，2009. 中国儿童文学师夷说 [J]. 昆明学院学报（1）.
吴非，张文英，2016. 从互刘生看翻译过程中译者的社会心理趋向[J]. 外语学刊（4）.
翁赖尔，1939. 天边外 [M]. 顾仲彝，译. 北京：商务印书馆.
夏婉璐，2016. “一仆二主”与“一仆三主”——《啼笑皆非》中林语堂自译部分与徐诚斌翻译部分对比研究 [J]. 乐山师范学院学报（6）.
肖东发，卞卓舟，2015. 少儿出版与少儿阅读 [J]. 编辑学刊（2）.
谢天振，1999. 译介学 [M]. 上海：上海外语教育出版社.
许钧，2001. 文学翻译的理论与实践 [M]. 南京：译林出版社.
许钧，2003. 翻译论[M]. 武汉：湖北教育出版社.
许钧，1998. 论翻译活动的三个层面[J]. 外语教学与研究（3）：49-54.
亚斯明，2012. 诗意栖居的中间地带——北岛创作与翻译文学的关系探析 [J]. 东岳论丛（5）.
严成樑，2012. 社会资本、创新与长期经济增长 [J]. 经济研究（11）.
阎浩岗，2011.《祝福》及其两个前文本的互文性研究 [J]. 鲁迅研究月刊（11）.
杨武能，1993. 尴尬与自如、傲慢与自卑——文学翻译家心理人格初探 [J]. 中国翻译（2）.

杨武能，1987. 阐释，接受与再创造的循环——文学翻译断想 [J]. 中国翻译（6）.

姚斯，1987. 文学史向文学理论的挑战 [M]//接受美学与接受理论. 沈阳：辽宁人民出版社.

叶君健，2006. 安徒生童话[M]. 成都：四川少年儿童出版社.

伊塞尔，1991. 阅读活动——审美反应理论[M]. 北京：中国社会科学出版社.

余人，袁玲，2014. 少儿出版面临的矛盾与挑战[J]. 出版发行研究（12）：14.

袁锦翔，1986. 诗僧苏曼殊的译诗[J]. 外语教学与研究（1）.

查明建，2004. 文化操控与利用：意识形态与翻译文学经典的建构——以20世纪五六十年代中国的翻译文学为研究中心[J]. 中国比较文学（2）.

查明建，田宇，2003. 论译者主体性——从译者文化地位的边缘化谈起[J]. 中国翻译（1）.

詹成，2013. 政治场域中口译员的调控角色[M]. 北京：外语教学与研究出版社.

张娟，2012. 张爱玲自译作品中的译者身份研究——“亦分亦合”的译者和作者关系[D]. 重庆：重庆大学.

张明，2007. 清末民初的侦探小说翻译及其对中国原创侦探小说的影响[D]. 成都：四川大学.

张沛，1991. 德里达解构主义的开拓[J]. 北京师范大学学报（6）：100-105.

张首映，1999. 西方20世纪文论史[M]. 北京：北京大学出版社.

赵鸿燕，2007. 政府记者招待会——历史、功能与问答策略[M]. 北京：中国传媒大学出版社.

赵启正，2006. 用发布会制度树立中国形象[C]//汪兴明，李希光. 政府发言人15讲 . 北京：清华大学出版社：33-43.

郑庆珠，刘源佳，2012. 意识形态对于新闻制作和新闻翻译的操纵[J]. 解放军外国语学院学报（3）：78-81.

郑晔，2012. 国家机构赞助下中国文学的对外译介——以英文版《中国文学》（1951—2000）为个案[D]. 上海：上海外国语大学.

周宪，2005. “读图时代”的“图文战争”[J]. 文学评论（6）.

周小波，1987. “热闹派”童话源流琐探[J]. 浙江师范大学学报（哲学社会科学版）（S1）：32-33.

周兆祥，1998. 翻译与人生[M]. 北京：中国对外翻译出版社.

朱淑华，2009. 儿童阅读推广系统概述[J]. 图书馆（2）.

朱一凡，2011. 现代汉语欧化研究：历史和现状[J]. 解放军外国语学院学报（2）.

朱自强，2011. 儿童本位：小学语文教材的基石[N]. 中国教育报，02-24.

ANGELELLI C, 2004. *Medical Interpreting and Cross-Cultural Communication* [M]. Cambridge: Cambridge University Press.

ARTHERN P J, 1994. European Community Translation in Belgium [J]. *Meta*, 39(1): 150-158.

BAHADIR Ş 2011. The Task of the Interpreter in the Struggle of the Other for Empowerment [C]// R. Sela-Sheffy, M. Shelesinger, eds. *Identity and Status in the Translational Professions*. Amsterdam: John Benjamins Publishing: 263-278.

BAKER M, 1996. Corpus-Based Translation Studies: The Challenges that Lie Ahead [C]// H. Somers, eds. *Terminology, LSP and Translation: Studies in Language Engineering in Honor of Juan C. Sager*. Amsterdam: John Benjamins Publishing: 175-186.

BASSNETT S, 1980. *Translation Studies* [M]. London: Methuen, Co. Ltd.

BASSNETT S, 1981. The Translator in the Theatre [J]. *Theatre*, X(40).

BASSNETT S, 1985. Ways Through the Labyrinth: Strategies and Methods for Translating Theatre Texts [C]// Hermans, T. *The Manipulation of Literature*. London: Croom Helm.

BASSNETT S, 1990. Translating for the Theatre-Textual Complexities [J]. *Essays in Poetics*: 15(1).

BASSNETT S, 1998. Still Trapped in the Labyrinth: Further Reflections on Translation and Theatre [C]// Lefevere Bassnett. *Constructing Cultures—Essays on Literary Translation*. Clevedon: Multilingual Matters Ltd.

BASSNETT S, André Lefevere, 2001. *Constructing Cultures—Essays on Literary Translation* [M]. Shanghai: Shanghai Foreign Language Education Press.

BEATON M, 2008. Intertextuality and Ideology in Interpreter-Mediated Communication: The Case of the European Parliament [D]. Edinburgh: Heriot Watt University.

BOT H, 2003. The Myth of the Uninvolved Interpreter in Mental Health and the Development of a Three-Person Psychology [M]// L. Brunette, et al., eds. *The Critical Link 3: Interpreters in the Community*. Amsterdam: John Benjamins

Publishing: 37-47.

DIRIKER E, 2004. *De-/Re-Contextualizing Conference Interpreting: Interpreters in the Ivory Tower?* [M]. Amsterdam: John Benjamins Publishing.

FAIRCLOUGH N, 1995. *Critical Discourse Analysis: The Critical Study of Language* [M]. London & New York: Longman.

FAIRCLOUGH N, 2013. *Critical Discourse Analysis: The Critical Study of Language* [M]. 2nd ed. London: Longman.

GALANTI G, 1997. *Caring for Patients from Different Cultures: Case Studies from American Hospitals* [M]. Philadelphia: University of Pennsylvania Press.

GUMPERZ J, 1982. Language and Social Identity[M]. Cambridge: Cambridge University Press.

HALE Upton, 2000. Introduction [C]// Carole-Anne Upton. *Moving Target: Drama Translation and Cultural Relocation*. Manchester: St. Jerome.

HATIM B, 2001. *Communicative across Cultures:Translation Theory and Contrastive Text Linguistics* [M]. Shanghai: Shanghai Foreign Language Education Press.

HERMANS T. Translation as Institution [C]// M. Snell-Hornby et al., eds. *Translation as Intercultural Communication*. Amsterdam: John Benjamins Publishing, 1995.

HUNG E, WAKABAYASHI, 2005. *Asian Translation Traditions* [M]. Manchester: St. Jerome Publishing.

INGHILLERI M, 2003. Hatibus, Field and Discourse: Interpreting as a Socially Situated Activity[J]. *Target*, 15 (2): 243-268.

INGHILLERI M, 2004. Encountering Voices: The Role of Interpreters in the Political Asylum Process in the U.K. [Z]. Paper presented at *Critical Link 4*, Stockholm, Sweden.

INGHILLERI M, 2005. The Sociology of Bourdieu and the Construction of the "Object" in Translation and Interpreting Studies [J]. *The Translator*, 11(2): 125-145.

INGHILLERI M, 2006. Macro Social Theory, Linguistic Ethnography and Interpreting Research [C]// Hoger Instituut voor Vertalers en Tolken, University College Antwerp. Linguistica Antverpiensia. New Series, (5).

INGHILLERI M, 2012. *Interpreting Justice: Ethics, Politics, and Language* [M]. New York & London: Routledge.

KANG J-H, 2014. Institutions Translated: Discourse, Identity and Power in Institutional Mediation [J]. *Perspectives* (4): 469-478.

KANG J-H, 2014. Special Issue: Translation in Institutions [J]. *Perspectives* (4).

KELLY L G, 1993. The True Interpreter: A History of Translation Theory and Practice in the West. New York: 1979, quoted in Eugene Chen Eoyang, *The Transparent Eye: Reflections on Translation, Chinese Literature, and Comparative Poetics* [M]. Honolulu: 1993.

KESELMAN et al., 2010. "That Is Not Necessary for You to Know!": Negotiation of Participation Status of Unaccompanied Children in Interpreter-mediated Asylum Hearings [J]. *Interpreting*, 12 (1): 83-104.

KOSKINEN K, 2000. Institutional Illusions: Translating in the EU Commission [J]. *The Translator*, 6 (1): 49-65.

KOSKINEN K, 2008. *Translating Institutions* [M]. Manchester: St. Jerome Publishing.

LAMB R, 2009. Quentin Skinner's Revised Historical Contexualism: A Critigue [J]. *History of the Human Sciences* (3).

MARCO J, 2002. Teaching Drama Translation [J]. *Perspective: Studies in Translatology*, (1).

MASON I, 1994. Discourse, Ideology and Translation [C]// R. de Beaugrande, A. Shunnaq, M. H. Heliel, eds. *Language, Discourse and Translation in the West and Middle East*. Amsterdam: John Benjamins Publishing: 23-34.

MASON I, 2003. Text Parameters in Translation: Transitivity and Institutional Cultures [C]// L. Venuti. *Rethinking Translation: Discourse, Subjectivity, Ideology*. London: Routledge: 470-481.

MEYER B, et al., 2003. Analysing Interpreted Doctor-Patient Communication from the Perspectives of Linguistics, Interpreting Studies and Health Sciences [M]// L. Brunette, et al. eds. *The Critical Link 3: Interpreters in the Community*. Amsterdam: John Benjamins Publishing: 67-79.

MOSSOP B, 1988. Translating Institutions: A Missing Factor in Translation Theory [J]. *TTR*, 1(2): 65-71.

O'NEILL E, 1988. *Complete Plays of Eugene O'Neill* (Vol. I, Vol. II, Vol. III) [M]. New York: Literary Classics of the Penguin Putnam Inc.

PEREZ-GONZALEZ L, 2012. Translation, Interpreting and the Genealogy of Conflict [J]. *Journal of Language and Politics* (*Special Issue*), 11(2): 169-184.

PÖCHHACKER F, 2006. "Going Social?" On the Pathways and Paradigms in Interpreting Studies [C] // A. Pym, et al., eds. *Socialcultural Aspects of Translating and Interpreting*. Amsterdam: John Benjamins Publishing: 215-232.

POLLABAUER S, 2006. "Translation Culture" in Interpreted Asylum Hearings [C]// A. Pym, et al., eds. *Sociocultural Aspects of Translating and Interpreting*. Amsterdam and Philadelphia: John Benjamins Publising Company: 151-162.

REDDY M, 1979. The Conduit Metaphor: A Case of Frame Conflict in Our Language about Language [C]// A. Ortony, ed. *Metaphor and Thought.* Cambridge: Cambridge University Press: 284-324.

ROBERT L, 2009. Quentin Skinner's Revised Historical Contexualism: A Critique[J]. *History of the Human Sciences* (3): 51-73.

RUDVIN M, 2006. Negotiating Linguistic and Cultural Identities in Interpreter-Mediated Communication for Public Health Services [C] // A. Pym, et al. eds. *Sociocultural Aspects of Translating and Interpreting*. Amsterdam and Philadelphia: John Benjamins Publishing Company: 173-190.

SHAFFER C, 1997. Political Texts as Sensitive Texts [C] // Simms, Karl, ed. *Translating Sensitive Texts: Linguistic Aspects*. Amsterdam & Atlanta: Rodopi: 131-138.

SOLOMON M Z, 1997. Review of "From What's Neutral to What's Meaningful: Reflections on a Study of Medical Interpreters" [J]. *The Journal of Clinical Ethics*, 8(1): 88-93.

WAGNER E, S. Bech, J. Martínez, 2002. *Translating for the European Union Institutions* [M]. Manchester: St. Jerome Publishing.

WALLMACH K, 2014. Recognising the "Little Perpetrator" in Each of Us: Complicity, Responsibility and Translation/ Interpreting in Institutional Contexts in Multilingual South Africa [J]. *Perspectives* (4): 566-580.

WOLF M, FUKARI, 2007. *Constructing a Sociology of Translation*[C]. Amsterdam: John Benjamins Publishing.